THE SMART!

한국농어촌공사
NCS
직업기초능력평가

NCS

오직 하나, 여러분의 기업 채용 **합격**을 위해
에듀크라운이 교재를 만듭니다

취업시험 합격의 신화 에듀크라운

에듀크라운의 가치

에듀크라운은 오직 하나, 여러분의 기업 채용 합격을 위해
최선을 다해서 정직하게 믿을 만한 교재를 만드는 것입니다.

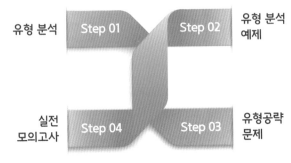

유형 분석 — Step 01 / Step 02 — 유형 분석 예제
실전 모의고사 — Step 04 / Step 03 — 유형공략 문제

STEP by STEP

채용 합격 완벽 대비를 위해 단계별 구성을 통한 개념 이해, 실력 다지기, 실전 적응 그리고 최종 마무리로 효과적인 학습을 할 수 있습니다.

취업 지원 시스템

일반기업, 공기업, 금융권 등의 채용 준비부터 자기소개서, 직무 적성 검사, 직무 에세이, 면접에 이르기까지 토털 취업 지원 시스템을 운영하고 있습니다.

다양한 온라인 콘텐츠

무료·유료 강의 동영상 제공, 온라인 모의고사, 채용 정보, 시사상식, 인문학 자료, 도서 정오표 등을 제공받을 수 있습니다.

한국농어촌공사 채용 합격을 위한 **KRC** 한국농어촌공사 NCS 직업기초능력평가

01 가이드(GUIDE)

한국농어촌공사 채용을 위한 그룹 소개, 그룹 인재 채용 정보를 수록하였습니다.

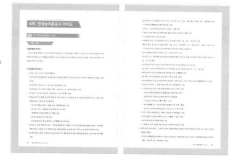

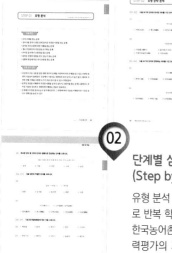

02 단계별 심화 학습 (Step by Step)

유형 분석 ▶ 유형 공략 문제 단계로 반복 학습을 하다 보면, 어느덧 한국농어촌공사 NCS 직업기초능력평가의 개념 이해부터 실전 대비까지 완벽하게 준비할 수 있습니다.

03 실전동형모의고사(Aptitude Test)

한국농어촌공사 NCS 직업기초능력평가와 유사한 형태의 실전동형모의고사는 실전 적응, 심화 학습 그리고 최종 마무리를 통해 합격에 이르게 합니다.

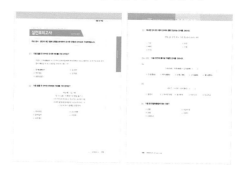

04 한국농어촌공사 인성 검사 · 면접 자료

한국농어촌공사 필기시험 이후 치르는 인성 검사와 면접에 대비할 수 있게 관련 자료를 특별 제공합니다.

정승현

- 시대고시 NCS, 직무적성 대표강사
- 박문각에듀 NCS, 직무적성 대표강사
- 서원각 NCS 대표강사
- 에듀윌 NCS 컨설팅

KRC

윤영은

- 위아적성 NCS 총괄 책임 연구원
- 더 컨설팅(WJM) 대표

강민수

- 서원각 NCS 대표강사
- 서울커리어아카데미 NCS 대표강사
- 에듀윌 NCS 컨설팅

NCS

김영환

- 에듀윌 NCS 컨설팅
- 대입적성학원 수학과 강사

이채은

- 에듀윌 NCS 컨설팅
- 서원각 NCS 대표강사
- EBS 청소년 연수교육 강사

한국농어촌공사
NCS 직업기초능력평가에
가장 빨리 친숙해지는 책

정부는 공공기관을 통해 일자리 확대를 앞장서서 추진하고 있습니다. 2016년 부터는 NCS(국가직무능력표준) 기반의 채용제도를 본격적으로 시행하여, 대부분 공공기관에서 불필요한 스펙 대신 직무능력 중심으로 채용하고 있습니다. 정부는 각 공공기관이 NCS를 적용하여 인재를 채용할 수 있도록 130개 공공기관에 NCS 기반 채용 도구 개발을 지원하고 채용 컨설팅을 진행하고 있으며 채용단계에서 NCS를 도입함으로써 취업준비생의 부담을 경감시키고, 능력 있는 인재라면 누구에게나 취업의 기회가 주어질 수 있도록 노력하고 있습니다.

농어촌공사는 2016년 하반기를 시작으로 계속 신입 사원을 모집하고 있습니다.

채용절차는 서류전형 → 필기전형 → 면접전형 → 수습사원 임용 → 수습근무 및 평가 → 정규직 임용 순으로 이루어지며, 2017년부터 NCS기반의 필기시험이 도입됨에 따라 직무능력검사를 준비하는 데 있어 더 큰 노력이 요구되는 바입니다. NCS를 기반으로 한 필기시험의 경우에는 직업기초능력평가에서 출제됩니다.

본서는 하반기에 치러진 필기시험을 연구원들과 면밀히 분석하여 새롭게 적용되는 NCS에 녹아들게 하였습니다. 우선 기존 직무적성의 유형에서는 NCS 유형이 거의 출제되지 않았습니다. 하지만 2017년부터는 다른 공공기관과 같이 직업기초능력을 치르기 때문에 그에 걸맞게 준비해야 합니다.

면접의 경우 기출 문제뿐만 아니라 면접복장, 면접 시 꼭 알고 있어야 할 TIP, 그리고 예상 질문으로 구성되어 있습니다. 이는 인성검사 이후에 있게 될 면접을 대비하고자 함이며, 질문을 받았을 때에 어떻게 대답할 것인지 연습하는 데 도움을 줄 것입니다.

단순한 어느 개인의 문제 복원이 아닌 NCS 교재 편찬팀이 만든 영역별로 전문화된 문제로 구성하여 이 책을 통해 다양한 유형을 깊이 있게 학습할 수 있도록 하였습니다.

수험생 여러분 건투를 빕니다.

NCS 교재 편찬 저자 일동

KRC

한국농어촌공사 NCS 직업기초능력평가

CONTENTS

PART 1
KRC 한국농어촌공사 가이드

PART 2
NCS 직업기초능력평가

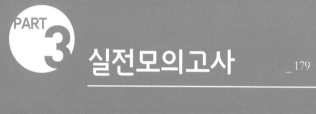

 정답 및 해설

한국농어촌공사 가이드

한국농어촌공사는 자연친화적으로 농어촌정비사업과 농지은행사업을 시행
하고 농업기반시설을 종합관리하며 농업인의 영농규모적정화를 촉진함으로
써 농업생산성의 증대 및 농어촌의 경제·사회적 발전에 이비자함을 목적
으로 한다.

한국농어촌공사 NCS 직업기초능력평가

KRC

Korea Rural Community Corporation

1

KRC 한국농어촌공사 가이드

KRC 한국농어촌공사 가이드

📖 01 한국농어촌공사 소개

1. 임무 · 기능

| 임무(정관 제1조) |

공사는 환경친화적으로 농어촌정비사업과 농지은행사업을 시행하고 농업기반시설을 종합관리하며 농업인의 영농규모적정화를 촉진함으로써 농업생산성의 증대 및 농어촌의 경제 · 사회적 발전에 이바지함을 목적으로 한다.

| 기능(정관 제33조) |

① 공사는 다음 각 호의 사업을 행한다.

- 「농어촌정비법」에 따른 농어촌정비사업(농업생산기반정비사업 지구에서의 하천정비사업을 포함한다)
- 농업기반시설의 유지 · 관리 및 이용에 관한 사업
- 농어촌용수 및 지하수자원의 개발 · 이용 및 보전 · 관리에 관한 사업
- 농지의 조성 및 이용증진 사업과 농지 등의 재개발사업
- 영농규모의 적정화, 농지의 효율적 이용, 농업구조 개선 및 농지시장과 농업인의 소득 안정 등을 위한 다음 각 목의 농지은행사업
  - 농지의 매매, 임대차, 교환, 분리, 합병에 관한 사업
  - 농지의 가격, 거래동향 등에 관한 정보의 제공
  - 경영회생 지원을 위한 농지 매입사업
  - 농지의 임대 등의 수탁사업
  - 농지를 담보로 한 농업인의 노후생활안정지원사업
- 농어촌 도로의 개발 및 정비, 「지역균형개발 및 지방중소기업 육성에 관한 법률」에 따른 지역종합개발사업, 「산업입지 및 개발에 관한 법률」에 따른 농공단지의 개발 등 농어촌지역개발사업
- 「농림어업인 삶의 질 향상 및 농산어촌지역 개발촉진에 관한 특별법」에 따른 농산어촌지역개발사업

- 농어촌의 수질오염방지시설·하수도시설 및 오수·분뇨·폐수처리시설의 설치·지원과 농어촌의 자연 및 생활환경보전에 필요한 사업
- 지하수·토양오염에 관한 평가 및 개선·정화사업
- 「물류시설의 개발 및 운영에 관한 법률」에 따른 유통단지개발사업
- 「초지법」에 따른 초지조성사업
- 지하암반저장시설, 첨단농업시설 등 농어업시설의 조성·관리·처분 및 지원
- 제1호 내지 제12호의 사업을 위한 시험·연구·기술개발·조사·측량·환지·설계·공사감리 및 시설물안전진단사업(건설공사에 대한 안전진단사업을 포함한다)
- 농어촌개발을 위한 연구원의 설치·운영 및 연구 실시
- 농지의 소유, 이용상황 및 농어민의 취업에 관한 자료 등 농업구조개선사업과 관련된 자료의 수집·관리 및 제공
- 농어촌정비사업, 농업구조개선사업 및 기타 공사와 관련된 교육 및 홍보
- 농지관리기금의 수탁관리와 농지보전부담금 및 농지전용부담금의 고지·수납 업무
- 해외농어촌 및 농어업개발사업, 해외용역 및 국제협력사업
- 법 제11조의 규정에 의한 공사관리지역의 설정·관리
- 농어촌마을의 조성, 농어촌주택 등의 분양·임대, 관리, 기술 지원 등 농어촌생활환경정비사업
- 농업기반시설과 그 주변지역의 개발 및 이용에 관한 사업
- 도시와 농어촌 간의 교류 촉진에 관한 다음 각 목의 사업
  - 농어촌 체험 휴양마을 및 관광농원사업에 대한 평가
  - 농어촌 정주 지원 및 농어촌지역 투자 활성화
  - 도농교류 교육프로그램의 개발·보급
  - 농어촌체험지도사 및 농어촌마을해설가의 선발·활용
  - 농어업, 농어촌과 관련된 홍보사업 및 조사, 연구사업
- 국가, 지방자치단체 또는 기타의 자로부터 위탁받은 사업
- 다른 법령의 규정에 의하여 공사가 시행할 수 있는 사업
- 농어촌산업 육성 지원에 관한 사업
- 그 밖에 공사의 설립목적을 달성하기 위하여 필요한 사업

② 제1항 제27호에 따른 "그 밖에 공사의 설립목적을 달성하기 위하여 필요한 사업"이란 다음 각 호의 사업을 말한다.

- 「공유수면매립법」에 의하여 조성된 토지(농업·축산업 용지로 조성된 토지에 한한다)를 취득하여 개발·이용 및 보전·관리하는 사업

- 농업기계화 촉진 및 영농편익을 위한 수리시설기기 · 구조물과 그 부품의 제작 · 보급 · 보수 · 대여 및 알선에 관한 사업
- 농업기반시설 및 주변부지 등을 활용한 신재생에너지 사업
- 농어촌 지역개발과 농업기반시설 유지 · 관리 재원 마련을 위해 공사 관리지역 안의 농업기반시설자원을 활용한 주거단지, 휴양단지, 체육시설단지, 복합단지 등의 개발 및 운영사업
- 유선업 등 수면을 이용한 사업 또는 수면, 토지 및 건물 임대업
- 그 밖에 농림축산식품부장관이 인정하는 사업

③ 공사는 이사회의 의결을 거쳐 제1항 및 제2항에 따른 사업 또는 이와 유사한 사업을 행하는 법인에 출자할 수 있다.

2. 경영방침

미션	농어촌자원의 효율적 이용·관리와 가치증진을 통해 농어업의 경쟁력 강화와 농어촌의 경제·사회·환경적 발전에 기여한다.

비전	활기차고 행복한 농어촌을 만드는 글로벌 공기업

핵심가치	고객지향	열린사고	안전	신뢰	사명감

경영방향	새로움에 도전하는 미래개척경영	농어촌과 상생하는 가치공유경영	신뢰를 높여가는 지속혁신경영

3. 윤리경영

| 윤리경영이란? |

'윤리경영'은 기업의 경영활동에 있어서 지켜야 할 '윤리'를 최우선의 가치로 생각하고 법적 · 경제적 책임은 물론 사회 통념상 기대되는 윤리적 책임을 다함으로써 고객 등 이해관계인에게 신뢰를 얻을 수 있도록 경영하는 것을 의미한다.

| 윤리경영의 필요성 |

- 윤리경영이 글로벌 스탠더드로 부상
  - TI, UN 등의 국제기구들은 윤리라운드(Ethics Round)를 통해 국제표준화 추진
  - OECD 뇌물방지협약(1997년 12월 발효), UN 부패방지협약(2003년 12월 제정)
  - 국제투명성 기구(TI)의 매년 국가별 부패지수 발표
    - ※ 우리나라 부패인식지수 : 2016년도 52위
- 정부 재계의 국민의 반 기업정서 회복을 위한 윤리경영 강조
  - 부패방지법 제정(2001년 7월), 부패방지위원회 출범(2002년 1월), 공무원행동강령 제정(2003년 5월)
  - 윤리경영과 기업의 주가상승률, 매출액, 영업이익률과의 상관관계 분석
  - 기업업무관행에 대한 새로운 인식 : 주주집단소송제도, 준법감시시스템, 내부 고발제 등
- 청렴한국에 대한 국민적 열망과 공감대 확산
  - 세월호 사건, 국정농단 사태 등을 계기로 우리 사회의 고질적 · 구조적인 부정부패 척결에 대한 국민적 인식 증대
  - 국민의 권리의식 신장에 따라 국민신문고 등 다양한 소통채널을 통해 제기되는 국민의 목소리가 매년 증가
- 윤리경영은 선택사항이 아니라 기업생존을 위한 필수적 요건
  - 과거에는 기업 경쟁력이 가격과 품질이었으나 앞으로는 기업이 윤리를 지킴으로써 고객으로부터 믿음을 얻을 수 있는지가 중요한 경쟁요소로 떠오름.

| 한국농어촌공사의 윤리경영 |

한국농어촌공사는 윤리경영 3C(윤리규범, 감독조직, 조직 공감대)시스템을 갖추어 전 임직원이 적극적으로 윤리경영을 실천하고 있다. 지속적으로 투명하고 깨끗한 경영을 실천함으로써 국민 여러분에게 신뢰받는 '행복한 농어촌을 만드는 글로벌 공기업'으로 성장해 나갈 것이다.

| 추진목표 및 전략 |

한국농어촌공사는 윤리경영을 경영활동의 핵심가치로 반영하고, 전략방향과 연계를 통한 지속가능한 투명경영을 지향하고 있다.

| 비전과 목표 |

공사 비전	활기차고 행복한 농어촌을 만드는 글로벌 공기업		

경영방향	새로움에 도전하는 미래개척경영	농어촌과 상생하는 가치공유경영	신뢰를 높여가는 지속혁신경영
CEO 경영철학	변화와 선도	미래지향 사업 운영	사회적 책임 실천

윤리경영 목표	청렴과 신뢰를 바탕으로 사회적가치 선도기관 실현		

윤리경영 실현전략	윤리자율시스템 내재화 (시스템)	윤리경영 실천문화 조성 (구성원)	모니터링 및 환류 (성과평가)
윤리경영 실천과제	• 윤리경영 추진조직 운영 활성화 • 윤리규범 재정비 • 전사적 청렴도 향상방안 • 부패예방 시스템 구축	• 임직원 윤리역량 강화 프로그램 운영 • 경영진의 윤리활동 강화 및 환경 조성 • 윤리경영 우수사례 발굴 및 홍보	• 체계적 모니터링 및 평가 프로세스 확립 • 정기적 윤리경영 이행 실적 점검 • 윤리경영 인식도 조사 및 자가진단

4. 연혁

1908년 12월	옥구서부수리조합 설립
1938년 5월	조선토지개량협회 설립
1943년 1월	조선농지개발영단 설립
1962년 1월	조선토지개량협회, 조선농지개발영단 통합한 토지개량조합연합회 설립
1990년 7월	농어촌진흥공사 사명 변경(구, 토지개량조합연합회)
1995년 12월	농지개량조합으로 사명 변경(구, 옥구서부수리조합)
	농지개량조합연합회로 사명 변경(구, 조선토지개량협회)
2000년 1월	농어촌진흥공사, 농지개량조합, 농지개량조합연합회 통합한 농업기반공사 설립
2005년 12월	한국농촌공사로 사명 변경
2008년 12월	한국농어촌공사로 사명 변경

📖 02 한국농어촌공사 채용 정보

1. 인재상

비전	활기차고 행복한 농어촌을 만드는 글로벌 공기업

"공사 비전 달성"

인재상	직무전문성, 존중 · 책임, 협력 · 소통을 내재화하는 인재	
	1	(전문인, Knowledge) 글로벌 농어촌 공기업을 창조하는 지식 전문인
	2	(존중인, Respect) 직원과 고객의 잠재력을 창출할 수 있는 배려 존중인
	3	(협력인, Cooperation) 조직의 성과를 극대화할 수 있는 소통 협력인
	4	(내재화, In) KRC를 내재화 · 생활화하는 인재

2. 채용 분야

- 일반직 5급 : 행정, 토목, 지질, 기전(기계, 전기, 건축), 전산, 환경
- 기사직 6급 : 토목, 기계, 전기

 ※ 채용분야는 매년 채용계획에 따라 변경 가능함

3. 응시 자격

- 연령 · 학력 제한 없음.
- 우대사항
 - 국가유공자, 취업보호 대상자 및 장애인은 관련 법령에 의거 우대
 - 농업인 및 저소득층 자녀 우대

서류전형 → 필기전형 → 면접전형

※ 각 전형 단계별 합격자에 한하여 다음 단계 응시자격 부여

※ 채용규모, 시기, 절차 등 세부 사항은 채용 홈페이지 공고문 확인

K
R
C

취업시험 합격의 신화 | 에듀크라운

직업기초능력평가

NCS에서 정의하는 직업기초능력평가란 지원자가 업무에 필요한 기초적 능력을 얼마나 발휘할 수 있는지 평가하는 과정을 말한다. 크게 10가지 능력 단위로 분류되며, 각 능력에 따라 다시 세분화되어 있어 지원자가 특정 능력 중에서도 어떤 능력이 뛰어난지를 평가하기도 한다. 따라서 각 능력의 평가 기준은 무엇이고 어떻게 해야 높은 평가 점수를 받을 수 있는지를 숙지해야 쉽게 문제를 풀 수 있다. 즉 단순히 문제를 풀어 나가기보다 '이 문제는 어떤 의도로 만들어졌는가'를 파악하는 것이 직업기초능력평가의 핵심이다.

PART

2

직업기초능력평가

K
R
C

Chapter 01 / 의사소통 능력

STEP 01 유형 분석

★ 유형을 철저히 분석하여 개념 이해와 기초 실력을 다지는 단계

유형 특징

- 글의 주제를 찾는 문제
- 접속사를 찾거나 괄호 안에 들어갈 적절한 어휘를 찾는 문제
- 올바른 의사소통에 대한 이해를 묻는 문제
- 개요 작성에서의 적절성을 요구하는 문제
- 주어진 문서에서 오탈자를 찾는 문제
- 올바른 경청의 방법을 알고 있는지 묻는 문제
- 상황과 대상에 따른 의사 표현을 묻는 문제

유형 준비 전략

- 일상에서 주로 사용될 법한 대화 위주의 문제를 비롯하여 여러 주제를 담고 있는 다양한 분량의 지문들이 출제된다. 일상에서 사용되는 대화법의 경우 난이도가 높지 않고, 배려와 적절한 상황 이해를 포함한 보기가 주로 답이 될 수 있으니 확인한다.
- 문맥상 흐름을 이해하여 적절한 어휘를 넣거나 접속사, 오탈자를 묻는 문제도 출제되니 주어진 지문을 신속하고 정확하게 이해하는 연습이 필요하다.
- 문제에서 무엇을 물어보는지 먼저 확인한 후, 그 방향에 따라 지문을 이해한다면 시간을 줄이고 정확성을 높일 수 있다.

STEP 02   유형 공략 문제

[01~02]   다음 보기의 단어와 유사한 의미를 가진 단어를 고르시오.

01

태두(泰斗)

① 태초(太初)   ② 태도(態度)   ③ 대가(大家)   ④ 서두(序頭)   ⑤ 두각(頭角)

02

미증유(未曾有)

① 미상불(未嘗不)   ② 불가분(不可分)   ③ 불가불(不可不)
④ 전대미문(前代未聞)   ⑤ 미연(未然)

[03~04]   다음 보기의 단어와 반대되는 의미를 가진 단어를 고르시오.

03

영전(榮轉)

① 좌천(左遷)   ② 영접(迎接)   ③ 쇠락(衰落)   ④ 첩경(捷徑)   ⑤ 각하(却下)

04

앙등(仰騰)

① 앙숙(怏宿)   ② 하락(下落)   ③ 등락(登落)   ④ 침강(沈降)   ⑤ 영겁(永劫)

05 제시된 단어 중 3개의 단어와 공통으로 연상되는 단어를 고르시오.

첨단, 장점, 연기, 모래, 투자, 차이, 유지, 공백, 개인

① 성격 ② 사물 ③ 계절 ④ 사막 ⑤ 증권

[06~07] 다음 빈칸에 적절한 단어를 고르시오.

06

남풍 : 마파람 = (　　) : 샛바람

① 동풍 ② 남서풍 ③ 북서풍 ④ 북풍 ⑤ 서풍

07

낙천(樂天) : (　　) = 능변(能辯) : 눌변(訥辯)

① 염세(厭世) ② 변수(變數) ③ 대변(代辯) ④ 첩경(捷徑) ⑤ 낙관(樂觀)

[08~09] 다음 중 한글맞춤법에 맞는 것을 고르시오.

08 ① 백분률 ② 몹씨 ③ 깍뚜기 ④ 법석 ⑤ 소적새

09 ① 딱따구리 ② 뻐꾹이 ③ 오뚜기 ④ 곰곰히 ⑤ 깨끗히

[10~11] 다음 글을 읽고 물음에 답하시오.

(가) 일본어에 양기화혼(洋技和魂)이란 말이 있다. 서양 문화를 수입하는 한 방법을 말해주기 위해 만든 개념이다. 실용적 목적을 위해서 서양의 여러 가지 필요한 지식과 기술을 도입하되 삶에 대한 태도나 여러 가지 가치관만은 전통적으로 내려온 일본적인 것을 보존하고 지켜 나가자는 것이다. 그러나 객관적 세계에 대한 지식이나 구체적 문제를 해결해 주는 기술은 그러한 것을 가능케 하는 사고 방식 내지 가치관과 완전히 분리할 수 없다. 어쩌면 그것들 간에는 나무와 나무가 뿌리를 박고 있는 흙의 관계처럼 얽혀 있기 때문이다. 문화를 생각과 삶의 양식이라 한다면 한편으로 문화 그리고 다른 한편으로는 지식이나 과학 기술을 서로 완전히 분리할 수 없다는 말이다.

(나) 우리가 추진해 온 개발과 현대화는 상당한 정도까지는 문화적 서양화임을 부인할 수 없다. 문화적으로 즉 정신적으로 상당한 깊은 차원에 이르기까지 우리는 어느덧 전통적 동양인이나 한국인임을 멈추고, 어느덧 서양인으로 변해왔던 것이며 앞으로도 이러한 과정은 더욱 가속화될 추세다. 21세기에 와서 경제력이나 군사력 등으로 측정되는 힘의 균형이 아시아로 기울어지고 유럽이 아시아의 갑(岬)으로밖에 존재할 수 없게 된다는 사실은 유럽 문화의 쇠퇴를 뜻함이 아니라 오히려 유럽 문화의 세계화가 이루어졌음을 말해 준다. 그것이 절대 다수인 동양인의 승리요, 절대 소수인 유럽인의 쇠약을 의미하지만, 그것은 결코 동양적 정신, 동양적 사고의 승리가 아니라 패배를 의미하고 유럽적 정신, 유럽적 사상의 승리 외에는 달리 해석할 수 없다. 유럽인의 상대적 축소나 소멸은 외형적일 뿐 내용적으로는 유럽의 세계 식민지화가 끝났음을 나타냄에 지나지 않는다.

10 윗글을 읽고 내릴 수 있는 결론으로 적절한 것은?

① 유럽은 정신적으로는 패배했지만 물리적으로는 승리했으며, 동양은 물리적으로는 패배했지만 정신적으로는 승리했다.

② 유럽의 문화적 쇠퇴는 동양 정신의 승리를 의미하며, 동양의 물질적 발전은 서양의 경제적 침체를 의미한다.

③ 유럽의 물리적 죽음은 유럽의 정신적 확장을 의미하며, 동양의 물리적 승리는 동양의 정신적 죽음을 의미한다.

④ 유럽은 정신적, 물질적으로 모두 승리했으며, 동양은 정신적, 물질적으로 모두 패배했다.

11 (가)의 내용을 통해 이끌어낼 수 있는 사실로 적절한 것은?

① 서양의 문화를 수용한다는 것과 우리의 문화적 독자성을 유지한다는 것은 양립할 수 없는 개념이라 할 것이다.

② 문화란 독특한 생활 양식의 소산이기 때문에 두 문화의 우열을 논하는 것은 바람직하지 않다.

③ 어떤 나라의 수준 높은 문화가 그보다 못한 나라의 문화에 영향을 주는 것은 자연스러운 일이다.

④ 서양의 과학 기술뿐만 아니라 그 속에 들어있는 사고방식이나 가치관도 함께 받아들이는 것이 바람직하다.

[12~13] 다음 지문을 읽고 문제에 답하시오.

네트워크 경제에서 기업은 물적 재산이건 지적 재산이건 교환하기보다는 접속하는 쪽을 더 선호한다. 다시 말해 물적 자본의 소유권이 한때는 산업 사회의 근간이었지만 이제는 점점 주변적 지위로 밀려나고 있다는 것이다. 따라서 기업은 물적 자본을 자산이 아닌 단순한 경상비로 취급하고자 하며, 가급적 소유하지 말고 빌리자는 인식이 팽배해지고 있다. 기업들은 물적 소유를 털어내야만 살아남을 수 있다는 절박감으로 생사를 건 싸움을 벌이고 있다. 하룻밤만 자고 일어나면 확확 바뀌는 21세기 경제에서 물건을 대량으로 소유한다는 것은 시대에 뒤진 생각이다. 생산에 필요한 것은 대부분 빌려 쓰는 추세로 이미 세상은 변하고 있는 것이다.

예전에는 판매자와 구매자가 시장의 주역이었지만 네트워크 경제 시대에는 공급자와 사용자가 주역이다. 시장을 통한 거래는 줄어들고 전략적 제휴, 외부 자원의 공유, 이익의 공유가 활성화된다. 기업들은 이제 서로에게 물건을 파는 것보다는 집합 자원을 공유하여 광범위한 공급자-사용자 네트워크를 통한 공동 경영을 선호한다. 이렇게 경제 활동의 기본 구도가 달라짐에 따라 경제를 주도하는 기업의 성격도 당연히 달라지고 있다. 시장이 중심이었던 시절에는 물적 자본을 많이 가진 기업이 판매자와 소비자의 상품 거래에서 주도권을 행사했다. 그러나 네트워크 시대에는 가치 있는 지적 자본을 많이 보유한 기업이 우위를 점할 수밖에 없다. 즉 사용자는 이런 기업이 일방적으로 정한 조건을 받아들여야만 중요한 아이디어, 지식, 기술에 접속할 수 있다.

네트워크 경제는 접속 중심의 구도이므로 기업의 성공은 시장에서 그때그때 팔아 치우는 물건의 양보다는 고객과 장기적 유대 관계를 맺을 수 있느냐 없느냐에 따라 좌우된다. 상품과 서비스의 관계가 근본적으로 변하고 있다는 데 유념해야 한다. 산업 시대에는 소비자에게 상품을 팔면서 무료 애프터 서비스를 제공하는 데 주안점을 두었으나 지금은 거꾸로 후속 서비스를 통해 고객과 장기적 관계를 맺겠다는 계산으로 상품을 아예 공짜로 제공하는 기업이 늘어나고 있다. 소비자의 의식도 이런 추세에 따라 소유에서 접속으로 서서히 기울고 있다. 값싼 내구재는 여전히 시장에서 거래되겠지만 가전제품이라든지 자동차나 집같은 고가품은 공급자에 의해 소비자에게 단기 대여, 임대, 회원제 같은 다양한 서비스 계약의 형태로 제공될 것이다.

사람들은 물적 자산이나 재산을 일정 기간 이상 보유하는 것이 이롭다는 생각을 하기 때문에 소유를 한다. 그래서 오랜 시간 동안 '가진다', '보유한다', '축적한다'는 생각은 그동안 금과옥조로 떠받들어져 왔다. 하지만 과학 기술이 급속히 발전하고 경제 활동이 어지러울 만큼 빠르게 진행되는 세상에서 소유에 집착하는 것은 곧 시대에 뒤떨어지는 첩경이다. 변화하지 않는 것이라고는 '변화'밖에 없는 세상에서, 소유하고 보유하고 축적하는 태도는 점점 설득력을 잃어가고 있다.

반면 지적 자본은 새로운 시대를 이끌어 가는 원동력이 된다. 그래서 지적 자본을 가진 사람은 기업이나 개인으로부터 모두 선망의 대상이다. 네트워크 경제에서는 물건이 아니라 개념, 아이디어, 이미지가 실제 혁신과 업그레이드가 이루어진다. 부(富)는 이제 물적 자본에서 나오지 않는다. 부는 인간의 상상력과 창조력, 즉 지적 자산에서 나온다. 주문 생산이 일반화되고 끊임없이 모든 것이 하루아침에 구식이 될 수 있다. 무엇이 진정한 소유이겠는가?

12 〈보기〉는 윗글을 읽고 쓴 어느 회사 CEO의 연설문이다. 윗글의 내용과 어긋나는 것은?

> 존경하는 직원 여러분!
>
> 바야흐로 우리는 21세기의 네트워크 시대를 살아가고 있습니다. ① 네트워크 시대는 기존의 시장 중심의 경제 활동에서 새로운 경제 환경으로의 질적인 변화가 이루어지는 시대입니다. 즉, 종래에는 판매자와 구매자가 시장의 주역이었지만, 이제는 상품을 생산하여 공급하는 주체와 사용자가 직접적으로 연결되는 시대입니다. ② 그만큼 소비자의 욕구에 부응하고자 기업이 발빠르게 움직이고 있습니다. 또 소비자의 불만이 곧바로 새로운 제품 생산에 반영이 될 정도로 발빠른 의사소통의 구조가 이루어지고 있는 것입니다. ③ 따라서 제품의 생산과 판매, 판매 후 제품의 결함을 시정해 주기까지 생산자의 책임 있는 자세가 어느 때보다도 중요해지고 있는 것입니다.
>
> ④ 그리고 무엇보다 21세기 네트워크 시대에서 기업이 살아남기 위해서는 참신한 아이디어를 많이 창조해 내는 능력이 중요합니다. 자본이 부(富)를 가져다 주는 시대는 지나갔습니다. 변화하는 세상에서 물적 자본에 집착하는 태도는 시대에 뒤진 생각입니다. 지금은 소유하지 않고도 부를 창조하는 시대입니다. 직원 여러분! 여러분들도 이런 시대적 변화를 깊이 인식하시고 더욱 분발해 줄 것을 당부 드리면서 이만 마칩니다.

13 윗글의 '네트워크 경제'를 뒷받침할 수 있는 사례로 적절하지 않은 것은?

① 어느 복사기기 제조업체는 복사기는 무료로 나눠주되 복사기 토너는 돈을 받고 파는 방식으로 새로운 비즈니스 모델을 만들어 냈다.

② 국내 반도체 분야의 경쟁사인 두 기업이 해외에서 가격 경쟁력 확보를 위해 서로 자사의 첨단 기술을 공개하여 이익을 극대화하였다.

③ 세계적인 지명도를 지닌 기업들은 영업 이익을 극대화하기 위하여 생산 공정의 자동화를 강화시켜 대량 생산을 통한 생산 단가를 줄이고 있다.

④ 어느 유통 회사는 수많은 제약 회사가 생산한 제품의 목록을 파악한 후, 소비자들의 주문에 맞춰 필요한 약품들을 즉시 공급해줌으로써 제약 회사보다 더 많은 이익을 냈다.

⑤ 국내의 어느 유통회사는 외국의 글로벌 유통회사와 자매결연을 맺고, 자사의 인력을 서로 파견하며 정보를 나누고 있다.

14 다음 중 (A)와 (B)가 공통으로 말하고 있는 것은 무엇인가?

(A) 1960년대~1970년대 미국과 베트남과의 전쟁에서, 많은 수의 미군이 베트남 포로수용소에 잡혀 있었다. 그중에는 8년 이상 수감된 병사들도 많이 있었다. 당시 수용소에 서 살아남았던 병사들은 통념과 달리 낙관주의자들이 아니라 현실주의자들이었다. 낙관주의자들은 다가오는 크리스마스에는 석방될 수 있을 것이라고 스스로와 주위 사람들에게 희망을 불어넣다가, 크리스마스가 지나면 다시 다가오는 부활절에는 나갈 수 있을 것이라고 기대하는 일을 반복하면서, 결국에는 상심 속에서 죽어갔다. 반면 현실주의자들은 크리스마스 때까지는 석방되지 못할 것이라고 생각하면서 그에 대비하는 마음가짐을 가짐으로써 결국 살아남을 수 있었다.

(B) 훌륭한 직장에서 영리한 CEO와 최고의 임직원들이 모여 좋은 비전과 올바른 전략을 세워 일을 하는데도 제대로 된 결과를 내지 못해 결국 경쟁에서 뒤처지는 경우가 많이 있다. 이는 실행 능력의 부족에 그 원인이 있다. 실행 능력의 부족은 관리자들이 높은 수준의 전략만 생각하고 실행과정 또는 현장에 직접 관여하지 않는 데서 기인한다. 이런 경우, 근거도 없이 회사가 잘 운영되고 있다고 믿고 있다가 서서히 나락으로 추락하는 경우가 비일비재하다.

① 효율적인 조직이 되려면 통념에 구애받지 않는 전략을 세울 필요가 있다.

② 목표 달성을 위해 다양한 사고방식을 지닌 구성원 간의 긴밀한 조화가 필요하다.

③ 현실에 대한 부족한 열정이야말로 일을 그르치는 최대 원인이다.

④ 목표 달성을 위해서는 연합전선을 구축할 필요가 있다.

⑤ 성공에 대한 믿음과 냉혹한 현실을 혼동하지 말아야 한다.

[15~16] 귀하는 여러 자료를 참고하여 나트륨 섭취량 줄이기와 관련한 보고서를 쓰고자 한다. 글을 읽고 물음에 답하시오.

【 참고 자료 】

우리나라 국민들의 1인당 하루 평균 나트륨 섭취량은 세계 보건 기구(WTO) 권장량인 2,000mg 보다 2배 이상 많은 약 4,600mg으로 나타났다. 또한 지난 2011년 식약청의 조사 결과에 따르면, 우리나라 국민들은 나트륨 섭취량을 줄여야 한다는 인식과 실제 행동 양식 간의 차이 또한 큰 것으로 분석되었다. 즉, 인식 조사 결과 응답자의 87%가 나트륨 섭취량을 줄여야 할 필요성을 인식하고 있는 반면, 미각 검사를 실시한 결과 실제로는 응답자의 24%만 싱겁게 먹는 것으로 나타났다. 이러한 조사 결과를 바탕으로 식약청은 나트륨 섭취량 줄이기는 개인의 노력에만 의존해야 할 사안이 아니라 소비자와 공급자, 정부가 서로 동참하고 협력해서 해결해야 하는 문제로 국민적 공감대 확산이 시급해 보인다고 밝혔다.

【 전문가 의견 】

나트륨 과다 섭취는 비만과 관련이 있으며, 위암, 심장병, 고혈압 등 질병을 초래할 수 있습니다. 나트륨 섭취량을 줄이기 위해서는 식습관을 개선하는 것이 중요한데, 국물 종류를 적게 먹고, 가공식품을 구입할 시, 나트륨 함량이 상대적으로 적은 것으로 선택해야 하며, 채소와 과일을 매일 섭취하여 나트륨을 몸 밖으로 배출해야 합니다.

【 나트륨 섭취량 비교 】

(보건 복지부, 2013)

대한민국	일본	영국	미국
4,545.7mg	4,280mg	3,440mg	3,346mg

---

15 위의 자료를 바탕으로 쓴 글의 내용 중 적절하지 못한 것은 무엇인가?

① 국물을 적게 먹는 습관은 나트륨 섭취량을 줄이는 지름길이다.

② 평소 나트륨 과다 섭취 문제에 관심을 가져야 한다. 개개인의 노력으로 나트륨 문제를 해결할 수 있다.

③ 대다수의 국민이 나트륨을 줄여야 한다는 것을 알고 있지만 실제로 행동으로 옮기는 사람은 많지 않다.

④ 다른 나라와 나트륨 섭취를 비교한 표를 보니 우리 국민들은 나트륨 섭취에 너무 관대하다.

⑤ 나트륨 과다 섭취는 여러 가지 질병과 관련이 있기 때문에 더욱 신경을 써야 하는 문제이다.

16 참고 자료를 활용하여 글의 개요를 짠다고 할 때 적절하지 않은 것은?

1. 서론 ·· ①
2. 우리나라 나트륨 섭취의 실태 ··· ②
3. 우리나라 나트륨 과다 섭취의 원인 ·· ③
4. 나트륨 과다 섭취를 줄이기 위한 해결 방안 ··················· ④
5. 결론 ·· ⑤

① 나트륨 과다 섭취의 문제점을 활용하여, 나트륨 섭취량 줄이기의 필요성을 먼저 제시한다.

② 우리나라의 1인 1일 평균 나트륨 섭취량이 다른 나라에 비해 많음을 제시한다.

③ 대다수의 국민이 나트륨 섭취량을 줄여야 한다는 필요성을 느끼지 못하는 것이 나트륨 과다 섭취의 원인임을 제시한다.

④ 식습관을 개선하기 위한 노력이 무엇보다 필요함을 제시한다.

⑤ 나트륨 과다 섭취의 문제는 개인의 문제가 아니라 서로 동참하고 협력해서 해결해야 하는 문제로 국민적 공감대 확산이 시급하다는 점을 이야기하며 마무리한다.

[17~18] 다음 지문을 읽고 이어지는 문제에 답하시오.

국민연금 기금운용본부 자산운용전문가 공개모집		
운용전략	투자전략	• 자산배분, GTAA • 중장기 기금운용 전략 및 방향 수립
	전략리서치	• 국내 및 해외 사모, 인프라 시장 분석 및 중장기 수익 · 위험 분석 및 전망 • 외한시장 분석 및 환율 중장기 전망
	책임투자	• 국내외 ESG(Environmental, Social& Governance)방법론 및 사례조사 등 • 의결권 행사 관련 의안분석 업무
주식운영 (국내)	리서치	• 국내주식 직접운용 시스템 구축 및 운용
	위탁투자	• 국내주식 위탁운용 시스템 구축 및 운용
대체투자 (국내)	대체투자관리 실물투자	• 부동산 프로젝트 · 위탁펀드 투자 및 관리 • 인프라 프로젝트 · 위탁펀드 투자 및 관리
	기업투자	• 국내외기업투자(PEF) 등

• 분야별 채용직급만 지원 가능(채용직급 외 직급 지원 시 불인정)

　　−복수(1, 2)지망이 가능하며, 1지망 응시자를 우선 선발하고 적격자가 없는 경우 2지망 응시
　　　자 선발 예정

　• 자격요건
　　−연령 및 학력 제한 없음.
　　−남자의 경우 병역을 필한 자 또는 면제된 자
　　−우리 공단 인사규정상 임용 결격사유에 해당하지 아니하는 자
　　−직급별 경력요건 충족자(경력산정 기준일 : 공고일)
　　−「국가유공자 등 예우 및 지원에 관한 법률」 제31조에 따른 취업지원대상자 및 「장애인고용촉
　　　직업재활법」 시행령 제3조에 따른 장애인 우대

　• 접수기간 : 2016. 7. 27.(수)~8. 5.(금)

　• 접수방법 : 공단 홈페이지(www.nps.or.kr) 접수

　• 전형절차 : 서류전형 → 면접전형(합격자에 한해 개별통보)
　　＊ 서류전형 합격자에 대해 「평판조회」와 「실무진 면접」 실시

17 위 공고문 중 잘 못 쓰인 글자의 개수는?

① 2개　　　　　② 3개　　　　　③ 4개　　　　　④ 5개　　　　　⑤ 6개

18 위 공고문을 보고 나눈 대화 중 적절하지 않은 것은?

① 김철수 사원 : 복수 지원이 가능하니, 기회가 두 번은 되네.
② 전지현 팀장 : 접수 기간이 열흘밖에 안 되니, 미리 확인해야 되겠군.
③ 정지훈 사원 : 책임투자 파트는 GTAA가 주요 직무로군.
④ 조용필 팀장 : 서류전형 합격자는 「실무진 면접」까지 준비해야 되겠네.
⑤ 배칠수 사원 : 접수는 인터넷 접수만 가능하군.

19 다음 글을 읽고 내용을 잘못 이해한 사람은 누구인가?

> 롯데월드타워(제2롯데월드)가 공사 현장에서 근무한 근로자들의 땀과 열정을 기억하기 위해 1백 일 이상 근무한 총 8천여 명의 이름을 기록한다. 이들은 롯데월드타워 공사 현장에서 1백 일 이상 근무한 근로자 7천 5백여 명과 올해 12월까지 추가되는 근로자, 롯데물산 및 롯데건설 임직원 등 총 8천여 명이다. 롯데월드타워가 지난 2010년 11월 11일 지하 6층, 지상 123층(555m)으로 인허가를 받은 후 올해 6월까지 2천 일, 5만 시간 가량을 대한민국 랜드마크를 짓겠다는 일념으로 타워 공사 현장에서 혼신의 노력을 기울인 분들로, 외국인 근로자 45명도 포함됐다. 이들의 이름은 우선 현재 공사가 진행 중인 롯데월드타워 5층에 새로 들어설 타워 홍보관 벽면의 '타워를 만든 사람들(Wall of Fame)'로 새겨진다. 8천여 명의 이름과 함께 "우리가 대한민국의 새로운 역사를 만들었습니다."라는 문구도 함께 들어갈 예정이다.
>
> 한편, 롯데월드타워는 홍보관 기념물과 함께 타워 외부에 설치할 기념 조형물 건립도 추진 중이다. 기념 조형물이 건립되면 롯데월드타워와 함께 더 많은 국내외 관광객들이 타워 건설을 위해 노력한 분들의 이름과 열정을 공감할 수 있을 것으로 보인다.

① 중기 : 롯데월드타워에 기록되는 사람은 총 8천여 명이군.

② 혜교 : 홍보관뿐만 아니라 기념 조형물도 같이 만들겠다는 이야기구나.

③ 태희 : '타워를 만든 사람들'에 외국인 근로자는 포함되지 않는구나.

④ 지훈 : 롯데월드타워는 총 123층으로 높이는 555m나 되네.

⑤ 민수 : 근로자뿐만 아니라 임직원들도 포함시켰군.

20 다음은 한국○○공단의 보도자료이다. 이 내용에 대해 대화를 나누는 상황에서 적절하지 못한 내용을 이야기한 사원은 누구인가?

> 한국○○공단은 연간 2,000toe 이상 에너지를 사용하는 에너지 다소비 사업장의 2015년 에너지 사용량 통계를 발표했다.
>
>   * 1 toe(ton of oil equivalent) : 원유 1톤이 갖는 열량으로 10Gcal를 의미
>
>   – 승용차(연비 12.54km/l)로 서울–부산(왕복거리 912km)을 17번 왕복할 수 있는 휘발유량
>
>   – 일반가정(310kWh/월)에서 약 1년 2개월 동안 쓸 수 있는 전력량
>
> 에너지이용합리화법(제31조 제1항)에 따라 연간 에너지를 2,000toe 이상 사용하는 사업장은 매년 1월 말까지 전년도 에너지사용량 및 절약 실적 등을 신고해야 하며, 이를 기반으로 에너지공단은 에너지이용합리화를 위한 기초자료로 활용하기 위해 에너지사용량 통계를 작성해 배포한다.

특히 올해 신고분부터 수송부문이 신규로 포함되어 2015년 기준 에너지 다소비 사업장 수는 총 4,393개로 전년대비 16.3% 증가했으며, 신고업체의 에너지사용량(발전 제외)도 총 9,572만 toe로 전년대비 6.7% 증가했다

산업부문 에너지사용량은 전년대비 3.0% 증가한 8,999만 toe로 신규 민간발전사(산업기타)의 운전(2014년 건설)이 사용량 증가에 기여했으며, 산업 기타 업종을 제외한 제조업 에너지 사용량은 7,017만 toe로 전년대비 1.8% 증가한 것으로 나타났다.

건물부문은 신도시 입주, 대규모 쇼핑단지 건설 등으로 에너지 다소비 건물 수가 전년대비 94개소 증가함에 따라 사용량도 전년대비 7.2% 증가한 249만 toe를 기록했다.

국내 최종 에너지 사용량 중 18%에 해당하는 버스, 택시, 철도, 항공, 선박 등의 수송부문에서는 그간 에너지 사용량 신고에 포함되지 않았던 376개 업체에서 324만 toe의 에너지를 사용한 것으로 나타났다.

시도별 에너지 사용량은 전남(24.4%), 충남(16.9%), 경기(13.5%), 경북(12.3%) 순으로 크며, 전남과 충남은 금속·화공업종, 경기는 산업기타업종, 경북은 금속업종의 에너지 사용량이 큰 비중을 차지하고 있어 산업비중이 큰 지자체에서 에너지 사용량이 큰 것으로 판단된다.

한국에너지공단 관계자는 "에너지 다소비 사업장 에너지 사용량 통계는 진단대상 사업장 선정, 목표관리업체 지정, 산업체 지원기준, 지자체 정책수립 등 에너지 이용 합리화 업무의 중요한 기초 자료로 활용되고 있다"며, "특히 올해부터는 기존의 산업, 건물, 발전부문에서 추가로 수송부문 신고 자료도 포함함으로써 자료의 활용 범위를 넓혔다"고 밝혔다.

한편, 에너지 다소비 사업장 신고 자료를 수록한 「2015년 에너지 사용량 통계」는 정보 수요자들이 쉽게 접근해 이용할 수 있도록 한국에너지공단 누리집(www.energy.or.kr)에서 다운로드 가능한 파일 형태로 제공한다.

① 손흥민 사원 : "전라남도가 금속·화공업종에서 특히 에너지 사용량이 가장 많군."
② 기성용 사원 : "연간 에너지를 2,000toe 이상 사용하는 사업장은 매년 1월 말까지 전년도 에너지 사용량 및 절약 실적 등을 신고할 의무가 있군."
③ 차두리 사원 : "건물부문은 신도시 입주, 쇼핑단지 건설 등으로 에너지 다소비 건물 수가 전년대비 7.2% 증가했네요."
④ 박지성 사원 : "1 toe(ton of oil equivalent)는 원유 1톤이 갖는 열량으로 10Gcal를 의미하며, 서울과 부산을 16번 왕복할 수 있는 휘발유량을 의미하는구나."
⑤ 이민성 사원 : "수송부문에서는 그간 에너지 사용량 신고에 포함되지 않았던 376개 업체에서 324만 toe의 에너지를 사용한 것으로 나타났군."

21 귀하는 한국○○공사의 직원이다. 상사의 지시에 따라 '우리나라 관광 수지 적자의 원인과 대책'에 대한 보고서를 작성해보라는 지시를 받고, 개요를 작성해 보았다. 상사는 이 내용을 검토 후, 수정안을 제시했다. 가장 적절하지 않은 것은 어느 것인가?

---

1. 서론
  – 현재 우리나라의 관광 수지 적자 실태 ··· ⓐ

2. 본론
  가. 관광 산업의 중요성
    (1) 높은 성장 잠재력
    (2) 외화 획득의 중요한 수단 ··· ⓑ
    (3) 대규모 고용 창출을 통한 경제적 효과
  나. 관광 수지 적자의 원인
    (1) 내국인의 해외여행 증가
        ㉠ 해외여행에 대한 국민들의 관심 증가
        ㉡ 원화 가치 상승으로 인한 경비 부담 경감 ······················· ⓒ
        ㉢ 영어 조기 교육을 위한 어학연수 열풍
    (2) 외국인의 국내 관광 감소
        ㉠ 다른 아시아 국가에 비해 매력적인 관광지 부족
        ㉡ 비싼 물가로 인한 경비부담
  다. 관광 수지 적자 개선 대책
    (1) 내국인 측면
        ㉠ 해외에도 뒤지지 않는 훌륭한 관광지 개발 및 홍보
        ㉡ (   ) ······························· ⓓ
    (2) 외국인 측면
        – 다른 국가에서 볼 수 없는 우리만의 특색있는 관광 상품 개발

3. 결론
  – (   ) ··· ⓔ

---

① ⓐ : "내국인의 해외여행자 수와 여행 비용, 외국인의 국내 여행자 수와 여행 비용을 비교한 통계 자료를 제시하면 좋겠네요."
② ⓑ : "산업별 외화 획득 비율 현황을 근거 자료로 제시하는 게 어떨까?"
③ ⓒ : "다– (2)로 옮겨 개선책으로 제시하는 게 좋을 듯합니다."
④ ⓓ : "나–1–㉢을 고려하여 '국내에 효과적으로 영어 학습을 할 수 있는 시설 설립을 추가해 보는 게 좋겠네요."

⑤ ⓔ : "관광 산업의 중요성 인식 및 우리나라 관광 산업을 활성화하기 위한 노력 필요 정도가 적당하겠습니다."

22 다음은 ○○기업의 사내 경청스터디 그룹의 대화 내용이다. 경청의 올바른 방법에 대해 제대로 이해하지 못하고 있는 사람은 누구인가?

① 고만선 사원 : 나는 경청에 대한 정확한 개념 정의를 먼저 해야 한다고 생각해서 인터넷 검색을 미리 해봤어.

② 이홍규 사원 : 나는 항상 말하는 사람의 모든 것에 집중해서 들으려고 하고, 늘 메모하는 습관을 가지려고 해.

③ 전광우 과장 : 어떤 말을 경청할 때 비언어적 표현을 사용하며 반응해 주면 더 원활한 경청이 만들어질 수도 있을 거야.

④ 김민재 사원 : 경청을 하면 상대방은 본능적으로 안도감을 느끼게 되며 서로 간에 신뢰를 쌓게 될 수 있어요.

⑤ 송효숙 사원 : 개방적인 질문을 만들고, 항상 '왜'라는 질문을 하도록 노력해야겠어.

23 다음 글을 제대로 이해하지 못한 사람은?

> ○○시는 지방 자치 단체의 운영 재원을 확충하기 위해 쓰레기 매립장 유치를 추진했다. 이에 대해 찬성 측은 재원 확충에 따라 지역 주민의 복지가 향상될 것이라고 주장한 반면, 반대 측은 지역의 환경오염 문제가 심화되어 삶의 질이 나빠질 것이라고 주장했다. 이에 ○○시는 해당 정책에 대해 주민 투표를 실시했는데 주민의 80%가 투표에 참여했다. 투표 결과 52.5% 대 47.5%로 찬성이 많았으나, 반대하는 주민들이 투표 결과에 불복하여 주민 간에 반목이 심해졌다. 주민 간의 갈등이 심화되면서 해당 정책의 결정이 지연되어 행정에 대한 불신이 커졌고, 상당수의 주민들은 다른 정책에 대해서도 협조를 하지 않는 현상이 나타났다. 또한 주민 투표 제도에 대해서 회의를 느끼는 주민들이 다른 정책에 대한 주민 투표를 거부하는 일이 생기기도 했다.

① 민지 : 직접 민주주의 제도 중 하나인 주민 투표의 부작용에 대해 말하는 것이군.

② 민준 : 찬성표가 더 많이 나온 결과로 보아 지역 주민들의 공동체 의식이 고양된다는 사실을 알 수 있군.

③ 호수 : 해당 정책의 결정이 지연됐다는 점으로 보아 행정에 대한 주민들의 신뢰가 낮아졌겠어.

④ 지경 : 다른 정책에 대한 주민 투표를 거부하는 일이 생기기도 했다는 것을 보아 정책에 대한 주민들의 지지를 이끌어내기가 어려워졌군.

⑤ 규현 : 주민 투표의 결과가 찬성과 반대에 많은 차이가 나지 않아 문제가 좀 더 커진 것일 수도 있겠어.

24 다음 지문의 주제로 적절한 것은?

> 대중 매체가 널리 보급되자, 특별한 계층만 누리던 문화를 일반 대중도 누릴 수 있게 되었고, 과거에 비해 계층 간의 지식의 격차가 좁혀졌다. 이는 문화 수용의 기회 균등이라는 면에서 의미있는 현상이다.
>
> 반면에 대중 매체를 통해 얻을 수 있는 정보가 동일하기 때문에, 대중 매체의 보급은 현대인의 개성과 취미를 획일적으로 조정하고 통제할 위험성도 있다.
>
> 그리고 대중 매체는 사회 갈등을 조절하는 역할을 하기도 한다. 현대 사회는 다양성을 바탕으로 하기 때문에, 언제나 서로 다른 이해관계와 견해 차이로 갈등이 있기 마련이다. 대중 매체는 이와 같은 갈등 상황을 정확하게 보도하고, 갈등 요인을 분석하여 중간자의 입장에서 갈등을 조정할 수 있다.
>
> 그러나 자칫 대중 매체가 특정 집단의 이해관계만을 대변하는 도구로 전락할 우려도 있다. 대중 매체가 소유주의 이익만을 추구하여 건전하지 않은 문화 상품을 대중에게 공급하기도 하고, 특정 정치 집단의 권력만을 의식하여 갈등을 조절하기는커녕 오히려 그 갈등을 악화시키기도 하기 때문이다.

① 대중 매체의 순기능과 역기능　　　　② 대중 매체의 특징과 기능

③ 대중 매체와 현대 사회　　　　　　　④ 대중 매체의 수용 태도

⑤ 대중 매체의 종류와 변화양상

25 귀하는 직장 동료 C씨의 의사소통 스타일에 대해 이야기하고 있다. 괄호 안에 들어갈 말로 적절하지 않은 것은?

> A : C씨는 너무 독불장군 스타일이야.
> B : 무슨 말이야?
> A : 항상 무슨 일이든지 (　　　　　　　　)

① 자기 맘대로만 결정하고 따라주기를 원해.

② 상대방의 말을 귀담아 듣지 않아.

③ 대화를 통해 중요한 사항을 결정하는 편이야.

④ 한 가지 방식만을 고집해.

⑤ 여러 의견을 수렴하지 않아.

THE REAL

K
R
C

Chapter 02 / 수리 능력

STEP 01   유형 분석

✱ 유형을 철저히 분석하여 개념 이해와 기초 실력을 다지는 단계

유형 특징

- 복합적인 사칙 연산의 계산식을 제시하여 비교하는 문제
- 나열된 숫자들을 이용하여 연산의 규칙성을 찾아 유추하는 문제
- 문제에서 주어진 조건들로 식을 만들어 계산하는 문제
- 제시된 자료들을 분석하여 자료에 대한 설명이 옳은지 판별하는 문제
- 제시된 자료에 있는 수치들을 비교 · 계산하는 문제
- 주어진 자료에 알맞은 도표를 찾는 문제

유형 준비 전략

- 단순 계산 문제에서 계산 실수가 나오지 않도록 많은 문제로 연습해야 한다.
- 문제에서 주어진 자료나 사실만을 이용하여 문제를 이해해야 한다.
- 문제를 이해한 후 그에 맞춰 그래프, 표 등의 통계 자료를 분석해야 자료를 쉽게 정리할 수 있다.

STEP 02   유형 공략 문제

[01~03] 다음에 주어진 수의 규칙을 보고 빈칸에 들어갈 수로 알맞은 것을 고르시오.

01

> 2, 3, 7, 16, ( ), 57

① 28   ② 29   ③ 30   ④ 31   ⑤ 32

02

> 1, 3, 6, 11, 20, 37, ( )

① 55   ② 60   ③ 65   ④ 70   ⑤ 75

03

> 1, 2, 4, 5, 8, 9, 13, 14, ( )

① 15   ② 17   ③ 19   ④ 21   ⑤ 23

04 12%의 소금물 300g이 있다. 여기에 몇 g의 물을 더 넣으면 10%의 소금물이 되는가?

① 60g   ② 65g   ③ 70g   ④ 75g   ⑤ 80g

05 일의 자리의 수가 8인 두 자리의 자연수가 있다. 일의 자리와 십의 자리의 숫자를 서로 바꾸면, 처음 수의 3배보다 2만큼 작다. 이 두 자리의 자연수를 구하면?

① 25   ② 28   ③ 31   ④ 34   ⑤ 37

06 어느 학교의 입학시험에서 입학 지원자의 남녀 비율이 8 : 5, 합격자의 남녀 비율이 3 : 2, 불합격자의 남녀 비율이 2 : 1이다. 지원자 중 불합격자 여학생의 수가 50명일 때, 입학 지원자 수는 몇 명인가?

① 600명 ② 650명 ③ 700명 ④ 750명 ⑤ 800명

07 A지점에서 B지점까지 가는데 시속 2km로 갈 때와 시속 3km로 갈 때 걸리는 시간이 1시간 30분 차이가 난다고 한다. A지점에서 B지점까지의 거리는 몇 km인가? (단, A지점에서 B지점까지 가는 길은 동일하다)

① 7km ② 8km ③ 9km ④ 10km ⑤ 11km

08 지용이가 학교로 출발한 지 5분 후에 동생이 지용이를 뒤쫓아갔다. 동생은 매분 100m의 속력으로 걷고 지용이는 매분 80m의 속력으로 걷는다면 둘은 동생이 출발하고 나서 몇 분 후에 만나게 되는가?

① 14분 ② 16분 ③ 18분 ④ 20분 ⑤ 22분

09 어떤 제품의 원가에 20%의 이익을 붙여서 정가를 정하였다. 그 정가에서 1,800원을 할인하여 팔았더니 원가에서 1,200원의 이익을 얻었다. 이 제품의 원가는?

① 11,000원 ② 13,000원 ③ 15,000원 ④ 17,000원 ⑤ 19,000원

10 검수의 달인은 수습생보다 3분 동안 10개의 검수를 더 한다고 한다. 달인이 15분, 수습생이 30분 동안 작업을 하였더니 수습생은 달인의 $\frac{2}{3}$ 밖에 검수하지 못하였다. 두 사람이 검수한 양은 모두 몇 개인가?

① 120개 ② 125개 ③ 130개 ④ 135개 ⑤ 140개

11 어느 문제의 정답을 맞힌 모든 학생에게 사탕을 나누어 주기로 하였다. 한 학생에게 사탕을 3개씩 주면 12개가 남고 4개씩 주면 8개가 모자란다고 한다. 이때 사탕의 개수는 몇 개인가?

① 69개 ② 70개 ③ 71개 ④ 72개 ⑤ 73개

12 둘레의 길이가 1,440m인 호수 주위를 A와 B는 같은 방향으로, C는 반대 방향으로 같은 지점에서 동시에 출발했다. A는 분속 80m, C는 분속 40m로 출발하여 A가 C를 만난 후 계속 가다가 4분 후에 B를 만났다. B의 분속은?

① 분속 170m   ② 분속 175m   ③ 분속 180m   ④ 분속 185m   ⑤ 분속 190m

13 길이가 320cm의 끈으로 직사각형을 만들려고 한다. 가로의 길이를 세로의 길이보다 30cm 길게 하려고 할 때, 가로의 길이는?

① 93cm   ② 95cm   ③ 97cm   ④ 99cm   ⑤ 101cm

14 소금물 500g을 두 개의 비커 A, B에 나누어 넣었다. A에는 물을 더 넣어 농도가 처음의 $\frac{1}{3}$이 되게 하였고, B에서는 물을 증발시켜 농도가 처음의 2배가 되게 하였다. 그 후에 A, B의 소금물을 섞었더니 농도는 처음의 $\frac{4}{5}$가 되었다. 처음 A에 넣은 소금물의 양은 얼마인가?

① 130g   ② 140g   ③ 150g   ④ 160g   ⑤ 170g

15 어떤 일을 완성하는 데 A는 12일, B는 18일, C는 24일이 걸린다고 한다. 이 일을 A 혼자 얼마간 한 후에 B 혼자 이어서 하고 마지막으로 C 혼자 이어서 하여 일을 완성하였다. A, B, C가 일한 날 수의 비가 1 : 3 : 6일 때, 세 사람이 일한 기간은 총 며칠인가?

① 18일   ② 20일   ③ 22일   ④ 24일   ⑤ 26일

16 물탱크에 A, B, C 세 호스로 물을 가득 채우는 데 호스 A, B를 함께 사용하면 1시간 20분이, 호스 B, C를 함께 사용하면 2시간 40분이, 호스 A, C를 함께 사용하면 1시간 36분이 걸린다고 한다. 호스 A, B를 함께 30분 틀었다가 잠근 뒤 호스 C를 얼마 동안 틀어야 물탱크를 채울 수 있는가?

① 2분   ② 3분   ③ 4분   ④ 5분   ⑤ 6분

17 다음 식은 2015년 세계보건기구에서 제시한 표준비만도 공식이다. (성인기준)

$$비만도 = \frac{y}{(x-100) \times 0.9} \times 100$$

$$x : 키(cm), \ y : 몸무게(kg)$$

비만도	분류
~ 95 미만	체중미달
95 이상 ~ 120 미만	정상체중
120 이상 ~ 130 미만	경도비만
130 이상 ~ 160 미만	중도비만
160 이상 ~	고도비만

A 학생의 키가 175cm이고 몸무게가 81kg일 때, A 학생의 비만 정도는?

① 체중미달   ② 정상체중   ③ 경도비만   ④ 중도비만   ⑤ 고도비만

18 다음은 해양사고에 관한 통계자료이다. 옳지 않은 것을 고르시오.

구분	해양사고 건수		해양사고 발생 척수		인명피해(사망, 실종, 부상)	
	어선	비어선	어선	비어선	어선	비어선
2015년	1,461	640	1,621	741	267	128
2014년	896	434	1,029	536	309	401
2013년	727	366	839	467	190	117
2012년	1,159	414	1,315	539	203	82
2011년	1,378	431	1,573	566	238	86

① 어선의 해양사고 건수가 두 번째로 낮은 해는 비어선의 인명피해 수가 가장 높다.

② 2012년 어선으로 인한 인명피해 수는 비어선으로 인한 피해 수의 약 2배 이상이다.

③ 비어선의 해양사고 건수가 가장 많은 해는 가장 적은 해보다 2배 이상이다.

④ 2011년의 해양사고에서 사고 6건당 1명 정도 인명피해가 있었다.

⑤ 해양사고 발생 척수가 가장 적은 해는 2013년이다.

19 다음 표는 2005년부터 2014년 사이의 연도별 국민 기초 생활 보호 대상자에 대한 분석한 것이다. 표에 대한 분석으로 옳은 것끼리 묶인 것은?

【 국민 기초 생활 보호 대상자의 수 및 비율 】

연도	전체 대상자(A)	65세 이상 대상자 (B)	A/전체 인구 (%)	B/65세 이상 인구 (%)	B/A (%)
2005	2,118,000	306,000	4.9	15.4	14.4%
2006	2,363,000	328,000	5.7	14.5	13.9%
2007	2,190,000	324,000	4.7	14.7	14.8%
2008	1,872,000	317,000	4.0	13.5	16.9%
2009	1,582,000	295,000	3.3	11.4	18.6%
2010	1,723,000	284,000	3.2	9.7	16.5%
2011	1,732,000	294,000	3.4	9.5	17.0%
2012	1,539,000	241,000	2.5	8.5	15.7%
2013	1,389,000	254,000	3.8	10.4	18.3%
2014	1,723,000	312,000	2.4	7.8	18.1%

| 보기 |

㉠ 해당 기간 중에 국민 기초 생활 보호 대상자 1인당 국민 수는 대체로 감소하고 있다.

㉡ 기초생활 보호 대상자 중에 65세 이상 대상자의 비율이 가장 높은 해와 낮은 해의 차이는 4% 이상이다.

㉢ 65세 이상 인구는 2006년과 2007년 중에서 2006년이 더 많았다.

㉣ 전체 대상자와 65세 이상 대상자 수는 매년 같은 추이는 보이고 있다.

① ㉠, ㉡   ② ㉠, ㉢   ③ ㉡, ㉢
④ ㉢, ㉣   ⑤ ㉡, ㉣

20 다음은 학생 4명의 과목별 수행평가 시험 성적 자료의 일부이다, [보기]에서 옳은 것만 고른 것은?

【 시험 성적 】

(단위 : 점)

구분	국어	영어	수학	사회	과학	평균
수민	20	19	18	18	20	19
철인	(A)	17	20	15	16	
민준	10	(B)	16	13	14	
허진	14	18	17	20	16	
계	61	66	71			

* 시험 점수는 20점 만점이다. 평균 10점 미만은 기초, 10점 이상~13점 미만은 보통, 13점 이상
  ~17점 미만은 우수, 17점 이상~20점은 최우수라고 한다.

| 보기 |

ㄱ. (A)에 들어갈 숫자는 17이다.
ㄴ. 허진이는 우수를 받을 것이다.
ㄷ. 민준이가 영어를 12점 미만으로 받지 않는다면 우수를 받을 것이다.

① ㄴ   ② ㄱ, ㄷ   ③ ㄱ, ㄴ   ④ ㄴ, ㄷ   ⑤ ㄱ, ㄴ, ㄷ

21　정부는 여객선이 없는 섬에 사는 사람들에게 편의를 제공하기 위하여 민간으로 운행하는 사업자에 대하여 보조금을 지급하고 있다. 다음 표와 그래프는 그것을 나타내고 있는 자료이다. 보기의 설명 중 옳은 것들로 묶여 있는 것은?

구분	선박(척)	무게(톤)	취항 거리(마일)	수송요금(1인당)	1년 수송인원(명)
대산	3	221	80	420	4,279
군산	4	173	29	700	3,683
목포	2	495	36	330	9,792
여수	2	123	320	400	394
마산	1	632	37	300	2,932

* 보조금 = 총 취항 거리 × 수송요금 × 1년 수송인원 × 10%

【 보조금 액수 】

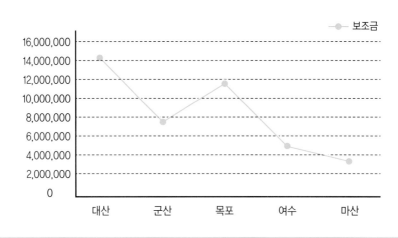

| 보기 |

ㄱ. 군산의 취항거리가 60마일이 된다면 총 보조금을 가장 많이 받게 될 것이다.

ㄴ. 선박당 보조금이 가장 많은 곳은 목포이다.

ㄷ. 가장 많은 인원을 태우는 선박은 마산에 있다.

① ㄱ　　　② ㄱ, ㄴ　　　③ ㄱ, ㄷ　　　④ ㄴ, ㄷ　　　⑤ ㄱ, ㄴ, ㄷ

22 다음 자료를 근거로 해서 자전거 부품 수리 · 판매점을 운영하기 위하여 일단 '자전거가 많이 운행되고 있는 도시에 수리 · 판매점을 두려고 한다'면 어떤 도시를 후보로 추천해야 하겠는가?

도시	인구수(천 명)	자전거 도로연장(km)	자전거 대수(천 명당)
A	1,900	194	206
B	1,600	135	240
C	900	324	302
D	600	124	480

① 자전거 대수가 많은 순인 D-C-B-A 순으로 추천해야 한다.
② 자전거 도로가 길수록 자전거 대수가 많아진다.
③ C는 자전거 도로가 가장 잘되어 있으므로 사람들이 많이 이용할 가능성이 크기 때문에 C를 추천해야 한다.
④ A는 인구는 가장 많지만 자전거를 이용하는 사람이 적어서 하위권에 속할 것이다.
⑤ A와 B가 박빙을 이루지만 B가 추천대상이 되어야 한다.

23 다음은 우리나라의 교환 학생 수에 대한 통계표이다. 다음 중 옳지 않은 것은?

(단위 : 건)

연도	총 교환 학생 수	총 이민자 수	교환 학생으로 와서 한국에 정착	교환 학생으로 와서 외국에 정착
2008	287,321	4,710	619	4,091
2009	275,129	13,494	10,365	3,129
2010	291,125	12,319	7,304	5,015
2011	301,275	25,658	19,214	6,444
2012	321,200	35,447	25,594	9,853
2013	312,415	43,121	A	11,941

① 총 교환 학생 수는 2009년과 2013년을 제외하고 전년도에 비해 증가하였다.
② 총 이민자 수는 매년 증가하고 있으며, 2013년에는 5년 전에 비하여 건수가 9배 이상 증가하였다.
③ 외국에 정착한 교환 학생은 2009년에 한 번 감소한 후 꾸준히 증가하고 있다.
④ 2013년 교환 학생으로 와서 한국에 정착한 학생이 총 교환 학생의 10%라면 약 3만 명 정도일 것이다.
⑤ 총 교환 학생 수는 2012년이 가장 많다.

24 다음 〈표〉는 2014년 여주, 이천, 안동, 포천의 경지 면적, 논 면적, 밭 면적을 조사한 자료이다 [보기] 자료 중 옳은 것만을 모두 고르면?

【표】경지 면적, 논 면적, 밭 면적

(단위 : ha)

구분	순위	시	면적
경지 면적	1		73,341
	2		73,180
	3		56,868
	4		56,505
논 면적	1	이천시	33,656
	2	포천시	33,073
	3	안동시	31,780
	4	여주시	31,752
밭 면적	1	안동시	41,561
	2	여주시	41,423
	3	포천시	23,432
	4	이천시	23,212

* 경지 면적 = 논 면적 + 밭 면적

* 순위는 면적이 큰 순이다.

| 보기 |

ㄱ. 이천시의 논 면적은 밭 면적의 2배 이상이다.

ㄴ. 경지 면적의 순위는 안동시, 여주시, 이천시, 포천시 순이다.

ㄷ. 포천시의 경지 면적은 안동시의 경지면적의 70% 이상이다.

① ㄱ　　　② ㄱ, ㄴ　　　③ ㄴ, ㄷ　　　④ ㄱ, ㄷ　　　⑤ ㄱ, ㄴ, ㄷ

25 해양 오염이 심각해짐에 따라 어선의 그물 손실률과 바다 쓰레기 수거량을 비교하여 어부들에게 현금처럼 사용할 수 있는 어부 포인트를 제공하는 정책을 구성하고 있다. 동일 어부 A~D를 대상으로 이 정책을 시범 시행하였다. 다음 자료를 근거로 할 때, 포인트의 총합이 가장 큰 사람과 작은 사람은 누구인가?

【 자료1 】그물 손실률

구분	10% 미만	10% 이상 ~20% 미만	20% 이상 ~30% 미만	30% 이상 ~40% 미만	40% 이상
어부 포인트(P)	100	90	80	70	60

【 자료2 】쓰레기 수거량

구분	1,000kg 이상	1,000kg 미만 ~800kg 이상	800kg 미만 ~600kg 이상	600kg 미만 ~400kg 이상	400kg 미만
어부 포인트(P)	100	85	70	55	40

【 자료3 】어선 운행 결과

구분	A	B	C	D
이동 시간(분)	440	99	65	15
해양 청소 시간(분)	43	33	21	40

* 그물 손실률(%) = $\dfrac{\text{청소 시간(분)}}{\text{이동 시간(분)}} \times 100$

* 쓰레기 수거량(kg) = 청소 시간(분) × 20

① A, B ② B, C ③ C, D ④ A, C ⑤ B, D

26 다음 〈표〉는 품목별 소고기의 2016년 3월의 평균 가격, 전월, 전년 동월, 직전 5개년 동월 평균가격을 제시한 자료이다. 이제 대한 설명으로 옳지 않은 것은?

【 표 】품목별 소고기 평균 가격(2016년 3월 기준)

(단위 : 원/kg)

구분	등급	직전 5개년 동월 평균가격	전년 동월 평균가격	전월 평균가격	2016년 3월 평균가격
거세우	A++ 등급	16,340	16,490	20,930	19,450
	A+ 등급	14,370	15,720	19,360	18,120
	A 등급	12,280	14,190	16,230	16,280
비거세우	A++ 등급	17,450	17,730	20,970	20,180
	A+ 등급	14,930	15,920	18,930	18,360
	A 등급	12,510	13,710	16,280	16,630

① 거세우 등급에서 직전 5개년 동월 평균가격대비 2016년 3월 평균가격의 증가폭이 가장 큰 품목은 A 등급이다.

② 모든 품목에서 전월 평균 가격이 전년 동월 평균 가격보다 높다.

③ 모든 조사에서 가격이 가장 높은 품목은 비거세우 A++ 등급이다.

④ 거세우 각 등급에서 2016년 3월 평균가격이 비거세우 2016년 3월 평균가격보다 모두 높다.

⑤ 거세우 A++ 등급이 비거세우보다 가격이 낮은 이유는 거세우 고기가 질기기 때문이다.

27 다음은 육류의 식품 성분표이다. J군의 일기를 보고 J군이 오늘 섭취한 단백질의 양과 지방의 양의 차를 구하시오.

【 J군의 일기 】

아침에 눈을 뜨니 지각인 것이 아닌가! 덕분에 버스에서 삶은 계란 하나 먹으면서 부랴부랴 출근한 후 밀린 서류 정리를 하다가 너무 배가 고파서 탕비실에 있는 두유 한 팩을 먹고 허기를 달랬다. 그렇게 일을 하다 보니 어느덧 점심시간. 동료들과 함께 식당에서 식사를 했다. 같이 간 동료들은 순대국, 비빔밥 등을 먹고 나는 생선조림을 시켰는데 비려서 반 토막밖에 못 먹었다. 대신에 저녁에 고등학교 친구와 치맥을 했는데 양념치킨 6조각과 맥주 두 잔으로 저녁을 해결했다.

음식	양(단위)	그램(g)	칼로리	탄수화물(%)	지방(%)	단백질(%)
양념치킨	1조각	100g	320	10	60	30
후라이드치킨	1조각	100g	310	10	50	40
계란	1개	50g	60	10	35	55
삼계탕	반 마리	500g	1200	10	40	50
순대국	1 뚝배기	300g	900	30	40	30
비빔밥	1 그릇	400g	800	50	20	30
생선조림	1 토막	200g	30	10	30	60
우유	1 팩	200ml	200	10	25	65
두유	1 팩	200ml	300	20	10	70

① 60g   ② 50g   ③ 40g   ④ 30g   ⑤ 20g

28 다음은 서비스업, 유통업, 건설업에 대한 신설 법인의 수를 나타낸 자료이다. 자료의 내용을 설명한 [보기]들 중에서 옳은 것을 모두 고른 것은?

구분	2014년(합계)	2015년		
		7월	월평균(1~6월)	합계(1~6월)
제조업	1672	132	127	762
서비스업	2930	231	234	1404
건설업	-23	-2	-3	-18
총계	4,579	361	358	2,148

| 보기 |

ㄱ. 서비스업의 신설 법인 수는 전체적으로 상승세이나 7월만 하락세이다.

ㄴ. 건설업의 신설 법인 수가 전체적으로 줄어드는 것으로 봐서 2014년부터 건설업 경기가 안 좋다고 예상할 수 있다.

ㄷ. 서비스업의 신설 법인 수가 8월부터 상반기의 평균치로 꾸준히 증가하더라도 2015년 총 신설 법인 수는 2014년 총 신설 법인 수보다 적다.

ㄹ. 7월 제조업 신생 법인의 수는 2015년 1~7월 제조업 신생 법인 수의 약 17%를 차지한다.

① ㄱ, ㄴ   ② ㄴ, ㄷ   ③ ㄱ, ㄹ   ④ ㄴ, ㄹ   ⑤ ㄷ, ㄹ

29 다음 〈표〉는 2012~2014년 한국, 태국, 필리핀, 터키, 미얀마, 인도의 이산화탄소 배출량에 대한 자료이다. [보기]를 근거로 하여 A~D에 해당하는 국가를 바르게 나열한 것은?

【 표 】2012~2014년 국가별 이산화탄소 배출량

(단위 : 천만 톤, 톤/일)

구분		2012년	2013년	2014년
한국	총배출량	60	63	67
	1인당 배출량	11.5	11.8	11.9
태국	총배출량	87	88	89
	1인당 배출량	3.6	3.7	3.8
A	총배출량	65	64	73
	1인당 배출량	7.3	7	7.2
B	총배출량	54	59	67
	1인당 배출량	13.2	13.4	14.2
C	총배출량	56	59	58
	1인당 배출량	16.5	16.6	16.3
D	총배출량	82	84	87
	1인당 배출량	1.8	2	2.2

* 1인당 배출량 (톤/일) = $\dfrac{총배출량}{인구}$

| 보기 |

• 1인당 이산화탄소 배출량이 매년 전년대비 증가한 국가는 한국, 태국, 필리핀, 인도이다.
• 인구가 매년 5천만 명 미만인 국가는 필리핀과 미얀마이다.

	A	B	C	D
①	터키	필리핀	미얀마	인도
②	인도	필리핀	미얀마	터키
③	터키	미얀마	필리핀	인도
④	인도	미얀마	필리핀	터키
⑤	필리핀	인도	터키	미얀마

30 다음은 가구 월 소득별 사교육비 및 참여율에 대한 그래프이다. 다음 중 옳지 않은 것을 고르시오.

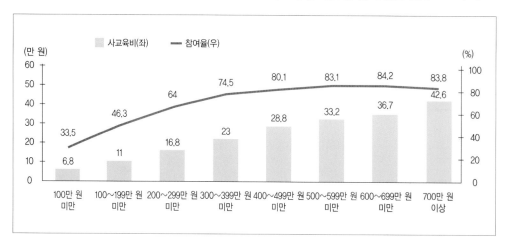

① 전반적으로 월 소득이 높을수록 사교육비도 높다.

② 참여율이 가장 높은 구간은 월 소득 600만 원 이상 700만 원 미만이다.

③ 월 소득이 100만 원대인 200가구를 조사한다면 약 67가구 정도는 사교육에 참여중일 것이다.

④ 월 소득이 200만 원대인 가구와 500만 원대인 가구의 사교육비 지출 금액은 약 2배 정도 차이가 난다.

⑤ 월 소득이 700만 원 이상인 가구의 사교육비는 100만 원 미만인 가구의 6배 이상이다.

Chapter 03 문제해결 능력

STEP 01 유형 분석

✿ 유형을 철저히 분석하여 개념 이해와 기초 실력을 다지는 단계

유형 특징

- 업무를 수행함에 있어 해결해야 하는 문제
- 창의적 · 비판적 사고를 묻고 그를 응용하여 해결할 수 있는 문제
- 전략을 개발하고 문제 해결 방안을 찾는 문제
- 명제를 응용하여 해결하는 문제
- 조건이 참임을 전제로 하여 참과 거짓을 찾는 문제
- 배열하기, 묶기, 속성 배열하기 등 논리적 사고력을 측정하는 문제
- 지문과 그림, 표, 상황 등을 보고 해결하는 문제

유형 준비 전략

- 문제해결 능력 파트의 이론을 먼저 살펴봐야 한다. 하지만 이론 문제가 나오더라도 상식선에서 해결할 수 있는 문제들이 대부분이니 가벼운 마음으로 한 번 훑어보고 넘어가는 과정이 필요하다.
- 논리적 사고의 기본인 명제의 참과 거짓 찾기 유형에서는 제시된 조건을 비교하여 모순, 혹은 동일 관계를 파악하고 경우의 수를 상정하여 해결해야 한다. 만약 모순이나 동일 관계가 성립되지 않은 문제라면 각각의 주어진 조건 및 상황을 파악하여 해결한다.
- 실제 직무와 관련된 지문이나 상황을 주고 계산을 하거나 해결하는 문제가 출제되니 자신이 지원하고자 하는 파트의 전체적인 지식을 미리 알고 있을 필요가 있다.

STEP 02   유형 공략 문제

★ 유형 공략 문제 풀이로 실력과 점수를 높이는 단계

01 다음 두 명제가 모두 참일 때, 보기 중 반드시 참인 명제를 모두 고른 것은?

> (가) 자동차의 전기장치가 누전되면 배터리가 방전된다.
> (나) 배터리가 방전되면 시동이 걸리지 않는다.

> | 보기 |
>
> ㄱ. 전기장치가 누전되면 시동이 걸리지 않는다.
> ㄴ. 전기장치가 누전되지 않으면 시동이 걸린다.
> ㄷ. 시동이 걸리면 전기장치가 누전된 것이 아니다.
> ㄹ. 시동이 걸리지 않으면 전기장치가 누전된 것이다.

① ㄱ, ㄴ   ② ㄱ, ㄷ   ③ ㄴ, ㄷ   ④ ㄴ, ㄹ   ⑤ ㄱ, ㄴ, ㄷ, ㄹ

02 다음 두 명제가 항상 참일 때, 명제 "수학을 잘하면 국어를 잘한다."가 성립하기 위해 필요한 명제는?

> (가) 영어를 잘하면 수학을 잘하지 못한다.
> (나) 국어를 잘하지 못하면 역사를 잘하지 못한다.

① 역사를 잘하면 영어를 잘하지 못한다.

② 수학을 잘하면 역사를 잘하지 못한다.

③ 영어를 잘하지 못하면 역사를 잘한다.

④ 국어를 잘하지 못하면 수학을 잘한다.

⑤ 수학을 잘하지 못하면 영어를 잘하지 못한다.

03 영훈, 인수, 민지는 학교 수업이 끝난 후 독서실, 농구장, 영화관 중 어느 한 곳에 갔다 와서 다음과 같이 말했다.

> 영훈 : 나는 농구장에 갔다.
> 인수 : 나는 농구장에 가지 않았다.
> 민지 : 나는 영화관에 가지 않았다.

위의 세 학생의 말 중 하나만 참이고, 각각의 장소에는 오직 한 명만 갔었다고 할 때, 독서실, 농구장, 영화관에 간 학생을 차례로 나열한 것은?

① 영훈, 인수, 민지　　　② 영훈, 민지, 인수　　　③ 인수, 영훈, 민지
④ 민지, 인수, 영훈　　　⑤ 민지, 영훈, 인수

04 철수는 여행을 가다가 가방을 잃어버렸다. 잃어버릴 수 있는 곳은 공항과 버스 두 곳이다. 철수의 일행 A, B, C는 다음과 같이 목격한 바를 이야기했고, 이 중에 진실을 이야기한 사람은 단 한 명이다. 진실을 말한 사람과 철수가 가방을 잃어버린 곳이 각각 옳게 짝지어진 것은?

> A : 철수는 공항에서 가방을 잃어버렸다.
> B : 철수는 버스에서 가방을 잃어버렸다.
> C : A는 거짓말을 하고 있다.

① A, 공항　　　② B, 버스　　　③ C, 공항　　　④ C, 버스　　　⑤ 알 수 없다.

05 기숙사 한 방을 네 명의 학생 갑, 을, 병, 정이 같이 쓰고 있는데, 그중 한 명은 교포학생이다. 다음 네 명의 진술 중 하나만 참이라 할 때, 교포학생과 진술을 옳게 한 사람을 순서대로 나열한 것은?

> (갑) : '병'이 교포학생이다.
> (을) : 나는 교포학생이 아니다.
> (병) : '갑'이 교포학생이다.
> (정) : '갑'의 진술은 거짓이다.

① 갑, 을　　　② 을, 정　　　③ 병, 정　　　④ 정, 을　　　⑤ 갑, 을, 정

06 다음은 H고등학교로 배정된 지호, 용태, 수영, 영진 네 사람의 반편성 결과이다.

> ㉠ 1, 2, 3반에 각각 1명, 2명, 1명이 편성된다.
> ㉡ 지호와 용태는 서로 다른 반이다.
> ㉢ 지호와 수영이는 서로 다른 반이다.
> ㉣ 영진이는 나머지 세 사람과 다른 반에 배정되었다.

위의 사실로부터 얻을 수 있는 추론 중 항상 참인 것은?

① 용태는 2반이다.　　　② 지호는 1반이다.　　　③ 지호는 3반이다.

④ 수영이는 1반이다.　　⑤ 영진이는 3반이다.

07 소연, 지이, 희정, 선화 네 명의 혈액형은 모두 다르며 A형, B형, C형, AB형 중 어느 하나이다. 다음 진술 중 희정이만 거짓을 말하고 나머지 3명은 모두 진실을 말했다면 선화의 혈액형은?

> 소연 : 나는 B형이다.
> 지이 : 나는 AB형이 아니다.
> 희정 : 나는 AB형이다.
> 선화 : 나는 A형이 아니다.

① A형　　　② B형　　　③ C형　　　④AB형　　　⑤ 알 수 없다.

08 A, B, C, D 네 명의 친구들이 추석에 고향으로 돌아가려고 하는데 기차표가 한 장만 남아있었다. 다음 진술 중에서 옳게 진술한 사람은 오직 한 명뿐일 때, 한 장 남은 기차표를 산 사람은 누구인가?

> A : 나는 기차표를 사지 못했다.
> B : C가 기차표를 샀다.
> C : B가 거짓말을 하고 있다.
> D : B가 기차표를 샀다.

① A　　　② B　　　③ C　　　④ D　　　⑤ 알 수 없다.

09 갑, 을, 병 세 사람이 가위바위보를 한다. A_n = {a, b, c}는 n번째 판에서 갑이 낸 것이 a, 을이 낸 것이 b, 병이 낸 것이 c라는 것을 의미한다. A_n = {a, b, c}일 때, A_{n+1} = {d, e, f}에서 d는 b를 이기는 것이고, e는 c를 이기는 것이다. f는 a=b이면 a이고, a≠b이면 a도 b도 아니다. A_8 = {보, 바위, 바위}일 때, A_9를 구하면?

① {바위, 바위, 보}　　　② {보, 바위, 바위}　　　③ {바위, 가위, 보}
④ {보, 보, 가위}　　　　⑤ {가위, 보, 가위}

10 귀하의 회사에서는 20년간 사용했던 복사기를 새 제품으로 교체했다. 기존 복사기는 복사 기능만 갖추고 있었으며 종이도 잘 걸리고 속도도 느렸다. 새 복사기는 종이 걸림도 없고 속도도 빠르며 팩스와 스캔 기능까지 갖추고 있다. 복사기 제조사에서 회사 직원 10명을 대상으로 아래와 같이 설문조사를 했다고 할 때 바르게 분석한 내용은?

> 질문1. 복사기가 종이 걸림 없이 잘 작동되는 것에 대해 어떤 느낌이 듭니까?
> 질문2. 복사기의 빠른 복사 속도에 대해 어떤 느낌이 듭니까?
> 질문3. 복사기의 팩스와 스캔 기능에 대해 어떤 느낌이 듭니까?

(단위 : 명)

	최상	만족	보통
질문1	0	1	9
질문2	2	6	2
질문3	4	4	2

① 어느 누구도 빠른 복사 속도에 최상의 점수를 줄 만큼 좋은 특성으로 인식하지 않았다.
② 종이 걸림이 없는 특성을 만족스럽다고 생각한 사람이 가장 적었다.
③ 팩스와 스캔 기능을 만족스럽다고 생각한 사람보다 최상의 특성이라고 생각한 사람이 더 많았다.
④ 빠른 복사 속도를 만족스럽다고 생각한 사람보다 최상의 특성이라고 생각한 사람이 더 적었다.
⑤ 빠른 복사 속도를 최상이라고 생각한 사람이 대다수였다.

[11~12]   귀하의 기업은 타기업과 냉장고의 속성만족도와 중요도 비교를 바탕으로 자사 대표 제품에 대한 만족도를 높이고자 한다. 다음 표를 보고 물음에 답하시오.

속성	중요도	만족도		
		[가]	[나]	[자사제품]
에너지소비량	+7	+5	+5	+5
가격	+5	0	+1	+2
사후 관리	+5	+4	+1	-3
디자인	+1	-1	+2	+1
각 제품에 대한 태도 점수		+54	+47	+31

11 표를 보고 보일 반응으로 가장 적절하지 않은 것은?

① 소비자들은 냉장고를 구매할 때, (가), (나), (자사제품) 제품의 순서로 선호하겠군.
② 소비자들은 냉장고를 구매할 때 에너지 소비량을 가장 중요한 요소라고 생각하고 있군.
③ 소비자가 가격의 중요도를 바꾸어도 (가)제품의 가격에 대한 태도 점수는 변화가 없겠군.
④ 소비자는 (가)제품에 대해서는 다른 속성들에 비해 에너지 소비량에 대한 만족도가 높겠군.
⑤ 소비자는 (나)제품의 디자인에 대해서는 다른 제품에 비해 크게 만족하지 못하고 있겠군.

12 상대적으로 만족도가 낮게 나오는 속성을 개선하기 위해 귀하의 회사가 선택할 전략은?

① 사후 관리가 부족하다고 판단하여 서비스 센터를 증설한다.
② 제품의 에너지 소비량을 개선하여 만족도를 높인다.
③ 회사의 사회 공헌 내역을 홍보하여 이미지를 개선한다.
④ 소비자가 디자인의 중요도를 변경하도록 유도하는 광고를 내보낸다.
⑤ 가격을 좀 더 저렴하게 내놓는다.

13 귀하는 지방으로 발령을 받아 현재 가족들과 떨어져 살고 있다. 올해부터는 가족들과 함께 살기 위해
주거지를 옮길 계획이다. 가족회의를 통해 직장과의 거리, 아이들의 교육환경 등 여러 조건들을 생각
하여 결정하기로 했다. 다음의 의사결정 규칙을 따른다고 할 때 선택을 잘못 연결한 것은 무엇인가?

【 의사결정 규칙 】

- 속성결합 규칙 : 의사결정자는 각 속성마다 일정한 기준을 정해서 그 기준을 모두 충족시키는
  대안을 선택한다.
- 속성분리 규칙 : 의사결정자는 자신이 중요하다고 생각하는 속성의 값이 크면 다른 속성의 값
  에 상관없이 선택한다.
- 지배 규칙 : 많은 대안들 가운데 선택된 속성의 값이 상대적으로 미흡한 대안들을 우선 제거하
  여 대안의 수를 다룰 수 있는 수준으로 줄인다. 단, 각 속성의 값이 가장 큰 경우 제거하지 않
  는다.
- 사전찾기식 규칙 : 의사결정자가 먼저 속성 간의 상대적 중요도를 정하고 가장 중요한 속성의
  값을 비교하여 그 값이 큰 대안을 선택한다. 만약 두 대안이 한 속성에 대해 같은 값을 가진다면
  그 다음으로 중요한 속성을 찾아 비교하여 값이 높은 대안을 선택한다.

주거지	종류	월세(만 원)	방의 개수(개)	주변 교육 환경 시설	직장까지 소요시간(분)
가	아파트	80	3	좋음	15
나	빌라	65	2	보통	5
다	아파트	125	4	좋음	30
라	주택	75	2	나쁨	20
마	주택	90	3	좋음	10
바	아파트	85	3	보통	8
사	빌라	70	2	보통	25
아	오피스텔	110	2	좋음	20

① 속성결합 규칙 – 월세는 80만 원 이하, 직장까지 소요시간은 20분 이하, 방 개수는 3개 이상, 교육
  환경 시설은 좋음을 선택기준으로 하여 가 아파트를 선택한다.
② 속성분리 규칙 – 직장까지의 소요시간만을 최우선으로 고려하여 나 빌라를 선택한다.
③ 지배 규칙 – 방의 개수와 월세만을 고려하여 나, 라, 사, 아를 제거함으로써 대안의 수를 줄인다.
④ 사전찾기식 규칙 – 교육 환경 시설, 직장까지의 소요시간, 방의 개수 순으로 고려하여 마 주택으
  로 결정한다.
⑤ 속성분리 규칙 – 월세만을 고려하여 나 빌라를 선택한다.

[14~16]   귀하는 마트 식품 할인행사 전단지를 확인한 후, 가격과 칼로리 등을 꼼꼼히 따져 구매계획을 세우려 한다. 아래 제시된 표를 보고 물음에 답하시오.

품목	A	B	C	D	E
가격(원/개)	2,500	4,000	1,000	500	2,000
칼로리(kcal/개)	600	650	250	150	350

【 행사 상품 안내 】

행사1. A 두 개 한 묶음을 사면 D 하나가 덤!
행사2. B 두 개 한 묶음을 사면 B를 하나 더!
행사3. E 두 개 한 묶음을 사면 E를 하나 더!

단, 행사는 1인당 한 묶음씩만을 원칙으로 합니다.

14   귀하의 예산이 10,000원이고 모자라지도 남지도 않게 예산을 짜려 한다 할 때, 가장 잘 짜여진 구매계획은?

① 행사1 + 행사3 + E
② 행사1 + 행사2 + 행사3
③ 행사2 + 행사3 + D
④ 행사2 + A + E
⑤ 행사1 + 행사3 + D

15   행사 1, 2, 3을 모두 구매한다고 할 때, 얻을 수 있는 총 혜택은 얼마인가?

① 4,000원   ② 5,500원   ③ 6,000원
④ 6,500원   ⑤ 7,000원

16 다이어트를 위하여 식품 품목의 칼로리를 확인하려 한다. 다음 중 칼로리가 가장 낮은 조합을 고르시오.

① A 2개, C 1개, E 2개
② A 1개, B 2개, D 1개
③ C 6개, E 2개
④ B 2개, C 2개
⑤ B 2개, C 2개, D 2개

17 귀하의 여행사에서는 기본적인 서비스를 모두 포함하고도 저렴하게 즐길 수 있는 여행상품을 개발했지만 타여행사의 상품과 큰 차별성을 가지지 못해 상품판매에 부진을 겪고 있다. 새로운 상품 개발을 위해 다른 기업들의 차별화 전략을 연구했는데 귀하의 여행사가 참고하기에 가장 적절한 전략은 무엇인가?

① 유통망을 거치지 않고 소비자에게 직접 배송을 하는 OO식품
② 개개인 취향에 맞는 개별적 주메뉴를 없애고 저렴한 커피세트를 출시한 OO카페
③ 언론 매체에 대대적인 광고를 하여 자동차 판매를 늘리고 있는 OO기업
④ 전 좌석 최고급 가죽시트, 개인용 LCD 서비스 등 획기적인 서비스를 도입한 OO운수
⑤ 블로그와 SNS를 이용해 적극적인 홍보활동을 하는 OO쇼핑몰

18 귀하의 회사에서는 이번에 출간할 책의 교정 및 교열 담당자를 구하기 위한 면접이 실시될 예정이다. 귀하는 상사의 요구에 따라 면접 질문을 만들어야 한다. 상사가 제시한 다음 조건을 읽고 귀하가 이해한 내용으로 가장 적절하지 않은 것은 무엇인가?

• 관련 업무에 익숙하고 업무 수행 능력이 뛰어난 사람
• 출판계의 분위기를 잘 알고 관련 업무 전반에 대한 이해도가 높은 사람
• 관련 학과 출신이나 경력자
• 지원 동기가 확실하고 열의가 있으며 진솔하고 성실하게 업무에 임할 사람

① 관련 업무 경험에 대해 질문하여 업무에 대한 이해도나 친숙도를 확인해야겠군.
② 국어 전공 여부를 확인하여 관련 지식 수준이나 업무 수행 능력을 파악해야겠어.
③ 극단적인 상황을 제시해 지원자들이 업무에 임하는 태도를 판단해야겠군.
④ 좌우명이나 신념을 물어 가치관을 확인함으로써 발전 가능성을 판단하고 지원 동기를 파악하여 열의를 가지고 업무에 성실히 임할 수 있는지 확인해야겠어.
⑤ 경력자라면 업무에 관련된 질문을 통해 숙련도를 파악해야겠군.

19 다음은 귀하의 기업이 조사한 3개 지역의 소비자 성향을 나타낸 것이다. 이를 근거로 하여 각 지역에 맞는 마케팅 전략을 수립하여 시행하고자 한다. 각 지역과 그에 맞는 마케팅 전략으로 옳은 것은?

(가) 지역

• 브랜드보다는 디자인을 중요하게 생각하고 가격에 민감함.
• 인터넷 소비가 가장 활발히 이루어짐.

(나) 지역

• 브랜드에 가장 민감하게 반응함.
• 가격을 따져서 소비하는 성향이 가장 낮음.

(다) 지역

• 실용적이고 소박한 제품을 선호하는 경향이 있음.
• 연령대가 타지역에 비해 높은 편이고 신문과 지역 TV 선호도가 가장 높음.

| 보기 |

㉠ 쿠폰을 이용한 할인 행사를 주기적으로 실시
㉡ 제품 디자인과 포장의 고급화
㉢ 젊은 이미지 고착을 탈피하기 위한 전 연령대 타깃 이미지 광고 실시
㉣ 브랜드 네임을 높이기 위한 유명 광고 모델 섭외
㉤ 제품 광고에 신문·잡지와 지역 TV를 적극 활용
㉥ 유명 블로거를 섭외하여 제품의 디테일 홍보 실시

	(가)	(나)	(다)
①	㉠, ㉥	㉡, ㉣	㉢, ㉤
②	㉠, ㉥	㉡, ㉣	㉡, ㉤
③	㉡, ㉥	㉤, ㉥	㉢, ㉣
④	㉠, ㉡	㉠, ㉢	㉡, ㉥
⑤	㉡, ㉤	㉠, ㉢	㉣, ㉥

20 다음은 E테마파크 이용요금과 민수의 가족구성원에 대한 정보이다. 자료에 대해 설명한 것으로 옳은 것은?

(단위: 원)

구분	어른 (만 19세 이상)	청소년 (만 14세 이상~19세 미만)	어린이 (만 4세 이상 14세 미만)
입장권	18,000	14,000	12,000
주간 자유이용권 (AM 10:00~PM 5:00)	35,000	30,000	25,000
야간 자유이용권 (PM 5:00 이후 입장)	28,000	24,000	20,000
연간회원권	140,000	120,000	75,000

* 만 65세 이상 및 국가유공자 무료입장, 자유이용권, 연간회원권 구입 시 50% 할인
* 만 4세 미만 유아 무료입장
* 연간회원권 소지자는 무료입장 및 시설 자유 이용 가능

【 민수네 가족 구성원 】

• 할아버지 : 만 78세 (국가유공자)
• 아버지 : 만 46세
• 어머니 : 만 41세
• 누나 : 만 19세
• 민수: 만 17세
• 동생 : 만 3세

① 민수네 가족 전체가 오후 1시에 테마파크에 입장하려면 68,000원의 요금을 내야 한다.
② 민수와 누나가 테마파크를 연간 5회 방문한다고 할 때, 각각 방문 때마다 야간 자유이용권을 사용하여 테마파크를 이용하는 것이 연간회원권을 구매하는 것보다 더 저렴하다.
③ 민수네 가족이 모두 주간에 자유이용권을 구매하여 입장하는 것은 민수가 연간회원권을 구매하는 가격보다 32,500원 비싸다.
④ 할아버지와 아버지, 동생은 입장권만 구매하고 어머니와 민수, 누나는 야간 자유이용권을 구매해서 입장하는 것은 모든 가족이 주간 자유이용권을 구매하여 입장하는 것보다 54,500원 저렴하다.
⑤ 민수가 테마파크를 연간 4회 방문할 때, 3회는 주간 자유이용권을 구매하고 1회는 입장만 하는 것이 연간회원권을 구매하는 것보다 저렴하다.

21 귀하의 회사는 퓨전 한식 전문점 프랜차이즈 사업으로 해외 진출을 계획 중이다. 첫 진출의 무대로 영국 시장을 노리고 3C분석을 진행하였다. 3C분석 결과를 통해 예측한 것을 토대로 팀원들의 보고가 진행되었는데 이를 가장 제대로 이해하지 못한 사람은 누구인가?

【 3C 분석 결과 】	
Customer	• 다른 나라의 음식에 대해 거부감이 별로 없고 새로움을 추구하는 경향이 있음. • 트랜드에 민감한 젊은 세대가 외식 소비를 주도 • 먼저 진출한 타 기업의 성과로 인해 한국 음식에 대한 좋은 이미지가 구축되어 있음.
Competitor	• 빠른 해외 시장 진출과 그에 대한 폭넓은 이해도를 바탕으로 급성장 중 • 자본력 부족으로 인한 마케팅 부실과 메뉴의 고착화 • 젊은 세대들에게 높은 인지도를 가지고 있음.
Company	• 국내 프랜차이즈 대표 기업 • 해외 시장에 대한 이해도 부족 • 풍부한 자본력을 바탕으로 능력과 경험이 풍부한 다수의 인재들을 포섭함. • 여러 방면의 사업으로 인해 전문성 있는 이미지는 다소 약함.

① 김사원 : 메뉴를 다양화하고 메뉴 회전율을 높여 경쟁력을 쌓아야겠어.

② 나사원 : 젊은 세대를 타깃으로 한 젊은 이미지의 광고 제작을 고민하는 게 우선이겠군.

③ 이사원 : 우리가 국내 프랜차이즈를 대표하는 기업이기는 하지만 해외에서는 아직 신생이나 마찬가지야. 겸손하게 차근차근 시작하는 게 중요할 것 같아.

④ 문사원 : 영국 시장에 진출하려면 영국인의 입맛에 딱 맞는 음식으로 승부를 봐야겠는걸.

⑤ 정사원 : 한국 음식에 대한 좋은 이미지를 더 강하게 각인시키는 마케팅 시식회를 대대적으로 여는 것도 좋겠군.

[22~23] 귀하의 회사에서는 최근 신제품 2가지를 출시한 후 시장조사를 하는 중이다. 하지만 2가지 신제품의 시장조사에서 예상한 값과 실제 소비패턴이 크게 다르게 나타나 소비자들이 보인 소비패턴을 분석하여 그에 맞는 마케팅 전략을 다시 짜야 한다. 아래 표를 보고 물음에 답하시오.

	예상 수요량		실제 수요량	
	가격	수요량	가격	수요량
A 게임기	20만 원	5,000대	20만 원	5,000대
	15만 원	6,000대	15만 원	8,000대
B 손목시계	300만 원	200개	300만 원	200개
	100만 원	800개	100만 원	350개

22 위 표를 보고 판매전략을 다시 짜보았다. 적절하지 않은 전략은?

① A 게임기를 처음 출시할 때 무료 체험관을 만들어 소비를 촉진한다.
② 유명인들이 A 게임기를 사용하는 모습을 자주 노출함으로써 대중적으로 소비를 확대시킨다.
③ B 손목시계는 타제품과의 가격 경쟁보다는 해당 상품의 특성과 이미지를 차별화한다.
④ B 손목시계의 수량을 조절하여 상품의 시장 판매량이 어느 수준 이상으로 늘어나지 않도록 관리한다.
⑤ B 손목시계와 어울리는 상품을 사은품으로 제공함으로써 많은 가격혜택을 받는 것처럼 느끼도록 한다.

23 이와 같은 현상을 보고 가장 적절하지 못한 분석을 내놓은 사람은 누구인가?

① 나과장 : A 게임기를 유명인들의 SNS를 통해 홍보를 한다면 판매량을 끌어올릴 수 있겠지.
② 라사원 : B 시계를 구매하고자 했었던 사람들의 남들과 차별화하고자 하는 심리를 충족시키지 못한 것 같아.
③ 이대리 : A 게임기의 가격이 30만 원으로 올랐어도 수요량은 크게 변화가 없을 거야.
④ 하사원 : B 손목시계의 가격이 대폭 인하되었어도 수요량이 예상수치에 크게 미치지 못한 것은 상품의 희소성이 약해져서 소비자의 소비심리를 위축시켰기 때문이겠군.
⑤ 유대리 : 예상수요량과 실제수요량의 차이를 분석해 봤을 때, A 게임기와 B 손목시계의 판매전략은 확실한 차별화가 필요했을 것 같군.

[24~25]　다음은 한부모 상담전화에 관련된 설명이다. 이어지는 질문에 답하시오.

한부모를 위해 개통한 '한부모 상담전화'가 7월 1일로 개통 1주년을 맞는다. 한부모 상담전화에는 상담원이 배치되어 미혼모 · 부 등 한부모에게 출산, 자녀양육, 주거 등과 관련한 종합 상담 서비스를 제공하고 있다. 또한 양육비 이행지원이 필요한 경우 양육비이행관리원, 주거 공간이 필요한 경우 한부모가족복지시설 등 관련 기관과의 연계도 지원한다.

'한부모 상담전화'는 개통 1년 만에 이용자가 8천 5백 명을 넘어서고 있으며, 미혼모 · 부 등 한부모뿐만 아니라 한부모가족 지원사업에 관심 있는 일반 국민도 활발히 이용하는 것으로 나타났다.

상담서비스 제공내용을 살펴보면, 출산 · 양육 · 교육(39%), 주거(25%), 위기 지원(15%), 취 · 창업 등 자립(9%), 법률(9%), 의료(3%) 순이었다. 여성가족부는 '한부모 상담전화' 개통 1주년을 계기로 증가하는 상담문의에 적절히 대응하고 상담공백이 발생하지 않도록 7월부터 상담인력을 증원(4명 → 5명)할 계획이며, 앞으로도 한부모가족의 요구에 보다 잘 부응할 수 있도록 운영 방안 등을 지속적으로 개선할 예정이다.

<출처 : 여성가족부>

【 상담 서비스 이용자 현황과 상담현황 】

(단위 : 건수, %)

구분	한부모		기관 (한부모복지시설 등)	일반국민	총계
	미혼모/부	이혼, 사별 등			
건수	802	5,923	1,125	1,006	8,856
비율	9	67	13	11	100

(단위 : 건수, %)

구분	총계 (A+B)	상담(A)										상담 후 기관연계 (B)
		계	출산 · 양육 · 교육 등				생활		위기	법률 · 의료		한부모 복지 시설 등
			임신 / 출산	보육 / 양육	돌봄	교육	주거	자립	위기	법률	의료	
건수	12,454	3,690	395	283	186	577	928	341	536	327	117	8,764
비율	100	30	(11)	(8)	(5)	(15)	(25)	(9)	(15)	(9)	(3)	70

24 윗글에 대한 내용으로 적절한 것은?

① 한부모 상담전화 이용자의 건수와 비율을 비교할 때 일반 국민의 비율이 기관의 비율보다 높다.

② 한부모 가정 중에서도 미혼모·부의 비율보다 이혼, 사별로 인한 한부모 가정의 상담 서비스 이용률이 높다.

③ 전체 상담현황(A+B)에서 생활 부분의 상담의 비율이 가장 높다.

④ 한부모 가정에서 가장 어려운 일은 법률, 의료와 관련된 일이라고 볼 수 있다.

⑤ 상담현황의 건수와 비교할 때 상담 후 문제 해결을 위한 한부모 복지시설 등과의 기관연계는 제대로 이루어지고 있지 않아 아쉽다.

25 상담현황을 분석한 내용으로 옳지 않은 것은?

① 임신, 출산, 보육, 양육의 내용의 상담건수는 총 678건으로 전체의 약 39%를 차지한다.

② 주거, 자립, 위기에 관련된 상담 건수는 전체의 비율 중 약 절반가량을 차지하는 높은 비율이다.

③ 의료 문제에 관한 상담 건수는 총 117건으로 전체 상담 비율에서 가장 낮은 부분을 차지한다.

④ 전체 12,454건 가운데 70%를 차지하는 8,764건의 상담전화 이용자들이 기관연계 등의 도움을 받았다.

⑤ 상담은 출산, 양육, 교육, 생활, 위기, 법률, 의료 등 전반에 걸쳐 다양하게 이루어지고 있다.

26 귀하의 회사인 ○○전자는 온라인 판매에 박차를 가하기 위해 기업 홈페이지를 새롭게 제작하려 한다. 가장 중요하게 생각할 부분을 좋은 평판을 쌓는 것, 고객에게 신뢰를 얻는 것이라고 정했을 때 각 항목에 대한 계획 중 적절치 못한 부분은?

① 회원가입 – 회원들의 개인 정보가 철저하게 보호되고 있음을 강조한다.

② 쇼핑몰코너 – 결제의 안전성을 보장할 수 있는 시스템을 도입하여 신뢰성을 확보한다.

③ 회사소개 – 끊임없는 기술 개발로 브랜드 파워를 구축하고 있음을 강조한다.

④ 제품소개 – 가격대별로 제품을 배열하여 재고 관리가 용이하도록 한다.

⑤ 고객센터 – 문의나 불만이 접수됐을 시 담당자가 바로 처리할 수 있는 프로그램을 설치하여 24시간 가동될 수 있도록 한다.

27 다음 표는 복사기를 구매하기 위해 설정한 평가 기준과 그에 따라 A, B, C 브랜드에 부여한 평가 점수이다. 평가 기준은 가격, 디자인, 내구성만을 고려했다고 할 때 아래의 보기의 내용과 연결하여 바르지 못한 것은?

평가 기준		평가 점수		
항목	순위	A	B	C
디자인	1	5	2	3
가격	2	2	4	3
내구성	3	1	3	3

- 사전편집 방식 : 1순위 기준에서 가장 우수한 대안을 선택함.
- 순차적 제거 방식 : 어느 수준 이상의 허용 수준을 설정하고 마지막까지 남은 브랜드와 비교하여 대안을 선택
- 결합 방식 : 허용 수준을 결정한 다음 어느 한 부분이라도 미달되면 이를 제외하는 방식
- 분리 방식 : 평가 기준별 허용 수준을 잡은 뒤 어느 한 기준에서라도 이를 만족시키는 대안을 선택

① 사전편집 방식을 사용한다면 A를 선택해야겠군.
② 가격과 디자인의 순위를 바꾸어 사전편집 방식을 사용한다면 B를 선택할 수 있겠어.
③ 가격의 허용 수준을 3으로 두고 순차적 제거 방식을 사용한다면 B를 제일 먼저 제외하겠군.
④ 모든 기준의 허용 수준을 3으로 두고 결합 방식을 사용한다면 C를 선택할 수 있겠어.
⑤ 모든 기준의 허용 수준을 5로 두고 분리 방식을 사용한다면 C를 선택하겠군.

28 다음은 ○○캠핑장 대여요금과 캠핑장을 이용한 각 가족구성원을 나타내는 표이다. 적절하지 않은 것을 고르시오.

	입장료	텐트대여료	그릴대여료
구분			(단위: 원)
어른(만 19세 이상)	18,000	30,000 (12시간 이용 기준) 35,000 (1박 기준)	15,000
청소년 (만 14세 이상~19세 미만)	35,000		
어린이 (만 4세 이상 14세 미만)	28,000		
기타	숯 : 10,000 / 장작 : 20,000		

* 만 65세 이상 및 만 4세 미만 유아 무료입장

【 캠핑장을 이용한 각 가족 구성원 (단, 나이의 기준은 만임) 】

- 민서네 가족 : 할아버지(70세), 아버지(50세), 어머니(48세), 삼촌(23세), 민서(13세), 동생(12세)
- 유진이네 가족 : 아버지(48세), 어머니(38세), 오빠(19세), 언니(17세), 유진이(12세)
- 소영이네 가족 : 할머니(80세), 어머니(47세), 언니(18세), 소영이(16세), 동생(2세)
- 유현이네 가족 : 아버지(49세), 어머니(42세), 이모(33세), 유현이(14세), 사촌오빠(16세), 사촌동생(12세)

① 유현이네 가족은 그릴을 대여하고 장작 2세트를 구매하였지만 텐트는 대여하지 않았다. 소영이네는 1박 2일의 일정을 위해 텐트를 대여했지만 그릴이나 숯, 장작은 구매하지 않았으므로 소영이네가 더 저렴하게 캠핑장을 이용했다.

② 유진이네 가족이 텐트를 빌려 1박 2일간 캠핑장을 이용하는 비용은 소영이네 가족이 캠핑장에 입장하는 비용보다 크다.

③ 유현이네 가족이 그릴을 빌리고 숯 1세트를 구입한 후 텐트를 빌려 저녁 9시까지 시간을 보내고 귀가하는 비용은 민서네 가족이 그릴을 빌리고 장작 1세트를 구입한 후 텐트를 빌려 1박 2일간 캠핑장을 이용하는 비용보다 저렴하다.

④ 유진이네 가족이 입장만 하고 캠핑장을 이용하는 비용은 민서네 가족이 입장만 하고 캠핑장을 이용하는 비용보다 더 크다.

⑤ 유진이네 가족과 소영이네 가족이 함께 입장하는 비용은 민서네 가족과 소영이네 가족이 함께 입장하는 비용보다 크다.

29 각 부서에 월요일부터 금요일 중 운전자가 스스로 쉬는 날을 정해 차량을 운행하지 않는 교통 문화 운동인 자동차 요일제를 적극 실행하라는 공문이 내려왔다. 귀하의 부서에서는 자동차 요일제 실천을 장려하기 위해 혜택을 정리하여 공지하기로 했다. 보기의 내용이 모두 혜택을 받기 전 금액이라 했을 때 가장 많은 할인을 받은 사람은 누구인가?

【 자동차 요일제 혜택 】

- 자동차세 5% 할인
- 공영주차장 50% 할인(30분당 2,500원)
- 남산 1, 3호 터널 혼잡 통행료 50% 할인(정상 통행료 2,000원)
- 교통유발부담금 20% 할인
- 주유 리터 당 40원 할인 (리터 당 휘발유 : 1,400원/ 경유 : 1,200원)
- 세차, 정비 40% 할인

* 선택요일은 월~금 중 하루
* 운휴일에 차량 3회 이상 운행 적발 시 혜택 중단
* 전자태그 미부착, 훼손 시 혜택 중단

---

① A씨는 자동차세 160,000원을 내야 하고, 공영주차장을 3회 6시간을 이용했으며 휘발유 총 75리터를 주유했다.

② B씨는 경유 총 80리터를 주유하고, 세차를 18,000원씩 3회 이용하였으며 교통유발부담금 186,000원을 내야 한다.

③ C씨는 출퇴근 시 남산 1터널을 지나야 한다. 총 18일을 왕복했고, 휘발유 60리터를 주유했으며 영수증으로 확인한 공영주차장 이용요금의 합계는 30,000원이었다.

④ D씨는 경유 50리터를 주유하였고 교통유발부담금 160,000원과 자동차세 230,000원을 각각 납부해야 한다. 운휴일은 수요일이며, 피치 못할 사정으로 수요일에 차를 운행하다 2회 적발된 사실이 있다.

⑤ E씨는 휘발유 80리터를 주유하고 공영주차장을 2회 총 3시간 이용했으며 남산 3터널을 3일 왕복했다.

30 귀하의 회사에서는 은행으로부터 20억 원을 차입하여 수명이 10년인 생산 설비를 구매하려는 계획을 세우고 여러 대안을 검토하는 회의를 열었다. 회의 결과 예상 수익의 현재 가치가 큰 안을 선택하는 것이 합리적이라는 의견이 지배적이었고, 예상 수익과 투자 비용을 비교하여 투자 규모와 여부를 결정하기로 하였다. 회의 결과를 바탕으로 다음을 해석할 때의 반응으로 적절치 않은 것은?

【1안】

첫해 10억 원의 수익이 남. 매년 수익이 1억 원씩 줄어 10년 차에는 1억 원의 수익이 날 것으로 예상

【2안】

첫해 1억 원의 수익이 남, 매년 수익이 1억씩 늘어 10년 차에는 10억 원의 수익이 날 것으로 예상(단, 현재 이자율은 10%)

---

① 이자율이 높아져 예상 수익보다 투자 비용이 커진다면 생산 설비 구매 계획을 철회하는 게 현명하겠군.

② 수익금으로 차입한 금액을 상환해 간다면 투자 비용은 '1안'이 '2안'보다 적게 들겠어.

③ 시간이 지날수록 수익이 커지는 '2안'을 선택하는 것이 합리적이겠어.

④ 이자율이 현재보다 높다면 '1안'과 '2안' 모두 투자 비용이 증가하겠군.

⑤ 1안과 2안의 10년 후는 그저 예상일 뿐이니 10년 후의 수익이 정확한 수치라고 볼 수는 없어.

THE REAL

K
R
C

취업의 합격 신화 에듀크라운

Chapter 04 자기개발 능력

STEP 01 유형 분석

유형 특징

- 자기개발의 특징과 중요성을 이해하고 있는지 묻는 문제
- 자기개발의 구성 요소 파악에 대한 문제
- 자기개발 설계 전략이 적절한지 분석하는 문제
- 자아 인식과 성찰의 필요성을 인식하고 있는지 묻는 문제
- 자기 관리 절차를 계획할 수 있는지 묻는 문제
- 업무 수행 성과를 높이기 위한 행동 전략 문제
- 자기개발 및 경력 개발을 방해하는 장애 요인을 확인하는 문제

유형 준비 전략

- 자아 인식, 자기 관리, 경력 개발의 개념을 구분할 수 있도록 주요 내용을 정리해 두는 것이 필요하다.
- 실무에 직접적인 영향을 주는 주요 영역은 아니나 모든 직업인에게 공통으로 요구되는 능력이므로 상식선에서 출제된다.
- 이론을 실제 업무 사례와 연관 짓거나 본인의 업무 상황에 적용하며 모범 답안을 생각한다면 대부분의 문제를 쉽게 해결할 수 있다.
- 본인이 지원한 직무에 이상적인 자기개발 사례를 확인해 두도록 한다.

STEP 02 유형 공략 문제

01 다음 중 업무 수행 성과를 높이기 위한 행동 전략으로 옳지 않은 것은?

① 자기자본이익률을 높이기 위해 노력한다.

② 다른 사람과 다른 방식으로 일하도록 한다.

③ 업무는 각각 주어질 때마다 따로 처리한다.

④ 역할 모델을 설정하고 그를 따라 하도록 노력한다.

⑤ 회사와 팀의 업무 지침에 따라 기본적인 사항을 수행한다.

02 다음 중 경력 개발에 대해 가장 적절한 입장을 가지고 있는 사람은 누구인가?

① 경력 말기가 될수록 새로운 환경에 적응하기 어렵기 때문에 경력 개발을 통해 이를 대비해야 해.

② 경력 중기가 되면 본격적 수직 승진 기회가 찾아오므로 한참 일에 재미를 붙이며 업무에 매진해야 해.

③ 직업 선택은 일생에 단 한 번뿐인 중요한 선택이므로 자신의 적성과 흥미에 대한 충분한 탐색이 필요해.

④ 입사를 위해서는 나의 환경적 특성보다 조직의 규모나 타인에게 얼마나 인정받는 직종인가를 고려해야 해.

⑤ 자신의 입지를 다지고 승진을 위해 노력하는 것은 협력하는 조직 규범에 어긋나는 이기적인 태도로 볼 수 있어.

03 다음은 합리적인 의사 결정 과정이 이루어지는 절차이다. 순서에 맞게 배열한 것은?

> ㄱ. 의사결정에 필요한 정보를 수집한다.
> ㄴ. 각 대안을 분석 및 평가한다.
> ㄷ. 가장 최적안을 선택하거나 결정한다.
> ㄹ. 문제의 특성이나 유형을 파악한다.
> ㅁ. 의사결정 결과를 분석, 평가하고 피드백한다.

① ㄱ-ㄹ-ㄴ-ㄷ-ㅁ   ② ㄱ-ㄴ-ㄹ-ㅁ-ㄷ   ③ ㄹ-ㄱ-ㄴ-ㄷ-ㅁ

④ ㄹ-ㄴ-ㄱ-ㄷ-ㅁ   ⑤ ㄹ-ㄴ-ㄷ-ㄱ-ㅁ

04   K는 상사인 J가 다른 부서로 옮겨보는 것이 어떠냐고 제안하여 고심 중이다. 이를 거절하고자 할 때, 적절하지 않은 것은?

① 상사의 말을 들을 때 주의를 기울여 문제의 본질을 파악한다.

② 거절함으로써 발생될 문제와 거절하지 못했을 때의 기회비용을 따져본다.

③ 일단 거절을 하기로 결정했다면 이를 추진할 수 있는 의지가 있어야 한다.

④ 거절의 의사결정은 가급적 신중해야 하므로 충분히 고민해 보고 대답한다.

⑤ 거절을 할 때는 분명한 이유를 들어서 거절하고 그 후에 다른 대안을 제시한다.

05   제시된 다음 상황에서 J대리에게 필요한 의사결정 단계는 무엇인가?

> J대리는 해외 바이어들을 만나는 일이 많아지면서 중국어의 필요성을 느끼고 퇴근 후 중국어 학원을 다닌지 3개월이 지났다. 그러나 처음과 같은 열정적인 마음은 사라지고 갈수록 바쁜 업무로 인해 학원을 빠지기 일쑤다.

① 수행 전 방향을 정하고 목적을 세운다.

② 우선순위에 따라 구체적인 일정을 세운다.

③ 수행할 과제를 발견하고 이를 위한 계획을 세운다.

④ 자신이 해야 할 역할을 도출하고 활동 목표를 세운다.

⑤ 반성 및 피드백을 통해 적절하지 않은 부분을 수정한다.

06   변화하는 사회에 발맞춰 회사에서는 경력 개발 제도를 도입했다. 그 효과로 적절하지 않은 것은 무엇인가?

① 조직 구성원의 직장 생활의 질이 자연스럽게 향상된다.

② 조직의 인적자원계획과 연계시켜 조직에 필요한 전문 인력을 육성할 수 있다.

③ 개인의 희망 진로를 조직이 합리적으로 수용하기 때문에 조직에 대한 일체감이 향상된다.

④ 일과 개인이 하나가 되어 조직의 입장에서 조직구성원의 직무순환이 이루어질 수 있다.

⑤ 개인이 하고 싶어 하는 일을 조직이 적극적으로 수용해 조직 구성원의 자아실현 가능성이 높아진다.

07 회사원 A씨는 늘 반복되는 일상에 지쳐 현재의 직업과 라이프 스타일에 불만이 생기기 시작했다. 직장 내에서는 어느 정도 입지를 굳혔지만, 더이상 직장 내 수직적 승진 가능성은 적어 고민에 빠지기 시작했다. A씨의 상태와 관련 없는 것은 무엇인가?

① 그동안 성취한 것을 재평가하고 생산성을 유지하는 단계이다.
② A씨는 점차 빠르게 변화는 조직에 적응하기 힘들다는 것을 느끼고 있을 것이다.
③ 과학 기술과 관리 방법에 변화를 주어 직장 내에서 생산성을 유지하기 위해 노력하였다.
④ 새로운 변화를 위해 적합한 직업이 무엇인지 선택한 후 필요한 능력을 키우는 단계이다.
⑤ 조직에서 선배보다는 후배가 많고, 입사 동기는 거의 승진하였거나 퇴사한 상황일 가능성이 높다.

08 다음 중 경력 개발이 필요한 이유가 다른 것은 무엇인가?

① 회사의 경영 전략이 변화하였다.
② 조직 분권화와 개인화가 일어났다.
③ 상위 직급의 승진 적체가 일어난다.
④ 과거와 다른 직무 환경에 처하였다.
⑤ 일에 대한 가치와 신념이 바뀌었다.

09 사원 C는 경력 개발 전략을 수립하려고 한다. 적절하지 않은 것은 무엇인가?

① 업무 외 시간에 경력 개발을 실행하기 위해 노력하였다.
② 현재의 직무를 성공적으로 수행하기 위해 자기개발을 한다.
③ 교육 프로그램이나 워크숍을 참가하는 등의 역량 개발을 하였다.
④ 타인과 상호작용할 수 있는 기회를 통해 인적 네트워크를 강화하였다.
⑤ 직무에 관한 정보를 기초로 목표를 설정하고 이를 위한 단계별 목표를 설정한다.

10 다음은 개발팀 직원들이 경력개발을 하는 이유에 대해 나눈 대화 내용이다. 다음 중 같은 이유를 이야기하는 사람들을 묶은 것은 무엇인가?

> A : 빠르게 변화하는 요즘 사회에 적응하기 위해서 경력 개발을 해야겠어.
> B : 나는 내 자기만족인 것 같아. 자아실현을 위한 방법 중 하나가 경력 개발이라고 생각해.
> C : 국가 경제 성장의 템포가 둔화되면서 승진 적체가 심화되고 있어. 이럴수록 경력 개발이 필요해.
> D : 경력개발을 통해 좋은 인간관계를 형성할 수 있고, 인적네트워크를 구축할 수 있으니 좋은 것 같아.
> E : 기술 환경의 변화로 인해서 직무 내용에는 질적으로 변화가 일어나고 있으니 나도 발맞추어 나가야겠어.

① A, B / C, D, E
② A, E / B, C, D
③ A, B, E / C, D
④ A, C, B / D, E
⑤ A, C, E / B, D

11 사원 S는 자신을 하나의 브랜드로 만들기 위하여 노력 중이다. 자신을 PR하기 위한 전략으로 적절하지 않은 것은 무엇인가?

① 다른 사람과 차별성을 가지기 위해서 최신의 흐름을 놓치지 않고 파악한다.
② 지속적으로 자기개발 계획을 수립하고, 시간 약속을 지키는 등의 책임감을 보여준다.
③ 다른 사람과의 관계를 돈독하게 유지하기 위해 노력하고 긍정적 마인드를 가지도록 한다.
④ 직장에서 인정받는 사람이 되기 위하여 학문적 지식뿐 아니라 다양한 사례를 연구하여 현장 경험을 쌓는다.
⑤ 내가 할 수 있는 일이 무엇인지 명확하게 파악하고 그 외의 범위에서 더 많은 생산성을 내기 위한 일을 찾아본다.

12 사원 S가 자기 PR을 하기 위한 방법을 찾고 있다. 다음 중 적절하지 않은 것은 무엇인가?

① 인적 네트워크를 넓게 형성하기 위해 동호회에 가입하였다.
② 꾸준히 경력 포트폴리오를 업데이트하여 자기개발 노력을 보여준다.
③ 전형적인 틀에서 벗어나 자신의 특색을 드러낼 수 있는 명함을 만들었다.
④ 혼자만의 힘으로는 한계가 있기 때문에 주변에 의지하여 자신을 홍보한다.
⑤ 블로그를 이용하여 자신의 실무 지식과 업무 경험, 성과물 등을 연결하여 표현한다.

13 다음의 상황에서 제시하는 J 과장은 '조하리의 창' 속 어떤 자아에 속하는가?

> 영업팀의 J 과장은 자신이 판매와 영업이라는 직업이 자신에게 맞지 않는다는 생각을 오래전부터 해왔지만 이미 정한 직업이기 때문에 이제 와서 바꾸기에는 너무 늦었다고 생각하고 있다. 하지만 이런 사실은 다른 팀원들은 알지 못하고 오히려 J 과장이 업무처리가 매끄럽고 좋은 상사라고 생각하고 있다.

① 아무도 모르는 자아
② 눈먼 자아
③ 숨겨진 자아
④ 공개된 자아
⑤ 내가 원하는 자아

14 자아를 인식하기 위한 방법으로 성격이 다른 것은 무엇인가?

① 자신의 첫인상을 파악한다.
② 표준화 검사를 통해 현재 모습을 비교한다.
③ 동료에게 평상시 자신을 어떻게 생각하고 있는지 확인한다.
④ 자신이 보는 모습과 타인이 보는 모습을 객관적으로 인식한다.
⑤ 직장 생활에서의 자신의 장단점이 무엇인지 동료에게 물어본다.

15 인사팀의 A씨는 평상시 항상 바쁘고 일을 가장 열심히 하는 것 같은데 잦은 실수와 기한을 맞추지 못하는 것으로 팀장에게 늘 질책을 받는다. A씨에게 필요한 행동 중 가장 먼저 해야 할 것은 무엇인가?

① 맡은 일의 우선 순위를 체크한다.
② 하루 계획, 주간 계획, 월간 계획을 수립한다.
③ 나에게 가장 중요한 것이 무엇인지 파악한다.
④ 목표를 수행하는 동안 어떤 문제에 직면했는지 점검한다.
⑤ 현재 내가 수행하는 역할과 필요한 능력이 무엇인지 확인한다.

16 귀하는 S기업에 막 입사한 신입사원이다. 입사 후 자기 개발을 위해 자신을 파악하려고 했지만 구체적으로 어떻게 해야 할지 몰라 고민 중이다. 귀하가 할 행동으로 적절한 것은?

① 나의 비전을 인식하고, 목표를 수립한다.
② 내가 활용할 수 있는 자원이 무엇인지 파악한다.
③ 다른 사람과 대화를 통해 나를 객관적으로 돌아본다.
④ 맡은 업무내용을 파악하고 부서의 분위기를 알고 적응하려 노력한다.
⑤ 경력 목표를 수립하며 이에 대한 계획을 세운다.

17 자기개발의 필요성을 느끼지 못하는 직장인 L에게 동료 J가 해 줄 수 있는 말로 적절하지 않은 것은?

① 현대 사회는 너무 빠르게 변하잖아. 자기개발은 변화하는 환경에 적응할 수 있게 하지.
② 자기개발은 업무 능력 향상만을 위한 것이 아니라 내 삶의 질도 향상시킬 수 있어.
③ 자기개발을 통해 달성하고자 하는 목표를 성취할 수 있어.
④ 자기개발을 통해 자기 능력을 향상시키면 직장 동료들 사이에서 신뢰를 얻을 수 있어.
⑤ 넓은 인간관계보다는 자기 자신에게 집중할 수 있게 해서 보람된 삶을 살 수 있다.

18 직장인 J는 자기개발을 수행하려고 한다. 다음 중 자기개발을 설계할 때 고려해야 하는 설계 전략으로 옳지 않은 것은?

① 현재의 직무를 고려하여 구체적으로 계획한다.
② 가족, 친구, 직장 선후배 등과의 인간관계를 고려하여 설계한다.
③ 장기적인 목표를 수립하기에 앞서 매일의 목표, 한 달의 목표 위주로 계획한다.
④ 현재 하고 있는 활동과 앞으로 개발해야 할 능력을 고려하며 설계한다.
⑤ 직무 관련 경험을 위해 실행 가능한 목표를 중심으로 설계한다.

[19~20]   다음 지문을 읽고 이어지는 질문에 답하시오.

> 직장인 L은 상사인 J로부터 업무 성과를 높이기 위해 자기개발을 해 보라는 충고를 들었지만 자기개발의 필요성을 느끼지 못하고 있다. 또한 자신이 잘하는 것은 무엇이며 부족한 것이 무엇인지도 정확히 파악되지 않아 무엇부터 해야 할지 고민이다.

19   직장인 L의 자기개발을 방해하는 장애 요인은 무엇인가?

① 상사와의 관계로 인해 사회적으로 안정감을 받지 못하기 때문이다.
② 현재 조직의 문화에 익숙해져 관성적으로 사고하기 때문이다.
③ 자기개발 방법을 모르기 때문이다.
④ 제한적으로 사고하고 있기 때문이다.
⑤ 타인으로부터 간섭받고 싶지 않은 욕구 때문이다.

20   직장인 L은 자신의 고민을 동료인 S에게 털어놓고 조언을 구했다. 동료 S가 해 줄 수 있는 조언으로 적절한 것은 무엇인가?

① 인터넷에서 자기개발을 위한 지원 프로그램이 있는지 찾아서 활용해봐.
② 바쁜 업무 때문에 너를 돌아볼 시간이 없는 것 같은데, 후생 복리에 대해 건의해 보는 것은 어때?
③ 너무 네 생각만 하는 것 같은데 선입견을 버리고 객관적으로 너의 장단점을 돌아보는 것이 어때?
④ 다른 사람이 일하는 방식을 파악하고 같은 방식으로 해 보는 것은 어때?
⑤ 부서에 너무 익숙해져 있는 것 같은데, 새롭게 변화를 줘 보는 것은 어때?

21   사원 H는 회사에서 자신의 가치를 높이고 업무 성과를 위해 자신의 경력을 개발하려고 한다. 이때 사원 H의 행동 중 적절하지 않은 것은 무엇인가?

① 보다 나은 자기개발을 위해 업무시간 외로 경력 개발의 과정을 계획한다.
② 나의 장점과 단점을 파악하고 다른 사람을 통해 객관적인 정보를 얻기 위해 노력한다.
③ 10년 목표와 함께 3년, 1년의 목표를 수립한다.
④ 세부적인 단기 목표를 자격증, 직무 관련 경험 등을 고려하여 구체적으로 계획한다.
⑤ 개인의 경력 목표와 전략을 수립하고 피드백한다.

22 주부 K씨는 출산과 육아를 위해 퇴직 후 다시 재취업하려고 한다. 이를 위해 K씨가 할 행동 중에 적절하지 않은 것은?

① 소셜 네트워크를 통해 구직 활동을 한다.
② 재취업 예정인 회사의 연간 보고서를 확인한다.
③ 일과 생활의 균형을 위하여 복리 후생 제도가 좋은 곳 중점으로 알아본다.
④ 육아와 병행을 위하여 시간제 근로자 채용자리를 확인해 본다.
⑤ Q–net에 들어가 취득할 수 있는 자격증을 확인하고 정보를 파악한다.

23 사원 P씨는 조직에 입사한 지 얼마 되지 않은 신입사원이다. 사원 P씨의 경력 개발 단계에서 적절하지 않은 행동은 무엇인가?

① 새로운 조직의 규칙과 규범을 파악한다.
② 조직에서 자신의 입지를 확고히 다져나가 승진에 관심을 갖는다.
③ 자신이 맡은 업무의 내용을 파악하고, 분위기를 알고 적응해 간다.
④ 자신의 진로에 대하여 단계적 목표를 설정하고 역량을 개발해 간다.
⑤ 조직의 생산적 기여자로 남고 자신의 가치를 지속적으로 유지하기 위해 노력한다.

24 기획팀 신입사원 P씨는 입사한 팀에서 프로젝트가 끝나면 피드백을 통해 성찰의 시간을 갖는다는 것을 알게 되었다. 업무로 바쁜 와중에 이 시간이 왜 필요한 것인지 팀장 L에게 질문했을 때, 팀장 L이 신입사원에게 해줄 말로 적절하지 않은 것은?

① 팀 구성원들끼리의 신뢰감을 형성하기 때문이야.
② 다른 일을 하는 데 필요한 노하우를 축적할 수 있기 때문이야.
③ 프로젝트 피드백은 처음부터 실수를 하지 않도록 하기 때문이야.
④ 성찰을 통해 얻은 내용을 바탕으로 창의적인 사고 능력을 개발할 수 있기 때문이야.
⑤ 반복적인 성찰의 시간을 통해 구성원들이 담당한 업무와 수행의 정도를 파악할 수 있기 때문이야.

25 다음은 총무팀 C씨가 오늘 해야 할 문제이다. 먼저 처리해야 할 일의 순서로 적절한 것은 무엇인가?

ㄱ. 빨리 해결해야 하는 문제

ㄴ. 긴급하고 중요한 문제

ㄷ. 일상에서 겪는 사소한 문제

ㄹ. 계획하고 준비해야 하는 문제

---

① ㄱ-ㄴ-ㄹ-ㄷ   ② ㄱ-ㄹ-ㄴ-ㄷ   ③ ㄴ-ㄹ-ㄱ-ㄷ

④ ㄴ-ㄱ-ㄹ-ㄷ   ⑤ ㄹ-ㄱ-ㄴ-ㄷ

Chapter 05 자원관리 능력

STEP 01 유형 분석

★ 유형을 철저히 분석하여 개념 이해와 기초 실력을 다지는 단계

유형 특징

- 이동 수단의 연비, 주유비, 속도 등을 계산하는 문제
- 유사한 제품의 선호도, 내구성, 가격 등을 비교하여 가장 바람직한 것을 선택하는 문제
- 주어진 자원으로 가장 효율적인 효과를 낼 방법을 찾는 문제
- 기계 공정이나 일의 생산성 향상을 위해 조정하는 문제
- 인적 자원의 효율성을 비교하는 문제
- 분기, 월, 주간 등의 일정표의 변동 사항 등을 조정하는 문제

유형 준비 전략

- 다양한 자원의 관리 방법을 파악하기 위해 넓은 시야로 문제를 봐야 한다.
- 직접 예산을 짜거나 물적ㆍ인적 자원을 관리하는 학습을 한다면 큰 도움이 될 것이다.
- 주관적인 접근은 배제하고 객관적으로 문제에 접근해야 한다.
- 주어진 표와 자료를 먼저 보기보다는 문제의 보기를 확인하여 보기와 직접적인 관련이 있는 자료를 선별해야 한다.

STEP 02 유형 공략 문제

★ 유형 공략 문제 풀이로 실력과 점수를 높이는 단계

01 완성품 1개를 만들기 위해서는 아래의 부품들이 사용된다. 현재 가지고 있는 재고만으로 만들 수 있는
최대 수량과 완성품 1개당 소요 비용은 얼마인가?

부품명	완성품 1개당 소요량(개)	단가(원)	재고 수량(개)
A	15	60	450
B	13	50	325
C	20	20	900
D	5	100	200

* 완성품은 A, B, C, D 부품이 모두 있어야 한다.

　　　완성품 최대 수량(개)　　완성품 1개당 소요 비용(원)
① 　　　　35개　　　　　　　　　2,550원
② 　　　　30개　　　　　　　　　2,500원
③ 　　　　25개　　　　　　　　　2,450원
④ 　　　　25개　　　　　　　　　2,400원
⑤ 　　　　20개　　　　　　　　　2,350원

02 아래 내용을 읽고 [보기]에서 옳은 것으로만 구성된 것을 고르시오.

　　노동자 1명의 시간당 임금은 6,000원이다. 가구 공장에서 서랍장을 만드는 데 사용되는 두 기
계 중 A 기계는 노동자 1명, B 기계는 노동자 2명이 투입되어야 작동시킬 수 있다. 제품 1개를
생산하는 데 A 기계는 10시간, B 기계는 6시간이 걸린다. 서랍장 1개의 가격은 150,000원이다.
A 기계의 임대료는 서랍장 1개당 30,000원이고, B 기계는 20,000원이다. A, B 어떤 것을 사용
해도 생산되는 품질이 같다고 하면 기업들은 어떤 기계를 사용할 것인가? (다른 비용은 고려하
지 않는다)

| 보기 |

ㄱ. A 기계로 생산할 경우 서랍장을 만드는 데 드는 비용은 90,000원이다.

ㄴ. 기업들은 A 기계를 선호할 것이다.

ㄷ. 최고 이윤은 낸다면 서랍장 1개당 50,000원의 이윤을 생각할 수 있다.

ㄹ. B 기계의 임대료를 50% 할인해도 A 기계로 만드는 비용이 더 싸다.

① ㄱ, ㄴ   ② ㄱ, ㄹ   ③ ㄱ, ㄴ, ㄷ

④ ㄴ, ㄷ, ㄹ   ⑤ ㄱ, ㄴ, ㄹ

[03~05] 다음은 K 회사와 G 회사의 각 제품에 대한 월별 제품 판매 수량, 제품 판매 가격, 제품별 홍보 비용, 제품별 선호 시기에 대한 자료이다. 주어진 자원을 이용하여 다음 질문에 답하시오. (월 은 30일을 기준으로 한다)

【 K 회사와 G 회사의 월별 제품 판매 수량 】

제품명		(가) 제품	(나) 제품	(다) 제품	(라) 제품	(마) 제품	(바) 제품
판매 수량 (단위 : 개)	K사	300	210	260	470	620	385
	G사	420	200	400	350	710	295

【 K 회사와 G 회사의 제품 판매 가격 】

제품명		(가) 제품	(나) 제품	(다) 제품	(라) 제품	(마) 제품	(바) 제품
판매 가격 (단위 : 만 원)	K사	3	4	7	3	5.4	2
	G사	2.5	4.2	6	2.7	5	3.2

【 K 회사와 G 회사의 15일간 제품별 홍보비용 】

제품명		(가) 제품	(나) 제품	(다) 제품	(라) 제품	(마) 제품	(바) 제품
홍보비용 (단위 : 만 원)	K사	20	23	82	49	112	10
	G사	22	17	95	38	142	12

【 제품별 소비자 선호 시기 】

제품명	(가) 제품	(나) 제품	(다) 제품	(라) 제품	(마) 제품	(바) 제품
제품 선호 시기	1월, 7월	2월, 8월	3월, 9월	4월, 10월	5월, 11월	6월, 12월

* 제품을 선호하는 시기에는 홍보비용은 똑같지만 판매 수량이 50% 증가하고, 제품 가격은 20% 할인하여 판매한다.
* 특별한 말이 없으면 선호 시기를 따지지 않고 계산한다.
* 월별 총 판매액은 (월별 판매수량) × (제품별 판매가격)으로 계산한다.
* 제품별 순수 판매액은 (월별 총 판매액) – (월별 제품 홍보비용)으로 정한다.

03 다음 중 위의 자료를 보고 잘못 해석한 사람은 누구인가?

① 솔지 : K사의 (라) 제품의 월별 총 판매액은 1,410만 원이네.
② 하니 : 가장 높은 월별 총 판매액을 기록한 것은 K사의 (마) 제품이야.
③ 정화 : 가장 낮은 월별 총 판매액을 기록한 것은 K사의 (바) 제품이네.
④ 혜린 : (나) 제품은 두 회사의 월별 총 판매액이 같아.
⑤ 엘이 : 두 회사 모두 (마) 제품의 판매량이 가장 많다.

04 다음 중 옳지 않은 것은? (만 원 미만 절삭)

① K사 (가) 제품의 3월 순수 판매액은 860만 원이다.
② G사 (가) 제품의 7월 순수 판매액은 1,216만 원이다.
③ K사 (다) 제품의 3월 순수 판매액은 2,020만 원이다.
④ G사 (다) 제품의 7월 순수 판매액은 2,210만 원이다.
⑤ K사 (라) 제품의 5월 순수 판매액은 1,212만 원이다.

05 2016년 2월 P 씨는 설을 앞두고 35만 원의 예산으로 거래처 사람들에게 선물하려고 한다. 선물할 사람은 총 8명일 때, 다음 중 불가능한 것은 어느 것인가?

① (가)–2개, (나)–3개, (다)–3개,
② (나)–2개, (다)–3개, (라)–3개
③ (나)–3개, (다)–4개, (라)–1개
④ (다)–1개, (라)–2개, (마)–3개, (바)–2개
⑤ (가)–3개, (다)–2개, (라)–2개, (마)–1개

06 기획팀에서 일하는 Q 씨는 매년 각 부서가 제출하는 부서 사업계획을 정리하는 업무를 맡고 있다. 부서별로 수립한 사업계획을 간략하게 정리한 보고서를 보고 귀하가 할 수 있는 생각으로 틀린 것은?

【 사업별 기간 및 소요예산 】

A : 총 사업 기간은 3년으로, 첫해에는 2조 원, 둘째 해에는 4조 원, 셋째 해에는 10조 원의 예산이 필요하다.
B : 총 사업 기간은 4년으로, 첫해에는 34조 원, 둘째 해에는 30조 원, 셋째 해에는 22조 원, 넷째 해에는 38조 원의 예산이 필요하다.
C : 총 사업 기간은 1년으로 첫해에는 30조 원의 예산이 필요하다.
D : 총 사업 기간은 4년으로, 첫해에는 42조 원, 둘째 해에는 18조 원, 셋째 해에는 24조 원, 넷째 해에는 20조 원의 예산이 필요하다.
E : 총 사업 기간은 3년으로, 첫해에는 12조 원, 둘째 해에는 10조 원, 셋째 해에는 30조 원의 예산이 필요하다.

올해를 포함하여 향후 5년간 위의 5개 사업에 투자할 수 있는 예산이 아래와 같다.

【 연도별 가용예산 】

(단위 : 조 원)

1년 차	2년 차	3년 차	4년 차	5년 차
40조	78조	62조	73조	82조

* 모든 사업은 시작하면 중간에 중단할 수 없다.
* 사업예산의 이월되지 않는다.
* 5년 후에 위의 사업은 모두 완료되어야 한다.

① 첫해에 A, B 사업을 동시에 시작한다.
② 가장 많은 사업을 하는 시기는 3년 차이다.
③ 예산이 가장 많이 남는 연도는 1년 차이다.
④ 네 번째로 시작하는 사업은 E이다.
⑤ E 사업은 2년차에 시작한다.

07 다음은 제품 생산에 드는 작업 시간과 〈조건〉을 정리한 것이다. 이에 대한 설명으로 틀린 것은?

(단위 : 시간)

제품 \ 작업구분	재단 작업	조립 작업
Q	2	3
W	3	5
E	4	6

【 조건 】

• Q, W, E 제품을 각각 1개씩 생산한다.
• 재단 기계, 조립 기계는 1개씩이다.
• 재단 작업이 끝나야 조립 작업을 할 수 있다.
• 제품의 제작 순서는 상관없다.
• 작업을 시작하면 모든 작업이 끝날 때까지 해야 한다.

① 가장 많이 걸리는 시간은 18시간이다.
② 가장 적게 걸리는 시간은 16시간이다.
③ 가장 많이 걸리는 시간에서는 처음에 E를 만든다.
④ 가장 적게 걸리는 시간에서는 처음에 Q를 만든다.
⑤ E를 먼저 하면 16시간이 걸린다.

08 다음은 Y 전자에서 발생하는 작업 환경의 유해 원인을 공장별로 나타낸 것이다. 이에 대한 설명으로 옳지 않은 것만을 [보기]에서 있는 대로 고른 것은?

구분	유해 원인	사례 수		
		A 공장	B 공장	합계
1	일정한 자세	4	2	6
2	진동	7	4	11
3	화학 가스	8	2	10
4	바이러스	6	8	14
5	유해물질	6	10	16
합계		31	26	57

| 보기 |

ㄱ. A 공장에서 발생하는 작업 환경의 유해 사례는 물리적 요인보다는 화학적 요인으로 인해 가장 많이 발생하였다.

ㄴ. B 공장에서 발생하는 작업 환경의 유해 사례는 생물학적 요인이 주를 이루고 있다.

ㄷ. Y 전자에서 전체적으로 가장 문제가 되는 부분은 물리적 요인으로 보인다.

① ㄱ   ② ㄴ   ③ ㄴ, ㄷ   ④ ㄱ, ㄷ   ⑤ ㄱ, ㄴ, ㄷ

[09~11] 한국농어촌공사 별관 건물에는 세 개의 회의실이 있다. 일주일 동안 있을 회의 시간표를 각 부서의 상황을 고려하여 회의실별로 정하려고 한다. 물음에 답하시오.

【 회의실 안내 】

구분	A회의실	B회의실	C회의실
위치	별관 4층	별관 3층	별관 2층 세미나실
수용인원	20명 미만	40명 미만	30명 이상 60명 이하
장비	프로젝터, 유무선 마이크 2개	단상, 프로젝터, 유무선 마이크 2개	단상, 프로젝터, 유무선 마이크 4개
기타	이동식 칠판 1개		

【 회의 자료 】

구분	참석 인원	소요시간	필요장비	비고
관리자 회의	12명	2시간	단상, 프로젝터	감사팀장과 사업본부장이 브리핑을 해야 한다. 각 팀의 실무 회의와 겹치면 안 된다. 수요일이나 금요일에만 회의를 진행한다. 금요일 4시에는 시설 확인이 있다.
비관리자 회의	16명	2시간	프로젝터	항상 관리자 회의 직전 시간에 회의를 끝내고 유일하게 같은 날 회의를 할 수 있다.
감사팀 회의	32명	3시간	이동식 칠판	관리자 회의에 브리핑을 해야 하므로 관리자 회의하기 전에 해야 하며, 팀장이 수요일 오후에 출장에서 복귀한 다음날 출장 내용으로 회의를 들어가야 한다.

	인원	시간	장비	비고
기획팀 회의	36명	3시간	프로젝터, 마이크 4개	다른 부서보다 먼저 회의를 해야 하며 월요일이나 화요일에 회의를 해야 한다. 회의 준비로 오전에는 하기 힘들다.
시설관리팀 회의	56명	2시간	단상, 마이크 4개	주주총회를 끝으로 시설관리를 집계하여 추가 보수계획을 잡아야 한다.
기술개발팀 회의	40명	2시간	단상, 마이크 2개	기획팀과 같은 날짜에 해서는 안 되고, 회의를 한 후 개발한 부분이 시설에 사용가능한지 시설관리팀에게 조언을 구해야 한다.

【 회의실 일정표 】

• 주의사항
 - 수용인원 초과하여 사용할 수 없음.
 - 하루에 한 팀만 사용 가능
 - 수요일 오전에는 시설 점검으로 모든 회의실 사용이 불가능
 - 토요일 오후와 일요일은 회의실 사용이 불가능
 - 점심시간에는 사용이 불가능
 - 오전, 오후를 연달아 사용 불가능

구분		월요일	화요일	수요일	목요일	금요일	토요일	일요일
1부 (9:00 ~12:00)	A회의실		장비 점검		장비 점검			
	B회의실	장비 점검			보수			
	C회의실					장비 점검	보수	
점심시간 (12:00 ~1:00)								
2부 1:00~ 3:00)	A회의실			보수				
	B회의실	보수		장비 점검				
	C회의실		주주 총회	취임식		장비 점검		
3부 (3:00~ 6:00)	A회의실	보수						
	B회의실			보수				
	C회의실					보수		

09 기술개발팀과 감사팀이 회의를 할 수 있는 요일은 각각 언제인가?

① 월요일, 목요일   ② 화요일, 목요일

③ 화요일, 수요일   ④ 수요일, 금요일

⑤ 수요일, 목요일

10 감사팀이 신입 사원들을 위한 오리엔테이션을 계획하려 한다. 총인원이 100명이라 40명과 60명으로 나누어 하루에 진행하려고 할 때 가능한 요일은?

① 월요일   ② 화요일

③ 수요일   ④ 목요일

⑤ 금요일

11 60명이 모여야 하는 주주총회가 과반수 부족으로 무산되고 다시 날짜를 잡으려고 한다. 이번에는 총 40명 이상 모여야 하고 시간의 2시간을 넘지 않을 것으로 생각된다. 가장 빠른 때는 언제인가?

① 수요일 2부 C회의실
② 수요일 3부 C회의실
③ 목요일 1부 C회의실
④ 목요일 2부 C회의실
⑤ 목요일 3부 C회의실

12 다음은 조립 자전거 공장의 재고 목록이다. 주말에 재고 부품이 남지 않게 하면서 금요일에 완성품을 만들 수 있도록 월요일에 주문할 A~C 부품 개수로 옳은 것은? (주어진 조건 이외에 것은 생각하지 않는다)

【 부품 재고 수량과 완성품 1개당 소요량 】

부품명	부품 재고 수량	완성품 1개당 소요량
A	2,760	30
B	765	10
C	1,650	14

【 완성품 납품 수량 】

항목 ＼ 요일	월	화	수	목	금
완성품 납품 개수	없음.	30	25	45	50

【 조건 】

1. 부품 주문은 월요일에 한 번 신청하며 화요일 작업 시작 전 입고된다.
2. 완성품은 부품 A, B, C를 모두 조립해야 한다.

	A	B	C
①	1,730	745	450
②	1,740	735	450
③	1,730	735	460
④	1,740	745	460
⑤	1,750	750	460

13 다음 표는 제품 생산에 따른 공정 관리를 나타낸 것이다. 이에 대한 설명으로 옳은 것은?

공정 활동	선행 공정	시간(분)
A. 부품선정	없음.	6분
B. 절삭 가공	A	4분
C. 연삭 가공	A	8분
D. 연마	B	6분
E. 부품조립	C, D	10분
F. 제품 검사	E	4분
G. 불량재확인	F	2분
H. 제품 포장	F, G	2분

【 조건 】

• 공정 간 부품의 운반 시간 등은 무시한다.
• A 공정부터 시작하며 공정별로 각각의 작업 담당자가 수행한다.
• 선행공정이 끝났을 때 다음 공정으로 들어갈 수 있다.
• 불량이 나오면 부품 조립부터 다시 시작한다. (해체 10분)
• 1개가 완성된 후 다음 제품으로 들어간다.
• G공정은 불량 판정을 받았던 제품만 확인한다.

| 보기 |

ㄱ. 1시간 동안 2개를 만들 수 있다.
ㄴ. C 공정이 3분 늦어지면 전체 걸리는 시간은 늘어난다.
ㄷ. 제품 1개 생산 시간은 34분이다.
ㄹ. 제품에서 불량이 1번 생겼다면, 제품 1개의 총 공정 시간은 1시간이다.

① ㄱ, ㄴ   ② ㄴ, ㄹ   ③ ㄷ, ㄹ   ④ ㄱ, ㄴ, ㄹ   ⑤ ㄱ, ㄷ, ㄹ

14 다음 표는 S 기업의 제품 생산량에 따른 총 생산 비용의 변화를 나타낸 것이다. 기업의 생산 활동과 관련하여 옳은 설명을 [보기]에서 고른 것은? (제품 1개당 가격은 15만 원이다)

생산량(개)	0	1	2	3	4	5	6
총 생산 비용(만 원)	10	20	28	38	48	55	67

| 보기 |

ㄱ. 1개를 생산하는 것보다는 생산하지 않는 것이 유리하다.

ㄴ. 생산대비 이익이 가장 많이 생기는 것은 5개를 생산했을 때이다.

ㄷ. 4와 5개를 생산했을 때의 제품 개당 이익은 똑같다.

ㄹ. 제품을 6개의 생산 이익은 2개의 생산 이익의 10배 이상이다.

① ㄱ, ㄴ   ② ㄴ, ㄷ   ③ ㄷ, ㄹ   ④ ㄴ, ㄹ   ⑤ ㄱ, ㄴ, ㄷ

[15~16] 다음은 면허증 발급에 대한 내용이다. 이어지는 물음에 답하시오.

【 면허증 발급 안내문 】

* 발급 가능 장소 : 경찰서, 구청, 면허시험장

신청사무	신청인 제출서류	담당자 확인 사항	수수료
운전면허 갱신	운전면허증, 신청일로부터 6개월 이내에 촬영된 컬러 사진	• 운전면허증에 관한 정보 • 적성검사 시행 여부 서류	7,000
면허증 재발급	신분증, 운전면허증(파손 경우)	• 분실 외 구 운전면허증 회수	8,000
국제운전 면허증 발급	신청일로부터 6개월 이내에 촬영된 컬러 사진 2장	• 운전면허증에 관한 정보 • 여권에 관한 정보	9,000
운전면허증 갱신 연기	신분증 또는 신분증 사본, 연기 사유 증명서	• 출입국에 관한 사실 증명 (연기 사유가 해외 체류인 경우) • 병적증명서 (연기 사유가 군 복무인 경우) • 질병 진단서 (연기 사유가 질병에 의한 경우)	2,500

* 유의사항
– 운전면허증 갱신을 받지 못하는 사람은 기간 경과 전에 연기 신청을 하셔야 합니다.

- 운전면허증 갱신 연기신청을 한 사람은 연기 사유 해제일로부터 6개월 이내에 운전면허증 갱신을 받으셔야 합니다.
- 운전면허증 갱신 연기신청은 연속으로 최대 2회까지 가능합니다.
- 운전면허증 갱신 연기신청 이후 운전면허증 갱신을 받으시려면 본인이 직접 방문하셔야 합니다.
- 국제 면허 발급 시에는 반드시 여권을 함께 지참하셔야 하며, 발급 기간은 약 이틀 소요됩니다.
- 국제 면허의 유효기간은 1년이며, 제네바협약 가입국에서만 사용 가능합니다.
- 대리 신청하시는 경우에는 위임장 및 대리인 신분증을 지참하셔야 합니다.
- 신청인 제출 서류 중 신분증은 실물을 지참하셔야 합니다. (사본 불가)
  단, 신분증이 분실신고 또는 사용하실 수 없는 상황에 한해서만 사본을 허가합니다.
  신분증은 확인 후 돌려드립니다.
- 각 구청에는 유료로 사진을 찍을 수 있는 기계가 마련되어 있습니다.
- 주말 또는 공휴일에는 면허증 관련 업무가 진행되지 않습니다.

* 별첨부록 – 제네바협약 가입국

구분	96개국
아시아 · 태평양 (16개국)	한국, 뉴질랜드, 라오스, 말레이시아, 방글라데시, 베트남, 스리랑카, 싱가포르, 오스트레일리아, 인도, 일본, 캄보디아, 태국, 파푸아뉴기니, 피지, 필리핀, <홍콩, 마카오>
미주 (15개국)	과테말라, 도미니카공화국, 미합중국, 바베이도스, 베네수엘라, 아르헨티나, 아이티, 에콰도르, 자메이카, 칠레, 캐나다, 쿠바, 트리니다드토바고, 파라과이, 페루
유럽 (33개국)	교황청, 그리스, 네덜란드, 노르웨이, 덴마크, 러시아, 루마니아, 룩셈부르크, 모나코, 몬테네그로, 벨기에, 불가리아, 사이프러스, 산마리노, 세르비아, 스웨덴, 스페인, 슬로바키아, 아이슬란드, 아일랜드, 알바니아, 영국, 오스트리아, 이탈리아, 조지아, 체코, 키르기즈스탄, 터키, 포르투갈, 폴란드, 프랑스, 핀란드, 헝가리
중동 · 아프리카 (32개국)	가나, 나미비아, 나이지리아, 남아프리카공화국, 니제르, 레바논, 레소토, 르완다, 마다가스카르, 말라위, 말리, 모로코, 몰타, 베냉, 보츠와나, 부르키나파소, 세네갈, 시리아, 시에라리온, 아랍에미리트, 알제리, 요르단, 우간다, 이스라엘, 이집트, 중앙아프리카공화국, 짐바브웨, 코트디부아르, 콩고, 콩고공화국, 토고, 튀니지

15 2016년 8월 민준이는 해외 장기 출장이 잡혀 4개월째 미국에 체류 중이다. 운전면허증을 갱신해야 할 시기가 지났지만, 미국에서는 회사 기숙사가 가까워서 운전할 일이 없으므로 올해 4월에 운전면허증 갱신 연기신청을 하였다. 다음 중 민준이가 할 행동으로 올바르지 못한 것은?

① 민준이는 아내에게 대리인 신분증을 지참하여 운전면허증 갱신연기 신청을 해달라고 부탁하였다.
② 민준이는 아내에게 대리인 위임장을 첨부하여 운전면허증을 갱신해달라고 부탁하였다.
③ 민준이는 운전면허증 갱신을 위해 아무런 행동도 하지 않았다.
④ 민준이는 아내에게 보낼 운전면허증 갱신연기 신청 사유서를 작성하였다.
⑤ 민준이는 운전면허증 갱신을 위해 한국에 들어올 준비를 하였다.

16 구청에서 일하는 소연이는 운전면허증 관련 업무를 담당하고 있다. 다음 중 가장 적절한 대화는?

① A : 지갑 속에 운전면허증이 있었는데 지갑을 통째로 잃어버렸어요.
   소연 : 본인 신분증과 구 운전면허증 주시고, 수수료는 8,000원입니다.
② B : 제가 프랑스와 독일 여행을 가려고 해요. 여기에서 국제운전면허증 발급받으면 되나요?
   소연 : 네. 여권과 사진 준비해오셨죠?
③ C : 저희 아들이 군대에 가서 운전면허증 갱신 연기를 하려고 하는데요.
   소연 : 대리인 신분증과 연기 사유 증명서 제출해주시고, 수수료는 2,500원입니다.
④ D : 운전면허 갱신하고 캐나다 출장 때문에 국제면허증 발급받으려고요. 제출 서류 여기 있습니다.
   소연 : 운전면허증과 사진 3장, 여권까지 모두 받았습니다. 수수료는 16,000원입니다.
⑤ E : 친구가 5개월 전에 운전면허증 연기 시청을 했다고 하더라고요. 내일 제가 대리로 오려고 하는데 뭘 준비해야 하나요?
   소연 : 대리 신청하시는 경우에는 위임장 및 대리인 신분증을 지참하셔야 합니다.

17 다음은 입시를 앞둔 P양의 상황이다. 이어지는 물음에 답하시오.

P양은 2018년도 대학 입시를 위해 미술 관련 학과에 원서를 내려고 한다.

각 군에서 한 학교씩 지원할 수 있고, 경기권에 있는 대학만 지원할 예정이므로 학교 간 거리는 3시간을 넘지 않는다.

각 학교의 실기시험은 약 4시간, 면접은 2시간 정도 소요된다.

학교명	학과	군	실기/면접일	학교명	학과	군	시험/면접일
A 대학교	산업디자인	가	면) 10/08 10:00	K 대학교	애니메이션	나	실) 10/22 11:00 면) 11/19 16:00
S 대학교	패션디자인	나	실) 10/22 10:30 면) 11/06 12:00	L 대학교	미술교육학과	다	면) 11/12 15:30
D 대학교	미술공예	가	면) 10/29 11:00	Y 대학교	미술공예	가	실) 10/15 10:00 면) 10/30 13;30
F 대학교	시각디자인	가	실) 11/12 14:30	N 대학교	그래픽디자인	다	실) 10/15 12:00 면) 11/12 10:00
G 대학교	패션디자인	나	실) 11/27 11:00	R 대학교	산업건축과	다	실) 11/26 13:00
H 대학교	미술공예	나	실) 10/08 13:30 면) 10/30 11:00	E 대학교	산업디자인	가	실) 10/30 13:00 면) 11/26 11:00
J 대학교	순수미술	다	면) 11/26 14:00	C 대학교	영상디자인	나	실) 11/12 15:00 면) 11/26 13:00

다음 중 P양이 짠 원서 계획 중 가장 적절한 것은 무엇인가?

	가군	나군	다군
①	F 대학교	K 대학교	R 대학교
②	Y 대학교	H 대학교	J 대학교
③	E 대학교	K 대학교	G 대학교
④	A 대학교	C 대학교	N 대학교
⑤	D 대학교	Y 대학교	H 대학교

18 기술자 사원 A씨는 2015년 8월 강릉에서 자사 제품 설명회를 하기로 하였다. 당일 아침 8시, 집에서 바로 강릉으로 출발하려던 A씨는 신제품 모델을 회사에 두고 온 것을 깨닫고, 회사에 들른 후 강릉까지 가는 교통편을 알아보고 있다.

【 강릉 제품 설명회 개최 안내 】

– 일시 및 장소 : 2015.08.12.(금) PM 17:00~20:00, 강릉 R&D센터

  * 전시 제품은 개최 2시간 전까지 중앙 관리팀에 제출

【 회사에서 집 및 기차, 버스터미널까지 소요시간 】

출발지	도착지	소요시간
집	회사	50분
회사	동서울터미널	50분
	서울역	90분

【 강릉까지 이동수단별 소요시간 】

구분	운행요일	출발지	출발시간	소요시간
버스	화/목 제외	동서울터미널	06:30 이후 90분 간격	200분
기차	매일	서울역	07:30 이후 150분 간격	130분

【 R&D센터까지 소요시간 】

교통편	출발지	소요시간
시내버스	강릉터미널	50분
	강릉역	53분
택시	강릉터미널	45분
	강릉역	30분
지하철	강릉터미널	28분
	강릉역	68분
셔틀버스	강릉역	35분

제시 상황을 보고 A씨가 선택할 교통편으로 가장 적절한 것은?

① 버스 – 택시　　　　② 버스 – 지하철　　　　③ 기차 – 셔틀버스
④ 기차 – 택시　　　　⑤ 기차 – 시내버스

19 아래 보기는 J 회사 시스템 사업부의 하루 업무 스케줄을 정리한 표이다. 전 구성원을 고려하여 1시간 동안 진행될 신규 사업 발표를 위한 팀 회의시간을 결정하려고 한다. 가장 효율적인 시간대는 언제인가?

시 간	직급 별 스케줄				
	부장	차장	과장	대리	사원
08:30~09:30	임원단 회의				시스템점검
09:30~10:30		신규거래처 미팅	신규거래처 미팅	하계 워크숍 계획안 작성	
10:30~11:30	신규 계약 검토		미팅 보고서 작성, 제출		홈페이지 관리
11:30~12:30		미팅보고서 작성, 제출		기존거래처 관리	불만접수, 처리
12:30~01:30	점심시간				
01:30~02:30	신규 거래 계약		월별 예산 편성	월별 예산 편성	
02:30~03:30					비품 재고 확인
03:30~04:30		시스템 네트워크 확인	시장조사	시장조사	
04:30~05:30	예산안 결재		시장조사	시장조사	비품 재고 신청

【 J회사 시스템 사업부 구성원 스케줄 】

① 10:30 ~ 11:30

② 11:30 ~ 12:30

③ 01:30 ~ 02:30

④ 02:30 ~ 03:30

⑤ 04:30 ~ 05:30

[20~21]   Q 회사 인사팀은 쾌적한 근무환경을 위해 팀원들이 돌아가면서 매일 청소를 하기로 하였다. 이에 따라 김영진 팀장이 청소 배정표를 작성하였다. 다음 자료를 바탕으로 물음에 답하시오.

【 청소 관련 규정 】

• 청소는 사무실 1명, 직원 휴게실&복도 2명, 다용도실 2명의 인원을 배치한다.
• Q 회사는 평일(주 5일) 근무한다.
• 사무실은 매일, 휴게실&복도는 2일에 한 번, 다용도실은 일주일에 한 번 청소한다.
• 업무가 바쁘거나 다른 개인 사정으로 인해 청소를 못 하게 되는 경우에는 다른 사람으로 인력을 대체한다.
• 단, 대체 인력은 같은 날 청소 당번인 사람은 할 수 없다.
• 모든 팀원이 반드시 일주일에 한 번 이상은 청소를 해야 하고, 한 사람이 일주일에 세 번 이상 청소할 수는 없다.
• 하루 청소 인원은 최대 3명으로 한다.
• 한 달에 한 번 다 같이 대청소(모든 청소 포함)를 하며, 이날은 특별히 개별청소는 하지 않는다.

【 인사팀 명단 】

김영진(팀장), 김주희, 이은비, 최철민, 김헌수, 최지호, 김윤주, 이수진, 김민서

【 영업팀 7월 청소 배정표(초안) 】

월	화	수	목	금	토
1 사-영진 휴-주희, 은비	2 사-철민 다-헌수, 지호	3 사-윤주 휴-수진, 민서	4 사-영진	5 사-주희 휴-은비, 철민	6 休
7 休	8 사-헌수	9 사-지호 휴-윤주, 수진	10 사-민서 다-영진, 주희	11 사-은비 휴-철민, 헌수	12 사-지호	13 休
14 休	15 대청소	16 사-윤주	17 사-수진 휴-민서, 영진	18 사-주희 다-은비, 철민	19 사-헌수 휴-지호, 윤주	20 休
21 休	22 사-수진	23 사-민서 휴-영진, 주희	24 사-은비 다-철민, 헌수	25 사-지호 휴-윤주, 수진	26 사-민서	27 休
28 休	29 사-영진 휴-주희, 은비	30 사-철민 다-헌수, 지호	31 사-윤주 휴-수진, 민서			

* 사 : 사무실 / 휴 : 휴게실&복도 / 다 : 다용도실 / 기재되어있지 않은 사람은 청소 없음.

20 〈영업팀 청소배정표(초안)〉을 보고 바르게 이야기한 사람은?

① 민서 : 지호에게 17일 청소와 12일 청소를 교환해달라고 해야겠다.
② 영진 : 셋째 주에 대청소가 있는데 다용도실 청소가 또 있네. 수정해야겠어.
③ 수진 : 나는 넷째 주에만 2번 청소하고 나머지 주에는 1번씩만 청소하면 되네.
④ 주희 : 나는 이번 달에 6번 청소를 하는구나!
⑤ 윤주 : 셋째 주에만 두 번이고, 다른 주에는 한 번씩만 청소하면 되겠다.

21 다음은 재배정이 필요한 사람들이다. 적절하지 않은 사람은 누구인가?

(대 : 대신 청소를 해줌. / 교 : 서로 청소를 맞바꿈)

대체 예상일자	휴무 예정자	사유	대체 청소인력
7월 12일 금요일	최지호	거래처 미팅	① 김주희 (대)
7월 03일 수요일	김민서	월차	② 김영진 (4일/교)
7월 22일 월요일	이수진	외근	③ 김민서 (대)
7월 18일 목요일	이은비	출장	④ 김민서 (17일/교)
7월 26일 금요일	김민서	출장	⑤ 김영진 (대)

22 주거래 지역과의 거리가 E 기업은 200km, R 기업은 300km이며, 운송량이 E 기업은 5톤, R 기업은 4톤이다. 국내 운송에 수단별 요금체계가 다음과 같을 때, E 기업과 R 기업의 운송비용에 대한 설명으로 옳은 것은?

구분		화물차	철도	비행기
운임	기본운임	300,000원	150,000원	900,000원
	톤·km당 추가 운임	1,100원	1,300원	600원
톤·km당 부대비용		300원	200원	400원

① E 기업은 화물차의 운임이 가장 저렴하고, R 기업은 화물차의 운임이 가장 비싸다.
② E 기업은 비행기가 가장 저렴하고 R 기업은 화물차와 비행기의 운임이 같다.
③ E, R 기업 모두 철도가 가장 저렴하다.
④ E 기업은 화물차가 가장 저렴하고, R 기업은 비행기가 가장 저렴하다.
⑤ R 기업에서 화물차와 비행기의 총 운송료 차이는 10만 원이다.

23 △△회사의 ○씨는 8월에 있을 직원 여름 야유회 진행을 위한 예산을 작성하여 제출하라는 지시를 받
    았다. 다음 정보에 의하여 비용을 산출하여 보고서를 작성하였으나 예산 초과로 인해 불가피한 삭감
    조치를 받았다. 다음 중 비용 항목을 없애기에 가장 적절한 것끼리 짝지어진 것은 무엇인가?

【 △△여름 야유회 정보 】

1. 행사명칭 : △△ 여름 야유회
2. 일   정 : ○○년 8월 21일~22일 (1박 2일)
3. 장   소 : 강원도 R&D 센터
4. 행사내용 : 체육대회, △△인의 밤, 기타
5. 예산목록 : 숙박비 – ○○○원   식비 – ○○○원
              교통비 – ○○○원   체육관 대관료 – ○○○원
              단체 활동복 – ○○○원 다과&간식 – ○○○원
              기념품 – ○○○원   행사진행인력 – ○○○원
              비상예비금 – ○○○원

---

① 체육관 대관료, 기념품
② 교통비, 다과&간식
③ 기념품, 단체활동복
④ 다과&간식, 비상예비금
⑤ 단체활동복, 교통비

24 회계팀에는 G씨를 포함하여 14명의 직원이 있다. G씨는 비품 재고 상황을 팀장님께 결재를 받은 후 행정실에 필요 물품을 신청하라는 지시를 받았다. 팀장님은 G씨가 작성한 물품요청서를 보고 몇 가지 지적을 하였다. 팀장님의 지적으로 적절하지 않은 것은 무엇인가?

【 물품요청서 】

구분	품목	필요 수량 (개)	현재 재고 (개)	요청 수량 (개)
1	포스트잇	1인 2개	19	9
2	마우스	2	2	0
3	종이컵(줄)	10	3	9
4	수정테이프	8	6	2
5	토너	1	2	0
6	복사 용지	20	15	8
7	간식	1인 4개	43	9

① 포스트잇 같은 것은 쉽게 잃어버릴 수 있으니 조금 더 여유 있게 신청하도록 해.
② 마우스는 고장 나면 당장 업무에 문제가 생기니 1~2개 정도는 더 마련하는 게 좋겠어.
③ 수정 테이프도 필요한 만큼만 있으면 다음에 사용 못 할 수도 있으니까 2개만 더 주문하는 게 좋겠어.
④ A4 용지는 8개나 주문했네? 우리는 보통 20개 쓰니까 5개만 주문 넣도록 해.
⑤ 종이컵은 회의나 행사 등 한 번에 많이 사용할 수 있기 때문에 다른 품목들보다 조금 더 넉넉히 시키는 것도 괜찮을 거야.

25 한국농어촌공사에서 근무하고 있는 L 씨는 다음 달 신입 사원 워크숍을 진행할 @@리조트에 예약 문의를 하였다. @@리조트의 예약일정 관리 담당자는 현재 현황에 대해 메일을 보낼 테니 원하는 시간을 정해서 연락 달라고 하였다. 다음 메일을 보고 옳은 것은 무엇인가?

【 @@리조트로부터 받은 메일 】

보낸사람 이세정<Sejeong@resort.co.kr>
받는사람 L씨<Lee2017@krc.co.kr>

안녕하세요? @@리조트 예약일정 관리 담당자 이세정입니다.
저희 리조트의 현재 예약 현황과 이용 방법에 대해 보내드리니 참고하시고,
날짜와 장소가 정해지면 다시 연락 바랍니다. ^^

【 @@리조트 객실 현황 】

객실 이름	기준 인원	추가 인원	이용요금	조식	바비큐장	잔디구장	세미나실
테티스	50	10	40만 원	○	○	○	○
에오스	60	10	52만 원	○	○		○
호라이	60	15	55만 원			○	○
테미스	70	10	60만 원	○		○	
테이아	70	15	63만 원		○	○	
포이베	80	15	70만 원	○	○		○
제우스	100	20	95만 원		○	○	○

* 모든 객실은 당일 14:00부터 입실 가능하고, 다음 날 12:00까지 퇴실입니다.
* 기준인원 + 추가인원을 초과할 시에는 이용이 불가합니다.
* 기준인원 이외에 추가인원은 1인당 10,000원씩 추가됩니다.

【 8월 예약 일정 】

완 : 예약완료 / 공 : 비어있음.

월	화	수	목	금	토	일
10	11	12	13	14	15	16
테티스 (완)	테티스 (공)	테티스 (완)	테티스 (공)	테티스 (공)	테티스 (공)	테티스 (공)
에오스 (공)	에오스 (공)	에오스 (완)	에오스 (완)	에오스 (완)	에오스 (완)	에오스 (완)
호라이 (공)	호라이 (공)	호라이 (완)	호라이 (공)	호라이 (공)	호라이 (공)	호라이 (공)
테미스 (공)	테미스 (완)	테미스 (공)	테미스 (공)	테미스 (완)	테미스 (공)	테미스 (완)
테이아 (완)	테이아 (공)	테이아 (완)	테이아 (완)	테이아 (공)	테이아 (완)	테이아 (완)
포이베 (공)	포이베 (완)	포이베 (공)	포이베 (공)	포이베 (공)	포이베 (완)	포이베 (공)
제우스 (완)	제우스 (공)	제우스 (공)	제우스 (공)	제우스 (완)	제우스 (공)	제우스 (공)

【 워크숍 정보 】

1. 행사명칭 : 한국농어촌공사 신입 사원 워크숍
2. 일   정 : (미정) 8월 두 번째 주, 주말을 제외한 1박 2일
3. 장   소 : @@리조트(객실 미정)
4. 참석인원 : 150명
5. 행사내용 : 한국농어촌공사 소개, 신입 사원 화합의 밤 행사, 기타

① "조식을 먹을 사람이 많다면 테티스와 제우스를 선택하는 게 가장 바람직해."
② "화요일 에오스와 테이아를 예약하면 좋을 텐데, 행사 진행에 어려움이 있겠다."
③ "월요일 에오스와 포이베를 예약하면 가장 저렴한 조합으로 예약할 수 있겠어."
④ "모든 조건을 따져봤을 때, 금요일 테티스와 포이베 객실이 가장 적합하겠어."
⑤ "잔디 구장이 필요하다면 테티스와 호라이 객실이 가장 최적이겠네."

THE REAL

K
R
C

취업의 합격 신화 에듀크라운

Chapter 06 대인관계 능력

STEP 01 유형 분석

✽ 유형을 철저히 분석하여 개념 이해와 기초 실력을 다지는 단계

유형 특징

- 팀워크의 특징과 멤버십, 팔로우십의 관계를 묻는 문제
- 멤버십 유형 문제
- 리더십과 관리자의 비교 문제
- 리더십의 유형 문제와 임파워먼트 등의 용어 문제
- 조직 내 갈등 해결 방법 유형을 묻는 문제와 윈-윈 갈등 관리 방법
- 협상 과정의 단계별 특징을 묻는 문제
- 협상 전략의 종류와 타인 설득 방법의 전략을 묻는 문제

유형 준비 전략

- 일반 개인 관계를 묻는 것이 아니라 직장 내에서 일어나는 상황임을 항상 생각하면서 학습해야 한다.
- 단순한 지식을 묻는 경우도 있으나, 회사 내 실제 대인 관계에서 벌어질 수 있는 일에 대해 물어보므로 항상 사례와 연결 짓는 학습이 필요하다.
- 대인관계 능력 문제는 전반적으로 난이도가 높지 않은 편이기 때문에, 이론을 충분히 숙지한 후 빠르게 문제를 푸는 연습을 해 두는 것이 좋다.

STEP 02   유형 공략 문제

01   다음 설명에 해당하는 갈등의 해결 유형은 어느 것인가?

> □□물산의 강철수 과장은 사원들 간에 원망의 대상이다. 미팅을 할 때 사원들의 생각을 듣는 것 같기는 하지만, 결국 자기 주장만을 고집하는 성향이 강하다. 이런 이기적 성향 때문에 회식 자리에서도 항상 문제 상황을 만드는 경우가 많다. 사원들은 직속 상사이기에 직접적으로 표현만 못할 뿐 속앓이를 하는 경우가 적지 않다. 또한 권위주의적 성향도 있어서 부하직원들이 자기 주장에 반하는 내용을 말하면, 불쾌한 감정을 숨기지 못한다.

① 회피형(Avoiding)   ② 타협형(Compromising)
③ 경쟁형(Competing)   ④ 수용형(Accomodating)
⑤ 통합형(Integrating)

02   다음에서 A부장이 취하고 있는 협상전략의 종류는?

> ○○주식회사 영업부의 A부장은 지금 주거래처인 □□물산의 B과장과 협상 중이다. □□물산이 대기업이라 A부장은 지금 진땀을 흘리고 있다. 내년부터 부품단가를 크게 낮추어 제시하겠다는 것이 B과장의 주장의 핵심이다. A부장으로서는 일단 □□물산의 제시안을 수용할 수밖에 없는 입장이다. 이 안에 대해 강한 거부를 할 경우 주거래처와의 거래 단절도 각오해야 하기 때문이다.

① 협력전략(Cooperative Strategy)   ② 회피전략(Avoiding Strategy)
③ 강압전략(Forcing Strategy)   ④ 유화전략(Smoothing Strategy)
⑤ See-Feel-Change전략

03　다음 중 상대방을 설득하는 방법에 대한 설명으로 잘못된 것은?

① See–Feel–Change 전략 : 시각화하여 상대방에게 직접 보고 느끼게 함으로써 설득에 성공하는 전략

② 사회적 입증 전략 : 상대방에 대한 이해를 바탕으로 갈등해결을 용이하게 하는 전략

③ 권위 전략 : 직위나 전문성, 외모 등을 활용하여 협상을 용이하게 하는 전략

④ 반항심 극복 전략 : 억압하면 할수록 더욱 반항하게 될 가능성이 있으므로 이를 피함으로써 협상을 용이하게 하는 전략

⑤ 연결 전략 : 갈등을 야기한 사람과 관리자를 연결함으로써 협상을 용이하게 하는 전략

04　귀하는 ○○전자의 부장으로 이번에 과장으로 승진한 정우성 씨의 상사이다. 정우성 씨는 호감형의 외모를 갖고 있고, 유학까지 갔다 온 엘리트 사원이다. 그러나 귀하는 지금 고민에 빠져 있다. 정우성 씨의 조직 내 행동에 문제가 있기 때문이다. 다음 중 팀워크를 저해하는 정우성 씨의 행동은?

① 다른 동료와 차별되는 영어실력으로 외국계 회사에 보낼 문서를 혼자서 만들곤 한다.

② 부하 직원과 이야기할 때도 항상 존대어를 사용하는 습관이 있다.

③ 자기가 이 회사에서 가장 유능하며, 자기가 없으면 팀이 잘 돌아가지 않을 것이라는 말을 자주 사용한다.

④ 잘못된 점이 있으면 솔직하게 말하곤 한다.

⑤ 주어진 업무를 누구보다 빨리 처리하곤 한다.

05　다음은 '동료와 리더의 시각' 입장에서 멤버십 유형을 정리한 것이다. 잘못된 내용이 들어있는 것은?

① 실무형 – 개인의 이익을 극대화하기 위한 흥정에 능함.

② 주도형 – 솔선수범하며 주인의식을 갖고 있음.

③ 순응형 – 아이디어가 없고 인기 없는 일을 하지 않음.

④ 수동형 – 조직을 위해 자신과 가족의 요구를 양보함.

⑤ 소외형 – 냉소적이고 고집이 셈.

06 귀하는 인사부의 부장으로 2017년 상반기 신입사원 공채 시험의 면접관이다. 귀하가 4명의 지원자에게 조직 내 갈등 상황에 대한 질문을 하고 있다. 가장 잘못된 대답을 하고 있는 지원자는?

① 귀하 : "사내 갈등이 긍정적 효과도 가져올 수 있는데, 이에 대한 생각을 말해 보세요."
A 지원자 : "갈등이 항상 부정적인 것만은 아니고, 갈등 상황이 새로운 해결책을 만들어 주는 기회를 제공할 수도 있다고 생각합니다."
② 귀하 : "갈등이 생기는 원인에 대해 말해 보세요."
B 지원자 : "팀원들이 각자의 입장만 고수하거나 감정적으로 대할 때 발생합니다."
③ 귀하 : "윈–윈 갈등관리법에 대해 간단히 설명해 보세요."
C 지원자 : "갈등과 관련된 모든 사람들로부터 의견을 받아 본질적인 해결책을 찾아서 상생의 방법을 생각해 보는 것입니다."
④ 귀하 : "갈등의 정도와 직무 성과의 관계를 설명해 보세요."
D 지원자 : "갈등의 정도와 직무 성과는 반비례관계를 갖기 때문에 갈등이 시작될 때 바로 해결 방안을 모색해야 한다고 생각합니다."
⑤ 귀하 : "직장 내 갈등의 두 가지 유형에 대해 말해보세요."
E 지원자 : "갈등은 크게 '불필요한 갈등과 해결할 수 있는 갈등'으로 나눌 수 있습니다."

07 '협상의 의미'에 대한 설명으로 잘못된 것은?

① 의사소통 차원 : 선호가 서로 다른 협상 당사자들이 합의에 도달하기 위해 공동으로 의사결정하는 과정
② 갈등 해결 차원 : 갈등관계에 있는 이해당사자들이 대화를 통해서 갈등을 해결하고자 하는 상호작용
③ 지식과 노력 차원 : 우리가 얻고자 하는 것을 어떻게 다른 사람들보다 우월한 지위를 점유하면서 얻을 수 있는가에 관련된 것
④ 의사결정 차원 : 둘 이상의 이해당사자들이 여러 대안들 가운데서 모두가 수용 가능한 대안을 찾기 위한 과정
⑤ 지식과 노력 차원 : 승진, 돈, 자유, 사랑, 명예 등을 어떻게 얻을 수 있는가와 관련된 것

08 다음 설명에 해당하는 상대방 설득방법은?

> • 나보다 더 많은 지식을 가지고 있다고 느끼는 사람에게 설득당하기 쉽다.
> • 과장보다 부장의 말에 더 설득당하기 쉽다.
> • 비전문가보다 전문가의 말에 사람들은 더 동조하게 된다.

① 상대방 이해 전략   ② 권위 전략
③ 연결 전략   ④ 사회적 입증 전략
⑤ 희소성 해결 전략

09 다음은 고객의 불만 처리 과정 8단계에 대한 설명이다. 잘못된 내용은?

> 경청 ⇨ 감사와 공감표시 ⇨ 사과 ⇨ 해결약속 ⇨ 정보파악 ⇨ 신속처리 ⇨ 처리 확인 및 사과 ⇨ 피드백

① 경청 : 고객의 항의를 끝까지 듣고 공감을 표시하며, 선입관을 갖지 않는다.
② 해결약속 : 고객이 불만을 느낀 상황에 대해 관심과 공감을 보이며, 빠른 해결을 약속한다.
③ 정보파악 : 최선의 해결책을 찾기 어려워도 고객에게 질문하지 말고, 동료나 상사의 도움을 받는다.
④ 신속처리 : 잘못된 부분을 신속하게 시정한다.
⑤ 피드백 : 고객 불만 사례를 회사 및 전 직원에게 알려 같은 문제의 발생을 방지한다.

10 다음 설명은 리더십 유형 중 어느 것에 해당하는가?

> • 리더와 집단 구성원 구분이 희미함.
> • 리더가 조직에서 한 구성원이 되기도 함.
> • 소규모 조직이나 성숙한 조직에서 풍부한 경험과 재능을 소유한 개인들에게 적합함.

① 파트너십 유형   ② 민주주의에 근접한 유형
③ 독재자 유형   ④ 동반자 유형
⑤ 변혁적 유형

11 다음 빈칸에 들어갈 단어로 적절한 것은?

> (   )의 실행을 통해 기업은 다음과 같은 효과를 얻을 수 있다.
>
> 첫째, 구성원의 보유능력을 최대한 발휘하게 하고 그들의 직무 몰입을 극대화할 수 있다.
>
> 둘째, 업무 수행상의 문제점과 그 해결 방안을 가장 잘 알고 있는 실무자들이 고객들에게 적절한 대응을 하게 됨으로써 품질과 서비스 수준을 제고할 수 있게 된다.
>
> 셋째, 고개 접점에서의 시장 대응이 보다 신속하고 탄력적으로 이루어진다.
>
> 넷째, 지시, 점검, 감독, 감시, 연락, 조정 등에 필요한 노력과 비용이 줄어들기 때문에 코스트가 절감된다.

① 코칭 전략   ② 협력 전략   ③ 임파워먼트
④ 매니지먼트   ⑤ 피드백

12 다음 중 갈등을 일으키는 단서로 작용하는 것이 아닌 것은 어느 것인가?

① 개인적인 수준에서 미묘한 방식으로 서로 공격하는 경우
② 타인의 의견 발표가 끝난 후, 타인의 의견을 공격하는 경우
③ 편을 가르고 타협하기를 거부하는 경우
④ 지나치게 감정적인 논평과 제안이 있는 경우
⑤ 핵심을 이해하지 못한 것에 대해 서로 비난하는 경우

13 조직의 지속적인 성장과 성공을 만들어 내는 것이 '코칭'인데, 이것의 일반적인 특징이 아닌 것은?

① 코칭은 직원들의 능력을 신뢰하여 확신하고 있다는 사실에 기초를 둔다.
② 코칭 과정에서 리더는 직원을 기업에 기여하는 파트너로 인식해야 한다.
③ 코칭을 통해 조직은 철저한 책임감을 갖춘 직원, 전반적으로 상승된 생산성을 얻을 수 있다.
④ 코칭은 관리와 거의 같은 개념이며, 직원들을 지도하여 업무에 자신감을 갖게 하는 과정이라고 볼 수 있다.
⑤ 조직의 지속적인 성장과 성공을 만들어내는 리더의 능력이다.

14 다음은 윈-윈 갈등관리법 모델이다. 빈칸에 해당하는 내용으로 적절한 것은?

1단계	충실한 사전 준비

⇩

2단계	긍정적인 접근 방식

⇩

3단계	( )

⇩

4단계	윈윈에 기초한 기준에 동의하기

⇩

5단계	몇 가지 해결책을 생각해내기

⇩

6단계	몇 가지 해결책 평가하기

⇩

7단계	최종 해결책 선택하고, 실행하는 것에 동의하기

① "물론, 팀장님과 제가 의견이 다른 것은 인정합니다. 저도 이번에 생각이 짧았던 부분이 있었고요."

② "저는 팀장님의 생각에 동의할 수 없습니다. 저도 나름대로 고민한 부분이고 제 입장도 생각해 주셔야 할 듯합니다."

③ "이제 결론을 정리해야 될 때인 것 같습니다. 저도 몇 가지 대안을 준비해 보았습니다."

④ "팀장님과 미팅 때 의견차이로 너무 제 주장만 한 것 같아서 죄송합니다. 퇴근 후 술 한잔 하면서 이야기를 좀 했으면 합니다."

⑤ "지난주 팀장님과 의견차이가 있었던 부분에 대해 이야기를 했으면 합니다. 잠시 시간 좀 내주실 수 있습니까?"

15 귀하는 지금 ○○공사의 임원으로 신입 사원 면접을 진행하고 있다. 직장 내 대인 관계에 대한 질문을 했을 때 가장 적절하지 못한 내용을 말하는 지원자는 누구인가?

① A 지원자 : "직장 내에서 갈등이 생겼을 경우 대화와 협력을 통해 조정하는 것이 필요하다고 봅니다."
② B 지원자 : "항상 인사하고 감사하는 마음을 갖고 사람들을 대해야 합니다."
③ C 지원자 : "인간관계를 형성할 때 가장 중요한 요소는 '어떻게 행동해야 하는가'입니다."
④ D 지원자 : "직장 내에서 협조적인 관계를 잘 형성하고 조직 내부 및 외부의 갈등상황을 원만히 해결하도록 노력해야 합니다."
⑤ E 지원자 : "직장 내 갈등은 항상 있을 수 있다고 봅니다."

16 다음은 직장 내 팀워크에 대해 사원들이 나누는 대화의 내용이다. 잘못된 내용을 이야기하는 사원은 누구인가?

> 유승범 대리 : "의견의 불일치가 생길 경우 너무 자기 주장만 내세울 것이 아니라 건설적으로 해결하려고 해야 합니다."
> 봉태규 사원 : "조직이나 팀의 목적, 추구하는 사업 분야에 따라 서로 다른 유형의 팀워크가 필요합니다."
> 신민아 과장 : "효과적인 팀 워크를 형성하려면 명확한 팀 비전과 목표 설정을 공유해야 될 거 같아요."
> 현빈 사원 : "사원 간 역할과 책임을 명료화시키는 것도 중요합니다."
> 이병헌 사원 : "팀워크를 신장시키려면 서로 간의 신뢰도 필요하고, 특히 성과보다는 일단 팀을 만들어 모임을 갖는 것 자체가 의미 있는 일 아닐까요?"

① 유승범 대리   ② 봉태규 사원   ③ 신민아 과장   ④ 현빈 사원   ⑤ 이병헌 사원

17 다음 중 리더십에 대한 설명으로 옳지 않은 것은?

① 리더십은 조직의 공통된 목적을 달성하기 위하여 리더가 조직원들에게 영향을 미치는 과정을 말한다.
② 리더십은 상사가 하급자에게 발휘되는 형태뿐만 아니라 동료나 상급자에게까지도 발휘되는 형태를 갖는다.
③ 조직의 지속적인 성장과 성공을 만들어내는 리더의 능력을 코칭 활동이라 부른다.
④ 리더는 권한을 전적으로 갖고 직원들이 자신의 업무에 책임의식을 갖도록 해야 한다.
⑤ 리더는 '오늘'보다는 '내일'에 초점을 맞춘 생각과 행동을 해야 한다.

18 다음 내용은 리더십 유형 중 어느 것에 속하는가?

> 이승엽 씨는 중소기업의 영업부장으로 그가 속한 부서는 팀원이 5~6명 정도 되는 작은 조직이다. 그러나 이승엽 부장은 팀원들에 대한 자부심이 강하다. 팀원들이 젊고 혁신적이며 탁월한 재능을 갖고 있는 것을 발견했기 때문이다. 그래서 이 부장은 미팅 때마다 구성원들에게 목표 방향 설정에 참여하도록 유도하며, 항상 확신을 심어주고자 노력하고 있다.

① 변혁적 유형　　　　　　　　② 파트너십 유형
③ 민주주의에 근접한 유형　　　④ 독재자 유형
⑤ 협력자 유형

19 다음 보기의 설명에 해당하는 단어는 어느 것인가?

> • 조직 구성원들을 신뢰하고 그들의 잠재력을 믿으며, 그 잠재력의 개발을 통해 고성과(High Performance) 조직이 되도록 하는 일련의 행위
> • 조직의 모든 사람들로부터 시너지적, 창조적인 에너지를 끌어내 성공적인 조직을 만들 수 있다.

① 임파워먼트(Empowerment)　　② 윈–윈 전략(Win–Win)
③ 경쟁(Competition)　　　　　　④ 파워먼트(Powerment)
⑤ 유화전략(Smoothing Strategy)

20 다음은 직장 내 '갈등'에 대한 설명이다. 잘못된 내용을 고르면?

① 갈등은 개인과 집단, 조직 간에 잠재적, 현재적으로 대립하고 마찰하는 사회적–심리적 상태를 말한다.
② 팀원들이 감정적으로 자기의 입장에 묶일 때 만들어진다.
③ 갈등은 결국 부정적인 결과를 초래하므로 근본 대책을 찾고자 노력해야 한다.
④ 갈등이 적절한 수준일 때 조직 내부에 문제 해결력이 만들어지는 경우도 있다.
⑤ 갈등을 증폭시키는 원인에는 적대적 행동, 감정적 관여 등이 있다.

21 다음 내용은 직장 내에서 갈등이 생겼을 경우 성공적인 해결을 위해 어떻게 해야 하는지 사원들이 대화하는 내용이다. 잘못된 것은 어느 것인가?

> A : "내성적이거나 자신의 의견을 얘기할 때 서툰 팀원들이 있으면 서로 격려해가며 대화를 할 필요가 있는 것 같습니다."
> B : "이해된 부분을 검토하며 시시비비를 정확히 가릴 때까지 대화를 계속해 나가야 할 것입니다."
> C : "갈등의 당사자들이 공통되는 토대가 있는지 검토해 볼 필요가 있습니다."
> D : "갈등이 계속되면 조직의 업무에 방해가 될 수 있으므로 상사의 직권으로 강하게 중지시키는 것도 필요할 것입니다."

① A와 B   ② B와 D   ③ A와 C   ④ B와 C   ⑤ A와 D

22 다음은 협상 과정 5단계에 대한 설명이다. 내용이 잘못된 것은?

① 협상 시작	• 협상 진행을 위한 체제 구축 • 상대방의 협상 의지 확인

⇩

② 상호 이해	• 갈등 문제와 진행 상황 및 현 상황 점검 • 적극적 경청 및 자기 주장 제시

⇩

③ 실질 이해	• 겉으로 주장하는 것과 실제로 원하는 것을 구분 • 분할과 통합 기법을 활용하여 이해관계 분석

⇩

④ 해결 대안	• 개발한 대안들을 평가 • 협상 당사자들 사이에 상호 친근감 구축

⇩

⑤ 합의 문서 작성	• 합의문 작성 • 합의문의 합의 내용, 용어 등을 재점검

23 다음 설명에 해당하는 협상 전략은 어느 것인가?

> • Lose – Win전략이라 부른다.
> • 양보전략, 수용전략, 굴복전략이다.
> • 상대방이 제시하는 것을 일방적으로 수용하여 협상의 가능성을 높이려는 전략이다.

① 유화전략(Smoothing Strategy)　　　　② 협력전략(Cooperative Strategy)
③ 회피전략(Avoiding Strategy)　　　　　④ 강압전략(Forcing Strategy)
⑤ See–Feel–Change전략

24 다음 설명 중 잘못된 것은 어느 것인가?

① 고객이 상품이나 서비스를 이용하기 전에 가지는 사전 기대치와 기대치에 대비하여 받게 되는 수준의 정도를 '고객 만족'이라 한다.
② 서비스에 대한 소비자의 기대와 지각 사이의 불일치 정도를 '서비스 품질'이라 부른다.
③ 고객이 불만을 토로할 때 신속하게 응답하거나 바로 해결책을 제시해야 한다.
④ 고객의 요구가 다양하므로, 그에 대한 대응방안도 다양하게 만들어 둘 필요가 있다.
⑤ '의심형 고객'은 이야기를 경청하고, 맞장구치고, 추켜세우고, 설득해 가는 방법이 효과적이다.

25 다음 고객 불만 처리 8단계 프로세스 중 괄호 안에 들어갈 단어로 적절한 것은?

> 경청 ⇨ (　　　) ⇨ (　　　) ⇨ (　　　) ⇨ (　　　) ⇨ (　　　) ⇨ (　　　) ⇨ 피드백

① 감사와 공감 표시 – 해결약속 – 사과 – 정보파악 – 신속처리 – 처리확인 및 사과
② 감사와 공감 표시 – 정보파악 – 사과 – 신속처리 – 해결약속 – 처리확인 및 사과
③ 감사와 공감 표시 – 사과 – 해결약속 – 정보파악 – 신속처리 – 처리확인 및 사과
④ 감사와 공감 표시 – 사과 – 정보파악 – 해결약속 – 신속처리 – 처리확인 및 사과
⑤ 감사와 공감 표시 – 정보파악 – 해결약속 – 사과 – 신속처리 – 처리확인 및 사과

THE REAL

K

R

C

취업의 합격 신화 | 에듀크라운

Chapter 07 정보 능력

STEP 01 유형 분석

※ 유형을 철저히 분석하여 개념 이해와 기초 실력을 다지는 단계

유형 특징

- 실무에서 사용되는 엑셀이나 한글 문서 작성 또는 파워포인트와 관련된 문제
- 실무에 쓰이는 프로그램 이외에 컴퓨터 소프트웨어 전반에 관한 문제
- 이론보다 인쇄 관련 문제, 표나 셀 서식 또는 엑셀 함수와 같은 실제 사용에 관한 문제
- 표를 보고 상품 코드를 분석하거나 상품 코드를 보고 상품에 대해 분석하는 문제

유형 준비 전략

- 엑셀이나 한글 또는 파워포인트 등의 프로그램에 대한 실용적 지식이 필요하다.
- 컴퓨터 소프트웨어에 관련된 전반적인 지식이 필요하다.
- 상품 코드는 숫자와 알파벳이 길게 섞여 있는 문제이기 때문에 어렵다고 생각할 수 있으나, 지속적인 연습을 통해 빠르게 규칙을 이해하고 적용하는 능력을 길러야 한다.

STEP 02   유형 공략 문제

01 다음 중 워드에서 표를 작성할 때 할 수 없는 것은?

① 기존에 만들어져 있던 표 안에 또 다른 표를 만들 수 있다.
② 표에서 같은 행이나 열에 있는 셀을 하나로 통합하거나 한 줄의 셀을 없앨 수 있다.
③ '표 속성' 창에서 표 기울이기, 개체 회전 등이 가능하다.
④ 표에 배경색을 채울 수 있고 그림자 효과도 줄 수 있다.
⑤ 표 셀의 선과 내용에 대한 여백 값을 지정할 수 있다.

02 다음 중 워드 프로세서를 활용한 편집 작업에 대한 설명으로 옳지 않은 것은?

① 수식 편집기 기능을 이용하여 복잡한 수식 또는 화학식을 입력할 수 있다.
② 문서 작성 중 오타를 찾기 위해 맞춤법 검사 기능을 이용한다.
③ [모양] 탭을 이용하여 인쇄 시 인쇄용지 배경에 그림을 삽입할 수 있다.
④ 다단을 나누면 하나의 문서를 여러 개의 단으로 나누어 정돈되어 보이는 효과를 줄 수 있다.
⑤ 두 개 이상의 파일을 동시에 불러와서 동시에 작업하는 것을 불가능하다.

03 프린터 설정에 대한 설명으로 옳지 못한 것은?

① 기본 프린터는 2개 이상 설정이 불가능하다.
② 네트워크 프린터는 기본 프린터로 설정이 불가능하다.
③ 인쇄 시에 특정 프린터를 지정하지 않으면 기본 프린터로 인쇄된다.
④ 프린터에 대한 설정은 [제어판]에서 가능하다.
⑤ 설정되어 있는 프린트에 오른쪽 마우스에 [공유]를 클릭하면 네트워크로 연결이 가능하다.

04 한 번에 정리된 많은 양의 데이터를 좀 더 쉽게 보기 위해 데이터 정렬을 하려고 한다. 이때 데이터를 정렬하는 방법으로 옳지 못한 것은?

① 정렬할 필드의 셀 중 하나를 선택하고 마우스 오른쪽을 클릭하여 정렬을 선택한다.

② 정렬은 오름차순과 내림차순 중 선택할 수 있다.

③ 엑셀 상단 메뉴 바에서 [편집] – [정렬 및 필터] 아이콘을 이용한다.

④ [데이터] 메뉴에서 [정렬 아이콘]을 이용한다.

⑤ 선택 영역만 정렬하고 싶을 때는 정렬 실행 시 정렬 경고 메시지가 떴을 때 [현재 선택 영역으로 정렬]을 클릭하면 된다.

05 다음은 렌트카 회사 자료에 있는 내용이다. (가), (나), (다)에 해당하는 것을 바르게 설명한 것은?

> (가) 고객의 주소, 성별, 이름, 나이, 렌트 차종
> (나) 4~50대의 렌트 차종, 4~50대의 렌트 횟수
> (다) 렌트카에 대한 4~50대의 취향, 4~50대를 주 타깃으로 하는 렌트 차종 증차

	(가)	(나)	(다)
①	자료	정보	지식
②	정보	자료	지식
③	지식	정보	자료
④	정보	지식	정보
④	자료	지식	정보

[06~09]   다음 표를 보고 물음에 답하시오.

완성연월	생산공장				제품종류				완성품수량
	제품코드		코드명		분류코드		재료번호		
2015년 4월 −1504 2015년 7월 − 1507 2016년 2월 −1602 2016년 8월 − 1608	1	미국	A	1공장	01	과일	001	복숭아	
			B	2공장			002	체리	
			C	3공장			003	망고	
	2	중국	D	1공장	02	생선	001	참치	
			E	2공장			002	연어	
	3	일본	F	1공장	03	잼			
			G	2공장			001	딸기	
	4	캐나다	H	1공장			002	땅콩	
			I	2공장			003	사과	
			J	3공장					
	5	필리핀	K	1공장					

06   2016년 2월에 중국 2공장에서 만들어진 15,283번째 땅콩잼의 등록 코드로 알맞은 것은 무엇인가?

① 16022D0300315283

② 16022E0300215283

③ 16022B0300315283

④ 16022E0300115283

⑤ 16022F0300115283

07   2015년 7월에 캐나다 1공장에서 만들어진 20,586번째 연어 통조림의 등록 코드로 알맞은 것은 무엇인가?

① 15074H0200120586

② 15073H0200220586

③ 15074I0200220586

④ 15074I0200120586

⑤ 15074H0200220586

08 다음 중 나머지 4개의 상품과 다른 나라에서 만들어진 제품은 무엇인가?

① 15041A0100136875
② 15071B0200115879
③ 16022D0100354236
④ 15071C0100236214
⑤ 16021C0300324357

09 어떤 상품의 등록코드가 16083G0200154877으로 기입되었다. 이를 잘못 해석한 것은 무엇인가?

① 이 제품은 50,000번째 이후로 완성되었다.
② 이 제품은 참치 통조림이다.
③ 이 제품은 일본 제1공장에서 만들어졌다.
④ 이 제품은 2016년에 만들어졌다.
⑤ 이 제품은 하반기에 만들어진 제품이다.

10 어머님이 새로 핸드폰을 장만하셔서 핸드폰 사용법을 알려드렸다. 또한 전화번호 검색하는 법을 가르쳐 드렸다. 다음은 어머님의 핸드폰에 저장되어 있는 연락처의 일부이다. 검색결과로 옳은 것은?

이 름	번 호
김예지	01062253722
박소연	01049713962
전주희	01037078174
서현준	01094105021
안주환	01046717428
송해준	01037077354
박윤진	01092631172
우민희	01072468103
한현지	01059651936

① '72'를 누르면 3명이 뜬다.
② 'ㅅ'을 누르면 4명이 뜬다.
③ '3707'을 누르면 1명이 뜬다.
④ '3'을 누르면 1명을 제외한 모든 사람이 나온다.
⑤ 휴대폰에 저장되어 있는 번호는 10명 이상이다.

11 최근 보이스피싱 등이 기승을 부리면서 개인 정보 보호에 대한 관심이 늘어나고 있다. 다음 중 개인정보를 보호하기 위한 방법으로 옳지 않은 것은?

① 이용약관은 읽으면서 자신의 정보가 이용 목적에 부합하는지 살펴본다.
② 기억력이 감소하는 중, 장년층은 가입 시 기억하기 쉬운 조합을 찾는다.
③ 비밀번호의 변경이 쉽지 않기 때문에 가입할 때는 신중히 한다.
④ 회원 가입을 해지했을 시에 내 정보가 더이상 활용되지 않는지 확인한다.
⑤ 메일을 정리할 때 모르는 메일 주소나 자극적인 제목은 되도록 열어보지 않는다.

12 자동차 회사에서 일하고 있는 이사원은 작년 해외로 수출된 중형차의 판매수에 대한 보고서를 작성하라는 지시를 받았다. 작년 국내·외 소형차, 중형차, 대형차의 총 판매수가 적혀있는 자료에서 어떤 정보 검색 연산자를 사용하여야 하는가?

① 해외!중형차   ② 해외~중형차   ③ 해외*중형차
④ 해외 | 중형차   ⑤ 해외near중형차

13 어떤 파일을 미리보기로 보고자 할 때 파일 미리보기가 보이는 대신 'X' 표시가 뜨는 경우가 있다. 이때 할 수 있는 문제 해결 방법으로 옳지 않은 것은?

① 이미지 파일을 '그림판'에서 열어본 후 파일 형식과 이름을 다르게 저장해 본다.
② <F5>키를 눌러 새로 고침 해본다.
③ 이미지를 마우스 오른쪽으로 클릭한 후 [새로 고침]을 선택한다.
④ 이미지를 시계 방향으로 90도 회전시킨 후 다시 원래 상태로 회전시킨다.
⑤ [제어판]-[폴더옵션]-[보기]에서 미리보기하지 않음에 체크되어 있는지 확인한다.

14 인사부 D대리는 영업 1팀의 실적을 정리하고 있다. Excel을 이용하여 이번 달 영업 1팀의 총 실적을 더하고 평균을 낸 후 순서대로 가장 실적이 높은 사람 순으로 정리하고, 작성 날짜와 시간을 입력해 저장하려고 한다. 이때 사용하지 않아도 될 함수식은 무엇인가?

① Count 함수   ② Average 함수   ③ Rank 함수
④ Sum 함수   ⑤ Now 함수

15 문서 작성을 하고 있는 A 사원은 작성해 놓은 표를 다른 문서에도 똑같이 붙여넣기하고 싶다. 이때 꼭 사용하지 않아도 될 바로가기 키는 무엇인가?

① Ctrl+A   ② Ctrl+D   ③ Ctrl+C   ④ Ctrl+V   ⑤ Ctrl+X

16 최 사원은 엑셀로 회사 조직 관계도를 작성하는 중이다. 한 눈에 보기 좋은 효율적인 자료를 만들기 위해 표 형식으로 된 스마트 아트를 이용하려고 한다. 다음 중 최 사원이 회사 조직도를 만들기에 가장 적합한 유형은?

① 행렬형   ② 수식형   ③ 프로세스형   ④ 주기형   ⑤ 계층 구조형

17 A 회사에서 근무하는 김 사원에게 같은 부서의 선배가 예전에 썼던 문서 양식을 보내달라고 부탁했다. 김 사원은 자신의 컴퓨터에 저장되어있는 문서라는 것을 기억해 내고 찾아보았지만 찾을 수가 없었다. 파일을 관리하는 데 있어서 이와 같은 문제가 발생하지 않기 위해 김 사원이 할 수 있는 일이 아닌 것은?

① 파일이나 폴더에 이름을 명명할 때는 일관된 방법을 사용하도록 한다.
② 동일한 문서를 여러 곳에서 접근할 필요가 있다면 복사하는 대신 바로가기를 만든다.
③ 대부분의 프로그램이 검색할 때 [내 문서] 폴더를 활용하므로 [내 문서] 폴더를 적극 활용한다.
④ Window는 긴 파일의 이름을 사용하도록 지원하기 때문에 알아채기 쉽게 길고 자세한 설명을 써 놓는다.
⑤ 저장된 파일은 자주 마우스 오른쪽을 클릭하여 이름이나 날짜별로 정렬해 둔다.

18 평소 window 키를 자주 애용하던 A 사원의 컴퓨터의 window 키가 고장 났다. 이 키의 고장으로 window 키와 알파벳 키를 함께 눌러 사용했던 방법을 사용할 수가 없게 되었다. 다음 중 window 키와 알파벳 키를 조합하여 사용했던 바로가기 방식을 통해 사용할 수 없는 기능은?

① 파일 또는 폴더를 검색할 수 있다.
② 작업을 하다 바탕화면 보기로 전환할 수 있다.
③ 활성화되어 있는 인터넷에서 주소창이 선택된다.
④ 프로그램 탐색기가 실행된다.
⑤ 사용하고 있는 프로그램들의 미리보기가 활성화된다.

19 다음 중 악성코드에 감염되지 않기 위한 노력으로 가장 알맞지 않은 것은?

① 프로그램을 설치할 때는 프로그램의 정보를 정확히 알아야 하며 제작사가 분명한지 확인한다.

② 응용프로그램을 통해 시스템을 파괴하는 경우도 있기 때문에 반드시 보안 패치를 설치한다.

③ 주기적으로 보안 등급이 잘 설정되어 있는지 확인하고 백신 프로그램 또한 자주 업그레이드한다.

④ 인터넷에서 정보를 저장하는 쿠키도 바이러스에 감염될 수 있기 때문에 지속적으로 삭제해준다.

⑤ 방화벽을 이용한 해커들의 공격이 있을 수도 있기 때문에 방화벽 사용은 되도록 하지 않는다.

20 다음에서 설명하는 바이러스는 무엇인가?

> 바이러스란 스스로를 복제하여 컴퓨터를 감염시키는 프로그램을 얘기하는데 이 바이러스는 정상적인 프로그램으로 보이지만, 실행하면 악성코드를 실행한다. 그리스 군이 숨어있다가 적군에게 치명적인 피해를 입혔던 전술처럼 파일 자체가 악성코드가 된다. 이 때문에 이 바이러스는 자기 복제를 하지 않는다.

① 트로이 목마   ② 웜   ③ 스파이웨어
④ 하이재커   ⑤ 랜섬웨어

21 다음 중 휴지통에 관한 내용으로 올바르지 않은 것은?

① 외장하드에 저장되어 있는 자료를 삭제해도 휴지통에 남는다.

② 휴지통에 버려진 자료는 삭제 시 가상데이터가 남아 복구가 가능하다.

③ 자료를 휴지통을 거치지 않고 삭제할 수 있다.

④ 휴지통은 한 번 삭제되면 복구할 수 있다.

⑤ 휴지통의 용량을 사용자 임의로 정할 수 있다.

22 하드 디스크에 저장되어 있는 파일이 너무 많으면 디스크의 읽기와 쓰기의 성능이 저하될 수 있다. 디스크의 성능의 향상을 위하여 파일을 정리하는 방법으로 옳은 것을 모두 고르시오.

> Ⓐ 디스크 검사   Ⓑ 디스크 조각 모음
> Ⓒ 디스크 정리   Ⓓ 디스크 포맷

① Ⓑ   ② Ⓐ,Ⓑ   ③ Ⓑ, Ⓒ   ④ Ⓑ, Ⓓ   ⑤ Ⓐ, Ⓓ

23 다음 중 window의 제어판에서 할 수 없는 것은?

① 내 컴퓨터 내에 깔려 있는 프로그램을 추가하거나 제거할 수 있다.

② 하드디스크의 공간을 늘리거나 데이터를 백업할 수 있다.

③ 프린터나 기타 외부기기의 설정이 가능하다.

④ 컴퓨터를 사용하다 도움이 필요할 때는 원격지원을 받을 수 있게 할 수 있다.

⑤ 외부 출력 장치의 음량 조절이 가능하다.

24 컴퓨터로 작업을 하던 도중 컴퓨터가 느려지는 일이 발생했을 때의 대응 방법으로 옳지 않은 것은?

① 바이러스나 스파이웨어 등이 설치되었을지도 모르니 백신 프로그램 설치 후 검사해본다.

② 컴퓨터 실행이 시작될 때 함께 실행되는 프로그램들을 시스템 구성 프로그램에서 필요한 것을 제외하고 모두 삭제한다.

③ 컴퓨터 하드 디스크를 포맷하여 윈도우 운영체제를 새로 설치한다.

④ 자동실행 프로그램들을 삭제하거나 실행 정지를 설정하여 CPU의 사용을 최적화한다.

⑤ [시작–모든 프로그램–보조프로그램–나에게 맞는 옵션]을 선택한 후 시스템을 복원한다.

25 다음 중 파워포인트에서 만든 슬라이드를 인쇄할 때의 설명으로 옳지 못한 것은?

① 파워포인트 자료를 여러 대의 프린트 중에서 원하는 프린터로 출력할 수 있다.

② 슬라이드가 하나의 파일로 저장되어 있을 때는 범위를 지정하여 인쇄할 수 없다.

③ '전체 페이지 슬라이드'에서 인쇄 모양과 인쇄용지를 설정할 수 있다.

④ 인쇄할 때 '칼라' 혹은 '흑백'을 지정할 수 있다.

⑤ 인쇄할 때 [인쇄]–[옵션]에서 슬라이드를 인쇄하기 원하는 크기에 맞게 조정할 수 있다.

THE REAL

K
R
C

취업의 합격 신화 에듀크라운

Chapter 08 기술 능력

STEP 01 유형 분석

✿ 유형을 철저히 분석하여 개념 이해와 기초 실력을 다지는 단계

유형 특징

- 실제 상품의 설명서와 유사한 형태의 제품 설명서나 매뉴얼 등을 읽고 내용을 이해하는 문제
- 주어진 두 좌표에 그려진 도형들을 비교·분석하여 규칙을 파악한 후, 주어진 문제에 대입하여 좌표를 바르게 읽어 내는 문제

유형 준비 전략

- 상품 설명서나 매뉴얼을 한 번에 다 읽고 문제를 풀기보다는 필요한 부분을 찾아서 읽고 빠르게 문제에 대입해야 한다.
- 각 문제마다 좌표식은 같으나 숫자와 알파벳은 다르다는 것을 유념하고 반복 학습을 통해 빠르게 규칙을 파악하는 것이 중요하다.

STEP 02 유형 공략 문제

[01~02]   다음 주의사항을 읽고 물음에 답하시오.

【 사용 시 주의 사항 】

1. 제품에 무리한 힘을 주거나 충격을 주지 마십시오.
2. 욕조, 세면대 혹은 기타 물이 닿을 수 있는 곳 주변에 기기를 사용하지 마십시오. 감전의 원인이 될 수 있습니다.
3. 영, 유아의 손에 닿지 않는 곳에 보관하십시오.
4. 고온의 브러쉬 금속 부분이 피부에 닿지 않도록 주의하십시오.
5. 사용 후 전원코드를 뽑았는지 반드시 확인하고, 열기가 완전히 식은 후 보관하십시오.
6. 화재 및 합선의 위험이 있으므로 플러그가 콘센트에 맞지 않을 경우 사용하지 마십시오. (220~250v 사용 가능)
7. 콘센트를 연결하기 전 반드시 기기를 OFF 상태로 하여 주시기 바랍니다.
8. 전선 합선의 위험이 있으니 보관할 때 특히 유의하십시오.

【 피해보상 안내 】

제품 사용 중에 고장이 발생할 경우, 구입일로부터 1년 동안 무상 서비스를 받을 수 있다.
단, 다음의 경우에는 보증기간 중일지라도 유상으로 서비스를 받아야 한다.
• 사용자의 권고, 취급 부주의로 인한 고장
• 천재지변(화재, 가스, 지진, 풍수해, 낙뢰)에 대한 고장
• 당사의 수리기사가 아닌 다른 사람이 수리하거나 개조하여 발생한 고장
• 본 사용 설명서에 명시된 주의사항 불이행으로 인해 발생한 고장
* 유의사항
  - 수리를 요할 때는 보증서를 꼭 제시하여야 한다.
  - 보증서의 재발행은 하지 않는다.
  - 수리용 부품의 보유기간은 4년이다.

01 제품의 설명서에 따르면 다음 중 사용자의 잘못으로 인한 고장이 아닌 경우는 무엇인가?

① 항상 제품을 화장실 내에서 사용하였다.
② 제품 사용 후 전선을 제품에 돌돌 말아서 보관하였다.
③ 콘센트의 전압을 확인하지 않고 콘센트에 꺼 넣었다.
④ 사용 즉시 전선을 정리하여 보관함에 넣었다.
⑤ 개봉 후 첫 사용할 때 콘센트에 연결 후 on 버튼을 눌렀다.

02 다음 중 무상으로 서비스를 받을 수 있는 경우는 무엇인가?

① 살 때 받았던 정품 보증서를 잃어버린 경우
② 산지 한 달밖에 안 된 제품을 아이가 갖고 놀다가 떨어뜨려 제품이 망가진 경우
③ 홍수로 인해 집이 잠겨 망가진 경우
④ 홈쇼핑 주문 후 제품을 받았는데 제품에 미세하게 금이 가있는 경우
⑤ 기계를 잘 다루는 친구가 고장난 기계를 한 번 수리했지만 재고장인 경우

[03~04] 다음은 한 회사의 전자레인지 사용법에 대한 주의사항을 명시한 사용 설명서이다. 다음을 읽고 물음에 답하시오.

【 설치 관련 】

• 설치는 전문기사에게 의뢰하세요.
• 반드시 접지가 있는 콘센트를 사용하세요. (220볼트, 70헤르츠, 정격 16암페어 이상의 콘센트 단독 사용)
• 제품에 커버를 씌우지 마세요.
• 벽과의 간격을 두세요.

【 사용 관련 경고문의 】

• 조리 시, 음식물이 히터에 닿지 않도록 조심하세요.
• 플라스틱 또는 종이 용기는 절대 가열하거나 사용하지 마세요.
• 동작 중에 전원플러그를 빼지 마세요. 다시 꽂을 경우, 불꽃이 발생할 수 있습니다.
• 제품 내의 전기 부품에 물이나 이물질이 들어간 경우는 A/S 센터에 연락하세요.
• 나무, 일반 플라스틱, 유리 등은 간단히 데울 때만 사용하세요.

【 고장신고 전 확인 사항 】

• 회전 접시가 회전하지 않아요.
  - 회전 접시의 위치를 확인하세요.
  - 조리실 바닥의 음식물 찌꺼기가 있는지 확인해 주세요.
  - 식품이나 용기가 제품 벽에 닿지 않았는지 확인해 주세요.

• 전자레인지 내부에 연기가 나요.
  - 문 안쪽에 찌꺼기나 기름 등이 붙어 있는지 확인해 주세요.
  - 조리 중 배기구에서 증기가 나올 수 있습니다.

• 전자레인지 외부에 있는 조리 진행을 알려주는 화면에 표시가 나타나지 않아요.
  - 취소 버튼을 누르거나 제품의 문을 닫았다 다시 열어주세요.
  - 퓨즈가 끊어지지 않았는지 확인해 주세요.
  - 전원 플러그나 전압을 확인해 주세요.

• 사용 시, 불꽃이 생겨요.
  - 제품 내에 금속이 닿지 않았는지 확인해 주세요.
  - 그릇에 금선이나 은선이 있는지 확인해 주세요.

03 다음 중 전자레인지를 사용했을 때 고장이 날 상황이 아닌 것은 무엇인가?

① 먼지 쌓일 것을 대비하여 얇을 천을 덮어 두었다.
② 120도까지 견디는 열에 강한 유리그릇을 사용했다.
③ 제품 설명서를 충분히 숙지 후 스스로 설치해 보았다.
④ 고기를 해동할 때 플라스틱 그릇에 넣어 사용했다.
⑤ 동작 중 그릇에 불꽃이 일어 급하게 콘센트를 뺐다.

04 전자레인지의 고장을 막고 안전한 사용을 위해 해야 할 일이 아닌 것은 무엇인가?

① 전자레인지 문이나 회전판에 찌꺼기가 없는지 꼼꼼히 확인해 본다.
② 전자레인지 플러그가 제대로 꽂혀 있는지 항시 확인한다.
③ 설명서에 명시된 그릇들을 사용하도록 한다.
④ 제품 뒤에 먼지가 들어갈 수 있지만 사용 시에는 벽과 거리를 두도록 한다.
⑤ 플러그를 자주 뽑으면 퓨즈가 나갈 수 있기 때문에 플러그는 자주 건드리지 않도록 한다.

[05~06] 다음 주의사항과 서비스 약관을 보고 물음에 알맞은 답을 고르시오.

【 사용 시 주의 사항 】

• 제품의 화재 위험이 있으니 교류 220볼트 이외에는 사용하지 마세요.

• 한 개의 콘센트에 여러 제품의 전원 플러그를 동시에 꽂아 사용하지 마세요.

• 제품은 수리기사 이외에는 절대로 분해하거나 개조하지 마세요.

• 제품 파손의 위험이 있으므로 본체에 올라타지 마세요.

• 청소 시 액체, 칼날, 압정 등을 흡입하지 않도록 유의하세요.

• 열기구나 가연성 스프레이 혹은 인화성 물질 가까운 곳에서 사용하지 마세요,

• 본체를 손질할 때는 전원 플러그를 뽑은 후 마른 수건으로 닦아 주세요.

• 사용 가능 세제는 주방용 중성 세제입니다.

【 무상 서비스 】

• 일반 제품을 영업 용도로 전환하여 사용할 경우 보증기간을 1/3로 단축 적용합니다.

• 구입 후 2주 이내에 정상적인 사용 상태에서 발생한 성능상의 하자로 중요한 수리를 요할 때는 제품 교환 또는 구입가로 환불합니다.

• 교환된 제품이 1개월 이내에 중요한 수리를 요하는 경우 환불을 원할 경우 환불해 드립니다.

• 동일 하자로 2회까지 고장이 발생할 경우 무상 수리해 드립니다.

• 동일 하자로 3회까지 고장이 발생할 경우 환불해 드립니다.

• 부품이 있으나 수리가 불가능 시 제품 교환 또는 환불해 드립니다.

• 부품 보유기간 (3년) 이내 수리용 부품을 보유하고 있지 않아 수리가 불가능한 경우 교환 또는 환불해 드립니다.

• 소비자가 수리를 의뢰한 제품을 수리자가 분실한 경우 환불해 드립니다.

---

05 다음 청소기를 사용했을 때 고장을 일으킬 수 있을 만한 행동은 무엇인가?

① 깨끗한 손질을 위하여 마른 수건에 락스를 살짝 묻혀 닦는다.

② 해외 사용 시 220볼트를 반드시 확인한다.

③ 커피를 흘린 카펫을 청소할 때는 반드시 커피를 먼저 닦은 후 사용한다.

④ 청소기 사용 전 스프레이나 난로 등을 먼저 치운다.

⑤ 청소하기 전에 눈에 보일 만한 크기의 물건들은 손으로 미리 치운다.

06 다음 중 무상 서비스를 받을 수 있는 경우는 무엇인가?

① 청소기 사용 중 방에서 다른 방으로 이동하기 위해 문턱을 넘다 청소기가 넘어진 경우
② 필터를 청소하다 실수로 부품을 잃어버린 경우
③ 기계 자체 고장으로 첫 번째 수리 후 사용하다 부품 분실로 또 고장이 난 경우
④ 본사 위탁 업체가 아닌 다른 사람이 수리하여 고장이 난 경우
⑤ 청소기 사용 2년 후 전문 수리점에 수리를 맡겼는데 부품이 없는 경우

07 아래 〈보기〉는 그래프 구성 명령어 실행 예시이다. 〈보기〉를 참고하여 다음에 알맞은 명령어는 무엇인지 고르시오.

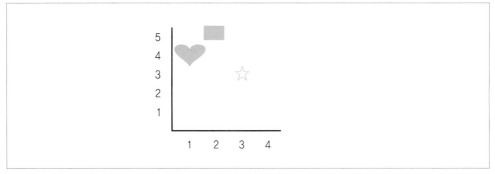

① W4 / L5 S(2, 5) : B3 / T(3, 3) : A5 / U(1, 4) : A3
② W4 / L5 S(1, 4) : B3 / T(3, 3) : A5 / U(2, 5) : B3
③ W4 / L5 S(3, 3) : A3 / T(2, 5) : A4 / U(1, 4) : B3
④ W4 / L5 S(3, 3) : B3 / T(2, 5) : A5 / U(1, 4) : A3
⑤ W4 / L5 S(1, 4) : A3 / T(3, 3) : A4 / U(2, 5) : B3

[08~09]   다음을 읽고 각 물음에 답하시오.

【 사례 】

"한 번 쓰고 버릴 수 있는 것을 발명하라. 그러면 고객이 그것을 더 많이 사러 올 것이다." 이 말은 왕관 모양의 일회용 코르크 마개를 발명한 윌리엄 페이터가 영업사원 킹 캠프 질레트에게 한 충고이다. 한 번 쓰고 버릴 수 있는 것에 대해 고민하던 질레트는 1895년 어느 날 아침, 면도를 하다 마침내 그런 물건을 생각해 냈다. 그것은 바로 면도칼이었다.

지금 주로 사용하고 있는 접이식 면도칼은 정기적으로 칼날을 갈아줘야 하므로 일회용 칼날이야말로 페이터의 충고에 딱 들어맞는 것이라고 질레트는 생각했다. 철강 제조업자들은 질레트가 생각하는 유형의 칼날을 만드는 것이 불가능하다고 했지만 그는 포기하지 않고 1901년 아메리칸 세이프티 레이저사를 세워 직원 한 명과 함께 최초의 양날 안전면도칼이자 최초의 일회용 날을 사용하는 면도칼로 (   )를 획득했으며 이것이 1세기가 지난 지금도 면도칼의 표준인 T자형 손잡이가 달린 납작한 양날 면도칼이다.

1926년에 질레트는 안전면도칼에 대해 이렇게 말했다. "개인용품으로 이렇게 많이 알려지고 널리 보급된 것은 없다. 여행을 하면서 나는 노르웨이의 최북단 마을에서도 사하라의 한복판에서도 우리의 면도칼을 보았다." 면도 방법에서도 분명 질레트의 면도칼만큼 큰 영향을 미친 발명품이 없다.

---

08   이 사례에서 설명하고 있는 사람과 같이 기술능력이 뛰어난 사람의 특징으로 옳은 것은?

① 인식된 문제를 해결하기 위해 다양한 해결책을 개발하고 평가한다.
② 기술적 해결에 대한 효용성을 평가한다.
③ 주어진 한계 속에서 그리고 제한된 자원을 가지고 일한다.
④ 여러 상황 속에서 기술의 체계와 도구를 사용하고 배울 수 있다.
⑤ 자신의 생각을 고집한다.

09   질레트가 일회용 면도칼을 개발한 이후에 산업재산권을 신청했다. 다음 중 질레트가 신청한 산업재산권으로 (   ) 안에 들어갈 알맞은 것은 무엇인가?

① 실용신안권   ② 특허권   ③ 의장권
④ 상표권   ⑤ 디자인권

10 당신은 선박을 생산하는 회사의 기술 연구팀에 근무하고 있다. 최근 새로운 선박 제조 기술 도입을 논의하기 위해 각 부서 팀장들이 모여 회의를 실시하였다. 이번 신기술 도입과 관련하여 이해득실과 관련된 의견이 분분한데 다음 중 귀하가 회의에서 할 수 있는 발언으로 적절하지 않은 것은 무엇인가?

① "신기술은 사회적, 정책적 트랜드와는 맞지만 도입과정에서 상당한 비용이 소요될 것으로 예상되며 이에 대한 소요경비의 예측치를 확인했으면 합니다."

② "신기술 도입 전에 이를 활용하여 회사에서 응용할 수 있는 가능성을 충분히 검토해야 합니다."

③ "우리 회사의 전략과 비전에 신기술이 얼마나 일치되는지와 전략적 중요도도 충분히 고려해야 합니다."

④ "무엇보다 가장 중요한 점은 신기술 도입 후 이를 회사에 맞추어 운영하고 관리할 수 있는 매뉴얼이 준비되어야 합니다."

⑤ "예산이 많이 들어간다면 다른 기술을 도입할지 여부에 대해서도 정해야 합니다."

[11~13] 다음 표를 참고하여 아래 문제의 올바른 답을 고르시오.

표시	증상	확인
1D	급수 이상	• 단수인가요? • 급수 호스가 얼었나요? • 급수 거름망에 찌꺼기가 있지 않나요?
3T	급수호스 이상	• 냉, 온수 호스가 올바르게 연결되었나요? • 한쪽 호스가 빠져 있지는 않나요? • 사용할 수 없는 호스를 사용하고 있진 않나요? (17mm 이상 사용 가능) • 급수호스의 패킹이 헐겁진 않나요?
2E	배수 이상	• 배수 호스가 높게 연결되어 있지 않나요? • 배수구가 얼지 않았나요? • 호스 안이 막히지 않았나요? • 제품이 기울어져 있지 않나요?
8D	동작 이상	• 뚜껑이 닫혔나요? • 뚜껑에 이물질이 껴있지는 않나요?
EE	탈수 이상	• 빨랫감들이 한쪽에만 모여 있지 않나요? • 제품이 기울어져 있지 않나요? • 빨랫감들이 엉켜 있지 않나요?

11 세탁기를 사용하던 A씨는 세탁기의 작동이 원활하지 않다고 판단하여 설명서를 읽고 있는 중이다. 다음 중 확인사항과 그에 따른 조치가 올바르게 연결되지 않은 것은 무엇인가?

① 수도꼭지가 잠겨 있지 않습니까? – 수도꼭지를 열어주세요.
② 냉수와 온수 호스 중 한 개만 연결되어 있지 않습니까? – 냉수 호스는 파란색, 온수 호스는 노란색에 연결해주세요.
③ 거름망이 막히지는 않았습니까? – 거름망을 꺼내어 청소해주세요.
④ 단수이거나 얼지는 않았습니까? – 60도 정도의 더운물로 녹여주세요.
⑤ 세탁기가 아예 작동을 하지 않습니까? – 우선 전원 상태를 확인한 후 뚜껑이 잘 닫혔는지 확인해주세요.

12 다음 설명에서 세탁기의 배수가 되지 않을 때 취할 수 있는 조치로 올바르지 못한 것은?

① 배수 호스를 밑쪽으로 향하게 한다.
② 60 정도의 더운 물로 내부를 녹인다.
③ 이물질에 의해 막히지 않도록 호스를 평평하게 놓는다.
④ 세탁기의 위치가 반듯이 잘 서있는지 확인한다.
⑤ 세탁물에 막혀 있을 수 있으니 세탁물을 평평하게 정리한다.

13 세탁기 상태 표시에 'EE' 신호가 떴다면 해야 할 일로 가장 적절한 것은 무엇인가?

① 수도꼭지나 냉, 온수의 호스의 연결을 살핀다.
② 배수 호스의 상태를 살핀다.
③ 호스 안에 찌꺼기가 없는지 확인한다.
④ 문에 이물질이 끼었는지 확인한다.
⑤ 세탁물이나 세탁기의 위치를 살핀다.

[14~15]   다음은 기름 없이 튀김 요리가 가능하게 하는 프라이팬 사용 시 주의사항들이다. 이를 읽고 문제에 답하시오.

• 220v 전압을 사용한다. • 열기구가 있는 곳에서는 사용을 금지한다. • 고온에서의 보관은 피한다. • 벽에서 20cm 이상 거리를 둔다. • 금이 갔거나 깨져있다면 사용을 금한다.	• 장시간 가열을 금한다. • 충격을 가하여 파손됐을 시 화제의 원인이 될 수 있다. • 타기 쉬운 곳에 놓지 않는다. • 사용 직후에는 상당히 뜨거우므로 완전히 식힌 후 세척한다.

14   프라이팬을 안전하게 사용하기 위한 방법으로 적절하지 못한 행동은 무엇인가?

① 환기가 잘 되게 하기 위해 창문에 최대한 가까이에 붙여 사용한다.

② 사용 전 기구에 문제가 없는지 항시 살핀다.

③ 아이들에 손에 닿지 않게 높은 곳에 올려두되 다른 전자제품과 접촉이 없도록 유의한다.

④ 한 번에 많은 양을 오랜 시간 동안 조리하지 않도록 한다.

⑤ 혹여 충격을 가했다면 파손된 곳이 없나 꼼꼼히 살핀 후 사용한다.

15   다음 중 프라이팬을 사용하는 데 있어서 이해를 잘못한 것은?

① "전자레인지에서 해동 후 바로 조리하려고 해도 가까이에 두지 않는 게 좋겠어."

② "220v 전압에서만 사용 가능하면 외국에 가져가기는 힘들겠어."

③ "캠핑 갈 때 간편한 튀김 요리를 위해 가져가면 좋겠어."

④ "뜨거운 기름이 없더라도 기구 자체는 뜨거울 테니 한 시간 후에 세척해야겠어."

⑤ "한꺼번에 많은 양을 조리하면 익는 데 오래 걸리니 조금씩 여러 번 해야겠다."

[16~17] 다음은 고객 응대 매뉴얼이다. 이를 읽고 다음 문제에 답하시오.

【 고객 응대 매뉴얼 】	
고객을 맞이하는 자세	1. 복장은 단정히, 자세는 바르게 말투는 상냥하게 한다. 2. 일어서서 고객과 눈을 맞추며 인사한다. 3. 앉아서 맞이할 경우 눈을 맞추며 단정한 자세를 유지한다. 4. 본인의 업무가 아니어도 친절하게 안내한다. 5. 방문 목적이 무엇인지 확인한 후 담당직원에게 안내한다.
앉아서 응대하는 경우	1. 바빠도 일어서서 고객을 맞이한다. 2. 인사를 먼저 한다. 3. 고객에게 먼저 자리를 권한다.
찾는 직원이 자리에 없는 경우	1. 고객의 용건을 확인한다. 2. 담당직원이 언제 돌아오는지 알려주고 기다릴 장소로 고객을 안내한다.
전화 받고 있는 중 고객 응대	1. 전화는 받으면서 고객과 눈을 맞춘다. 2. 고객이 의자에 앉도록 권한다. 3. 전화는 가능하면 신속하게 끊는다.

16 다음 중 고객을 맞이하는 응대가 잘못된 경우는?

① 전화를 받는 중에 고객을 응대해야 하는 경우에도 전화 응대를 먼저 신속히 끝낸 후에 한다.
② 고객을 응대할 때는 복장뿐만 아니라 눈빛, 표정 등에 신경을 써야 한다.
③ 바쁜 업무 중 고객을 응대하게 되었을 경우 앉은 상태로 친절히 고객에게 자리를 권한다.
④ 고객을 응대하여 자리로 안내할 때는 고객이 부담스러울 수 있으니 가급적 뒤돌아보는 것은 삼간다.
⑤ 고객에게 인사를 한 후에는 가장 먼저 방문 목적에 대해 질문한다.

17 고객이 옆자리 직원을 찾는데 직원이 점심시간인 관계로 잠시 나갔다면 그 직원과 고객을 응대하는 직원이 해야 할 일로 적절하지 않은 것은 무엇인가?

① 혹 고객이 자신을 찾을 때를 대비하여 미리 옆 직원에서 돌아올 시간을 알려주는 것이 좋다.
② 혹시 자리를 비운 고객을 찾는 고객이 있다면 고객을 위해 어떤 일이든 내가 대신 고객의 업무를 처리해 준다.
③ 점심시간이지만 고객이 어떤 일로 방문했는지 방문 목적을 물어보도록 한다.
④ 담당 직원에게 고객이 찾는다는 연락을 남겨준다.
⑤ 담당 직원이 올 때까지 편히 기다릴 수 있게 자리를 안내한다.

18 다음은 최근 많이 거론되고 있는 지속 가능한 경영에 관한 대화이다. 이 대화에서 옳지 못한 말을 하고 있는 것은 누구인가?

① "지금 우리의 필요도 충족시키면서 미래세대를 생각해야 해요."
② "지속 가능한 발전은 평등해야 하며 동시에 생활의 질도 향상되어야 합니다."
③ "지속 가능한 경영은 경제적인 이익과 함께 사회적인 책임 의식도 따라야 합니다."
④ "인간에게 미치는 영향뿐만 아니라 환경에 대한 배려도 수반되어야 합니다."
⑤ "미래를 예측하기 위해 단기적인 성과를 우선시합니다."

19 최근 산업체를 이끌어 나가는 핵심 기술의 유출로 많은 산업체들을 골머리를 앓고 있는 가운데, 소중한 기술을 지키기 위한 방법으로 옳지 못한 것은?

① 산업기술의 유출을 방지하기 위하여 따로 담당자를 지정한다.
② 정보 시스템은 노출의 위험성이 크기 때문에 보조 기억매체를 따로 관리한다.
③ 기술에 대한 침입을 막기 위해 회사 전체를 하나의 구역으로 통합시켜 일괄 관리한다.
④ 외부 기관과의 연락 체계를 유지해야 할 경우 외부 접촉에 대한 규정을 마련한다.
⑤ 산업 기술 보호를 위한 교육 시간을 마련하고 정해진 시기마다 내부 점검을 실시한다.

20 각 기업을 성장시키고 이끌어 나가는 중요한 요소 중 하나가 직원들이다. 자연스레 이 직원들의 기술 능력의 향상 혹은 새로운 기술의 습득이 회사에게는 항상 중요한 일이 될 수밖에 없다. 이를 위해 회사에서 직원들에게 해 줄 수 있는 교육방법에 대한 설명으로 옳지 못한 것은?

① 실질적인 기술 향상을 위해서 전문적 연수를 실시한다.
② 현장뿐만 아니라 Internet을 이용한 e-learning을 활용한다.
③ 더 전문적 지식을 겸비하기 위해 상급학교 진학을 지원한다.
④ 직장 외에서 관리자나 감독관이 교육하는 Off-JT 통해 훈련한다.
⑤ OJT를 통해 철저한 계획 속에서의 교육보다는 실무적 감각을 높여준다.

21 A회사는 어떤 제품을 생산하는 회사 중 독보적인 위치를 차지하고 있었다. 그런데 저렴한 가격을 무기로 한 신생 회사들과의 경쟁에서 우위를 차지하긴 했지만 점유율을 많이 빼앗기고 말았다. 이를 극복하기 위해 A회사의 경영자는 '벤치마킹' 전략을 사용하기로 했다. 이 전략에 대해 잘못 설명하고 있는 것은?

① 벤치마킹은 자사의 경쟁력을 높이기 위해 타사의 기술을 배워오는 방법을 말한다.
② 경쟁사 제품을 장점만을 파악하여 좋은 점만을 자사의 기술력에 더하는 과정이다.
③ 벤치마킹에서 중요한 것은 타사가 어떻게 경쟁력을 달성했는지 파악하는 것이다.
④ 벤치마킹을 위해서는 벤치마킹을 위해 개인보다는 팀으로 묶어 관리하는 것이 좋다.
⑤ 벤치마킹은 제품을 만드는 과정에서의 혁신으로서 모든 산업 영역에서 이용될 수 있다.

22 21세기 끊임없이 기술이 발전하고 있는 것 같으나 많은 전문가들이 기술의 정체를 걱정하고 있다. 한 예로 지금 우리가 사용하는 컴퓨터는 1950년대의 프로그램에서 크게 벗어나지 않았다는 전문가들의 의견이 있다. 이러한 현상을 타파하고 더 높은 수준으로 사람들의 삶의 질을 끌어올리기 위한 노력이 지속되고 있다. 이와 같은 노력의 한 일환으로서 새롭게 떠오르고 있는 기술 융합에 대한 설명으로 옳지 못한 것은?

① 기술 융합은 나노 기술, 정보통신기술, 생명공학기술을 결합해서 만들어진다.
② 기술 융합으로 기술 변화뿐만 아니라 사회 문화적인 변화도 일으킬 수 있다.
③ 융합 기술은 에너지, 환경, 안전과 식량문제 그리고 인간의 건강문제에도 큰 영향을 미친다.
④ 융합 기술은 기술과 기계 중심의 기술 변화를 일컫는다.
⑤ 인공장기, 나노 태양전지, 유비쿼터스 환경 등은 모두 융합기술 발전의 예시들이다.

23 다음은 어떤 용어에 관한 설명인가?

> 신기술의 출현이 어떻게 개발도상국과 가난한 사람들에게 영향을 미치는지를 보여주기 위해 만들어진 자료이다. 기술 개발과 그 기술이 어떻게 활용되고 얼마나 잘 활용되는지를 나타내 준다. 나라별 기술의 수준을 측정하는 것이 아니라 인터넷의 사용 빈도와 선진학교 교육을 받은 국민 수의 비율 등을 측정해 종합한 수치를 발표한다.

① UNDP   ② TAI   ③ HDI   ④ GNT   ⑤ FDI

24 회사라는 거대한 집합체를 운영하기 위하여 많은 사람들이 힘을 모아 일한다. 각자가 맡은 역할과 그에 따른 책임을 다하는데 이때 경영자의 능력과 기술이 회사의 방향성과 미래에 큰 영향을 준다. 경영자를 세 계층으로 나눌 때 서로 사용하는 관리기술의 정도가 다르다. 바르게 설명하고 있지 않는 것은?

① 하위 경영자는 전문기술을 해당 분야에 적용하는 기술이 가장 중요하다.
② 중간 경영자는 전문적 기술보다는 구성원들을 리드하고 동기부여하는 대인적 기술이 가장 중요하다.
③ 훌륭한 중간 경영자는 조직의 부서가 어떻게 상호 연결되어 서로에게 영향을 미치는지에 대해 가장 잘 알고 있어야 한다.
④ 최고 경영자에게는 전문적인 기술의 필요가 다른 관리기술의 필요성보다 낮다.
⑤ 경영자들 중 최고 경영자만이 모든 활동에 대한 실질적, 최종적 의사 결정권을 가진다.

25 다음 대화에서 업무 매뉴얼을 효과적으로 적용하기 위한 의견으로 알맞지 않은 것은?

① "업무 매뉴얼은 똑같은 일을 누가 하더라도 같은 결론이 나와야 하므로 세세하게 기록하는 것이 좋습니다."
② "업무 매뉴얼은 그럼 정형화된 업무에 적합하지 능력에 따른 성과에는 필요가 없겠네요?"
③ "업무 매뉴얼을 잘못 작성하면 오히려 노하우에 지나치게 의존할 수 있으니 조심해야 합니다."
④ "맞아요. 업무 매뉴얼을 지나치게 따르면 개인의 창의력을 제한할 수 있으니 조심해야 합니다."
⑤ "업무 매뉴얼 작성 시 다른 사람이 보고 실행할 수 있어야 하기 때문에 일의 진행 순서대로 작성해야 합니다."

Chapter 09 / 조직이해 능력

STEP 01 　유형 분석

✱ 유형을 철저히 분석하여 개념 이해와 기초 실력을 다지는 단계

유형 특징

- SWOT 분석을 통한 적절한 대응 전략을 수립하는 문제
- 경영의 구성 요소 및 경영 전략의 유형 문제
- 기업의 조직 형태 및 조직도를 파악하는 문제
- 조직 문화의 특징을 묻는 문제
- 회사 내 각 부서의 업무를 파악하는 문제
- 국제 경제와 관련된 지식을 묻는 문제
- 각 나라의 문화적 특징을 확인하는 문제

유형 준비 전략

- 기업 및 조직 경영과 관련된 지식을 묻는 문제가 주로 출제되지만, 이론적인 부분보다 실제 조직 생활 중에 벌어지는 실무 상황을 묻는다. 따라서 이론 공부와 더불어 실제 업무에서 어떻게 사용될 수 있는지를 항상 염두에 두며 학습해야 한다.
- 기초적인 경영 지식을 학습하고 국제 경제에 관련된 신문을 구독하거나 인터넷 검색 등을 통해 항상 관심을 갖고 정보를 틈틈이 정리해 두는 습관이 필요하다.
- 긴 지문이 나오는 경우를 대비하여 평소 많은 문제를 빠르게 푸는 훈련을 지속한다.

STEP 02　유형 공략 문제

[01~04]　다음 설명을 읽고 이어지는 문제에 답하시오.

> SWOT분석이란, 강점(Strength), 약점(Weakness), 기회(Opportunity), 위협(Threat)의 앞글자를 모아 만든 단어로 경영 전략을 수립하기 위한 분석 도구이다. SWOT분석을 통해 도출된 조직의 외부ㆍ내부 환경을 분석 결과를 통해 각각에 대응하는 전략을 도출하게 된다.
>
> SO전략 : 기회를 활용하면서 강점을 더욱 강화하는 공격적인 전략
> WO전략 : 외부환경의 기회를 활용하면서 자신의 약점을 보완하는 전략
> ST전략 : 외부환경의 위험요소를 회피하면서 강점을 활용하는 전략
> WT전략 : 외부환경의 위협요인을 회피하고 자사의 약점을 보완하는 전략

	강점(Strength)	약점(Weakness)
기회(Opportunity)	SO(강점 – 기회)전략	WO(약점 – 기회)전략
위협(Threat)	ST(강점 – 위협)전략	WT(약점 – 위협)전략

01　귀하는 약 10년간의 직장 생활을 그만두고, 외식프랜차이즈 아이스크림 전문점을 창업하고자 한다. 아래 환경 분석 결과에 대응하는 가장 적절하지 않은 전략은?

강점(Strength)	– 부모님 소유 건물에서 창업하여 임대료 절약 – 높은 브랜드 인지도
약점(Weakness)	– 아이스크림 전문점에 대한 경험 부족 – 계절별 이용률의 변화폭이 큼.
기회(Opportunity)	– 디저트 문화에 대한 긍정적 인식 확산 – 아이스크림에 대한 소비자 계층 다양화
위협(Threat)	– 장기적인 경기침체로 소비심리 위축 – 경쟁 점포 수의 증가

	강점(Strength)	약점(Weakness)
기회(Opportunity)	① 브랜드 인지도를 활용하여 다양한 계층의 소비자 공략	② 다양한 소비자 계층을 공략하기 위한 계절별 아이스크림 출시
위협(Threat)	③ 높은 브랜드 인지도를 통한 타 업체와의 경쟁력 제고	④ 창업 전 타 업체에서 근무해보며 경험을 미리 쌓아봄.

02 귀하는 외국계 기업에서 해외 영업 업무를 담당하다가 퇴직했다. 이후 창업에 대한 고민을 하다가 영어 학원을 창업하려고 환경 분석을 해 보았다. 가장 적절한 전략은?

강점(Strength)	– 영어에 대한 높은 실력과 자신감 – 지리적 접근성이 좋은 건물 임대
약점(Weakness)	– 낮은 브랜드 인지도 – 다양한 교육 프로그램 미비
기회(Opportunity)	– 영어에 대한 수요 지속적 상승 – 각종 시험에서 영어 과목의 필수화
위협(Threat)	– 기존 영어학원과의 경쟁 – 사회 전반적인 경기 침체

	강점(Strength)	약점(Weakness)
기회(Opportunity)	① 영어에 대한 사회적 인식 상승에 따른 브랜드 홍보 강화	② 브랜드 홍보를 강화하고 다양한 프로그램 준비하는 전략
위협(Threat)	③ 사회 전반적인 경기 침체를 극복하기 위한 방안 마련	④ 타 학원과 차별화할 수 있는 다양한 프로그램 준비

03　귀하는 한국OO공사의 직원이다. 이번에 상사의 지시에 따라 △△지역의 관광 상품 개발 프로젝트에
　　참여하게 되었다. 아래 환경 분석결과에 대응하는 적절한 전략을 잘 짠 것은 어느 것인가?

강점(Strength)	– 자연 그대로의 생태 환경 – 편리한 교통 조건
약점(Weakness)	– 숙박시설 등의 편의시설 부족 – 다양한 체험 프로그램 미비
기회(Opportunity)	– 슬로우 시티(slow city)로 지정됨. – 주 5일 근무제 확대
위협(Threat)	– 장기적인 경기침체로 소비심리 위축 – 주변에 유명한 자연 생태 체험 마을이 있음.

	강점(Strength)	약점(Weakness)
기회(Opportunity)	① 편리한 접근성과 다양한 프로그램을 강조	② 인터넷이나 매체 등에 홍보를 강화하는 전략
위협(Threat)	③ 이웃 생태 체험 마을보다 편리한 교통 조건 강조	④ 자연 그대로의 환경을 유지하기 위한 주민참여 촉구

04　김철수 씨는 커피전문점을 창업하기 위해 자기의 환경 분석결과표를 만들어 보았다. 이중 아래 환경
　　분석 결과에 대응하는 가장 적절한 전략은 어느 것인가?

강점(Strength)	– 여유있는 자금력 – 자체 개발 브랜드
약점(Weakness)	– 브랜드에 대한 인지도 부족 – 용량 대비 높은 가격
기회(Opportunity)	– 회사 밀집 지역 – 커피에 대한 인식이 대중화됨.
위협(Threat)	– 주변 대형 프랜차이즈 전문점이 있음. – 높은 가격에 대한 거부감

	강점(Strength)	약점(Weakness)
기회(Opportunity)	① 고유 브랜드임을 강조하는 고가 전략	② 주변 지역의 특성을 고려한 브랜드 홍보 강화
위협(Threat)	③ 대형매장을 임대하여 브랜드 인지도를 높임.	④ 커피에 대한 인식 변화를 고려한 저가 전략

[05~06] 다음 ○○관리공단의 사무분장표를 보고 이어지는 문제에 답하시오.

강택수 부장	• 체육사업부 업무, 관리 총괄 • 주요 업무 계획 수립 • 직원배치 및 복무지도 감독
한상현 팀장	• 예산, 경영평가, 고객만족 업무 • 수입금분석 및 수입증대방안 강구 • 사내 업무 총괄, 민원관리, 시설 대관 업무 총괄
최선명 주임	• 체육시설 전기, 방송 분야 유지보수 업무 • 양궁장, 축구공원, 배드민턴장 사용 허가(대관) • 세입세출 외 현금 및 무인발권기 업무 • 기간제 근로자 관리 업무 • 주간 및 월간 업무보고 업무
주명규 주임	• 시설물 청소, 방역관리 • 조경 및 체육시설 환경관리 • 체육시설 사고예방 안전점검 • 어린이놀이터 유지보수 관리 업무 • 전산(무인경비) 및 통신 관련 업무
김상태 주임	• 교육, 복리후생, 일반 서무 업무 • 고객모니터 및 고객만족도 관련 업무 • 초과근무수당, 업무직 급여, 출장 업무 • 비품 및 물품(차량) 관리 업무 • 공공근로자 및 공익요원 관리 업무
홍정원 주임	• 체육시설 난방설비 유지보수 관리 업무 총괄 • 수영장관리(탈의실, 개인사물함 키 등) • 외부 체육시설 제설업무 총괄 • 시설물 영선업무 총괄 • 안전보건경영시스템 관리 업무
이홍규 사원	• 체육시설 6개소 소방 및 전기안전 업무 • ISO9001 인증 관리 업무 • 체육시설물 승강기 관련 업무 • 도매시장 민원, 서무 업무 • 수영장 공인인증 관리
김종배 사원	• 수영장 수질, 환경 분야 유지보수 업무 • 수영장 내 수위조절판 유지보수 업무 • 시설물 영선 업무 • 외부 체육시설 제설업무 총괄 • 시설 내 락커, 개인사물함 등 관리

05 귀하는 신입사원으로 이번에 상사의 지시에 의해 첫 출장을 가게 되었다. 다음 중 누구를 찾아가는 것이 적당한가?

① 한상현 팀장, 김상태 주임
② 주명규 주임, 홍정원 주임
③ 김상태 주임, 김종배 사원
④ 강택수 부장, 최선명 주임
⑤ 김상태 주임, 주명규 주임

06 귀하는 이 시설물을 이용하기 위한 신청서를 작성해서 제출하고자 한다. 미리 담당자를 만나 구체적인 내용을 듣고 싶다면 누구를 만나야 하는가?

【 시설물의 사용 허가 신청서 】

1. 일시사용허가 받을 자

성 명	김 철 수	주민등록번호	880203-1******
단 체 명		연 락 처	02 - 123 - 4567
주 소	서울 동작구 대방동 24		
휴대전화번호	010 - 234 - 5678		

2. 행정재산 일시사용허가 신청내용

구분(사용시설)	배드민턴장, 수영장			
사 용 목 적	동호회 모임			
사 용 일 시	2016. 8. 1			
기타시설 사용	화 장 실(∨)	수도시설( )	방송시설( )	전기사용( )
비 고				

위와 같이 귀 공단의 시설을 일시 사용하고자 사용허가를 신청하오니 허가하여 주시기 바랍니다.

2016. 7.

김철수 (인)

① 주명규 주임, 김종배 사원
② 한상현 팀장, 김상태 주임, 이홍규 사원
③ 강택수 부장, 최선명 주임
④ 한상현 팀장, 최선명 주임, 홍정원 주임
⑤ 주명규 주임, 최선명 주임

[07~08] 다음을 보고 물음에 답하시오.

구분	내용	금액기준	결재서류	팀장	본부장	대표이사
접대비		20만 원 이하	접대비 지출 품의서, 지출 결의서	●■		
		30만 원 이하			●■	
		30만 원 초과				●■
교통비	국내 출장비	30만 원 이하	출장 계획서, 출장비 신청서	●	■	
		50만 원 이하		●	■	
		50만 원 초과			●	■
	해외 출장비					●■
소모품비	사무용품		지출결의서	■		
	문서, 전산소모품			■		
	기타 소모품	20만 원 이하		■		
		30만 원 이하			■	
		30만 원 초과				■
교육 훈련비	사내외 교육		기안서, 지출 결의서		●	■
법인카드	법인카드 사용	50만 원 이하	법인카드 신청서	■		
		100만 원 이하			■	
		100만 원 초과				■

● : 기안서, 출장 계획서, 접대비 지출 품의서

■ : 지출 결의서, 세금 계산서, 발행 요청서, 각종 신청서

07 해외 영업팀인 B 사원이 해외 출장으로 인한 비행기 값으로 65만 원을 지출하였고, 도착 당일 간단한 회의 후에 이뤄진 저녁식사에서 상대 회사와의 접대비로 25만 원을 지출하였다. B사원이 출장 후 돌아왔을 때 내야 할 서류들과 최종 결재 대상이 알맞게 이뤄진 것을 고르시오.

ㄱ. 지출결의서 – 본부장	ㄴ. 출장 계획서 – 팀장
ㄷ. 출장비 신청서 – 이사	ㄹ. 접대비 지출 품의서 – 본부장

① ㄴ   ② ㄴ, ㄷ   ③ ㄱ, ㄷ   ④ ㄱ, ㄷ, ㄹ   ⑤ ㄱ, ㄴ, ㄷ, ㄹ

08 다음에 작성된 결재 양식을 올바르게 사용한 경우는 무엇인가?

【 결재서류 】

결재	담당	팀장	본부장	최종 결재
	B			대표이사

① 거래처와 회식을 위해 사용했던 30만 원의 지출 결의서

② 영업팀 사원 4명이 국내 출장을 위해 사용했던 총 국내 출장비 45만 원에 대한 출장 계획서

③ 직원들 안전 교육을 위한 교육비에 대한 기안서

④ 해외 출장을 위해 사용했던 교통비 55만 원에 대한 출장 계획서

⑤ 기타 소모품 20만 원 이하에 대한 지출 결의서

09 다음에서 설명하는 개념으로 옳은 것은?

- 한 문화권에 속한 사람이 다른 문화를 접하게 되었을 때 체험하게 되는 것
- 새롭고 다른 것을 경험하는 데 즐거움을 느끼는 적극적 자세가 필요함.
- 자신이 속한 문화를 기준으로 다른 문화를 평가하지 않도록 함.

① 문화 지체 현상   ② 문화 충격 현상

③ 아노미 현상   ④ 문화 격차 현상

⑤ 님비 현상

[10~11]　다음을 보고 물음에 답하시오.

구분	내용	금액기준	결재서류	팀장	본부장	대표이사
접대비		20만 원 이하	접대비 지출 품의서, 지출 결의서	●■		
		30만 원 이하			●■	
		30만 원 초과			●■	
교통비		30만 원 이하	출장 계획서, 출장비 신청서	●	■	
		50만 원 이하			●	■
		50만 원 초과			●	■
	해외 출장비					●■
소모품비	사무용품		지출결의서	■		
	문서, 전산 소모품			■		
	기타 소모품	20만 원 이하		■		
		30만 원 이하			■	
		30만 원 초과				■
교육 훈련비	사내외 교육		기안서, 지출 결의서			●■
법인카드	법인카드 사용	50만 원 이하	법인카드 신청서		■	
		100만 원 이하				■
		100만 원 초과				■

● : 기안서, 출장 계획서, 접대비 지출 품의서

■ : 지출결의서, 세금 계산서, 발행요청서, 각종 신청서

10　다음 중 최고 결재권자가 다른 하나는?

① 교육 훈련비에 대한 지출 결의서

② 접대비 30만 원 초과에 대한 접대비 지출 품의서

③ 법인카드 100만 원 초과에 대한 법인카드 신청서

④ 해외 출장비에 대한 출장비 신청서

⑤ 법인카드로 70만 원 사용했을 때 법인카드 신청서

11 다음 중 팀장의 결재가 필요한 서류들로 묶인 것은?

> Ⓐ 신입사원을 위한 책상과 의자 구입을 위한 30만 원에 대한 지출결의서
> Ⓑ A사원의 축의금을 위한 25만 원에 대한 법인카드 신청서
> Ⓒ 최대리와 이사원의 출장비로 사용한 36만 원의 교통비에 대한 출장비 신청서
> Ⓓ 바이어와의 점심식사에 사용한 15만 원에 대한 지출결의서

① Ⓐ, Ⓑ   ② Ⓑ, Ⓒ   ③ Ⓐ, Ⓒ   ④ Ⓐ, Ⓓ   ⑤ Ⓑ, Ⓓ

12 어느 한 기업에서는 신입 사원들의 연수의 대부분의 시간을 회사의 매장에서 진행하고 있다. 신입 사원들은 그 매장의 아르바이트생들과 같이 일하며 소비자를 직접 만나보는 기회를 갖는다. 다른 한 기업에서는 사원들이 역할극을 통해 소비자의 입장도 되어보고 구매자의 입장도 되어보는 연수 방법을 채택하고 있다. 이와 같은 방법에 대한 설명으로 옳은 것으로만 묶인 것은?

> Ⓐ 교육 중심의 연수보다는 현장 중심의 연수를 선호하는 방식이다.
> Ⓑ 실전에서 겪어보는 경험을 토대로 업무에 대한 적응력이 증진될 수 있다.
> Ⓒ 실제적인 판매자의 입장에서의 근무는 그 기업 문화와 외부적 이미지를 빨리 체득할 수 있게 해준다.
> Ⓓ 이러한 교육 방법을 아웃소싱이라고 한다.

① Ⓐ, Ⓑ   ② Ⓑ, Ⓒ   ③ Ⓐ, Ⓒ, Ⓓ   ④ Ⓑ, Ⓒ, Ⓓ   ⑤ Ⓐ, Ⓑ, Ⓒ

13 다음에서 설명하고 있는 조직의 형태에 대한 것으로 옳지 않은 것은?

> • 여러 가지 심리적 기능을 수행하는 조직 내의 조직이다.
> • 자연 발생적으로 생기는 조직이라는 의미에서 자생조직이라고도 한다.
> • 조직 구성원 간의 소속감과 정서적 유대 등에 의해 형성되는 집합체이다.
> • 이 조직은 학연, 지연, 동호회 등 다양한 형태가 있다.

① 조직의 특성은 내면적이고 조직의 형태가 눈으로 보이지 않는다.
② 능률이나 비용 논리 보다는 감정적인 면에서 구성된다.
③ 피라미드 구조로 조직의 전체적인 부분이 이러한 조직의 인식 대상이다.
④ 심리적 안정이나 친숙한 관계를 원하므로 여러 개의 작은 집단으로 구성된다.
⑤ 이 조직의 일원들은 특정 환경 속에서 행동 결정에 대한 영향을 서로에게 준다.

14 다음의 결재 규정을 보고 최종 결재권자가 다른 하나를 고르시오.

구분	내용	금액기준	결재서류	팀장	본부장	대표이사
접대비		20만 원 이하	접대비 지출 품의서, 지출 결의서	●■		
		30만 원 이하			●■	
		30만 원 초과				●■
교통비		30만 원 이하	출장 계획서, 출장비 신청서	●	■	
		50만 원 이하			●■	
		50만 원 초과				●■
	해외 출장비					●■
소모품비	사무용품		지출결의서	■		
	문서, 전산 소모품			■		
	기타 소모품	20만 원 이하		■		
		30만 원 이하			■	
		30만 원 초과				■
교육 훈련비	사내외 교육		기안서, 지출 결의서		●■	
법인카드	법인카드 사용	50만 원 이하	법인카드 신청서	■		
		100만 원 이하			■	
		100만 원 초과				■

● : 기안서, 출장 계획서, 접대비 지출 품의서

■ : 지출 결의서, 세금 계산서, 발행 요청서, 각종 신청서

① 제주도 출장을 위한 비행기 왕복권 20만 원에 대한 출장 계획서
② 영업부 회식을 위한 회식비 52만 원에 대한 법인 카드 신청서
③ 거래처 직원들과의 회식비 27만 원에 대한 지출 결의서
④ 중국 무역 확대를 위한 중국어 학원 등록비 50만 원에 대한 지출 결의서
⑤ 27만 원의 소모품 교체비에 대한 지출결의서

15　다음 중 아래 조직도에 대한 내용을 바르게 이해한 사람은 누구인가?

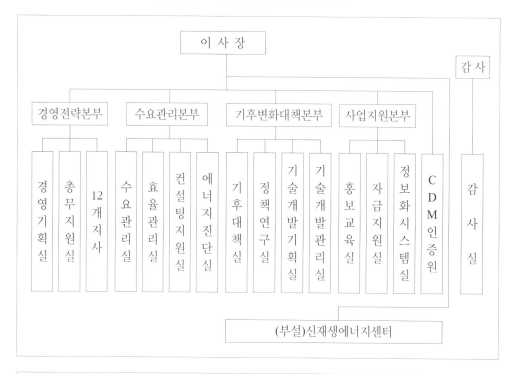

박지성 : 이사장 직속으로 4개의 본부가 있고, 15개의 실로 구성되어 있군.

이영표 : 12개 지사는 경영전략본부 소속이로군.

황선홍 : 어느 본부에도 소속되지 않는 곳은 모두 두 곳이로군.

차두리 : 이 조직도를 보면 법무 관련 부서는 따로 두지 않았군.

① 박지성, 황선홍　　　　② 이영표, 황선홍　　　　③ 박지성, 차두리

④ 박지성, 이영표　　　　⑤ 이영표, 차두리

국제 유가는 세계의 경제를 전망할 수 있는 주요한 지표 중 하나이다. 국제 유가의 하락에 대한 다음 설명 중 옳지 못한 것은?

① 원유에 대한 지속적인 필요에 의한 투자로 현재 달러화의 강세는 국제 유가 상승에 도움을 줄 것이다.
② 원유 수출에 상당한 부분을 차지하는 중국이 경제 침체를 겪으면서 국제 유가의 하락을 이끌고 있다.
③ 국제 유가의 상승은 자동차 산업이나 화학 또는 조선, 해양 산업에 수혜를 준다.
④ 페인트 산업 또는 항공사들은 국제 유가가 하락함에 따라 수혜를 입고 있다.
⑤ OPEC 국가에선 가격 규제를 위해 조치를 마련할 것이다.

17 이민호 씨는 이번에 인사 발령을 받아 해외영업팀으로 자리를 옮기게 되었다. 평소 어학실력도 부족하고 국제감각도 부족한 이민호 씨는 인터넷 검색을 통해 일단 동남아시아 지역 여러 나라의 수도와 공용어 등을 정리해 보았다. 잘못된 내용이 들어있는 것은 어느 것인가?

국가명	수도	공용어	화폐 단위
① 방글라데쉬	다카	뱅골어	다카(BDT)
② 네팔	카트만두	네팔어	네팔 루피(NPR)
③ 캄보디아	프놈펜	크메르어	리엘(KHR)
④ 스리랑카	콜롬보	신할라어, 타밀어	루피(SLR)
⑤ 미얀마	양곤	버마어	챠트(MMK)

18 다음 중 국제매너에 대한 설명으로 옳지 않은 것은?

① 미국인과 만날 때에는 시간을 정확히 지키는 것이 중요하다.
② 영미권 사람과 악수할 때에는 상대방의 오른손을 잠시 힘주어 잡았다가 놓는다.
③ 미국인과 처음 대화할 때는 이름이나 호칭을 어떻게 부를지 먼저 물어봐야 한다.
④ 영미권에서는 받은 명함을 한 번 보고 탁자 위에 보이게 두는 것이 예의이다.
⑤ 미국인과 식사할 때 몸 가까이에 있는 포크와 나이프부터 사용한다.

Chapter 09 · 조직이해 능력   157

19 다음 중 적절하지 않은 내용을 말하는 사람은 누구인가?

> • 수지 : 미국 사람을 만나서 인사할 때, 상대방의 개인 공간을 지켜주는 것이 중요해요.
> • 혜리 : 인도 사람을 만났을 때, 왼손으로 악수를 청하면 큰 실례가 됩니다.
> • 설리 : 이슬람권 국가에서는 고기를 전혀 먹지 않기 때문에 주의가 필요합니다.
> • 루나 : 영미권 사람과 악수하려면 일어서서 상대방의 눈을 보며 해야 돼요.
> • 민경 : 영미권 사람과 서양요리를 먹을 때, 생선요리는 뒤집어 먹지 않도록 합니다.

① 수지　　　② 혜리　　　③ 설리　　　④ 루나　　　⑤ 민경

20 다음 중 신입사원인 A씨가 맡게 될 주요 업무로 잘못된 것은?

> B 부장 : 신입 사원 연수 교육 받느라 고생했습니다.
> A 씨 : 아닙니다. 회사에 빨리 적응하려면 당연히 받아야 할 통과의례인데요. 그럼 이번에 저는 어느 부서로 발령받는 건가요?
> B 부장 : 총무부로 발령 예정입니다.
> A 씨 : 총무부의 주요 업무를 미리 좀 알 수 있을까요?
> B 부장 : (　　　　　　　　) 등이 주요 업무입니다.

① 주총 및 이사회 개최, 집기 비품 및 소모품의 구입
② 사무실 임차 및 관리, 시장조사, 제품의 애프터서비스
③ 법률자문과 소송관리, 의전 및 비서업무
④ 사무실 임차 및 관리, 차량 및 통신시설의 운영
⑤ 복리후생 업무, 출장 업무

21 다음 '경영참가제도'에 대한 사원들의 대화 중 잘못된 내용을 말하는 사람은 누구인가?

① "경영참가 중 '자본참가'는 근로자가 조직 재산의 소유에 참여하여 근로자들의 주인의식과 성취 동기를 유발하는 방법입니다."
② "경영참가 중 '이윤참가'는 조직의 경영성과에 대해 근로자에게 배분하여 조직체에 대한 구성원의 몰입과 관심을 높이는 방법을 말합니다."
③ "최종적으로 경영자의 경영권을 강화시키고 분배문제를 해결할 수 있습니다."
④ "경영의 민주성을 제고하고 근로자 또는 노동조합이 경영과정에 참여하여 공동으로 문제를 해결하고 노사 간의 세력 균형을 이루는 것이 목적입니다."
⑤ "구체적인 세부 제도로는 공동의사결정제도, 노사협의회제도 등이 있습니다."

22 다음은 BCG매트릭스에 대한 설명이다. 설명에 맞는 것을 순서대로 고르면?

BCG매트릭스는 사업포트폴리오 분석기법으로 시장 성장성과 시장 점유율에 따라 사업을 'Star, Cash cow, Question mark, Dog'의 4가지로 구분하며, 기업의 경영전략 수립에 기본적인 분석도구로 활용됨.

ⓐ : 성장성과 수익성이 모두 낮아 철수가 필요한 사양산업
ⓑ : 투자비용을 전부 회수하고 많은 이익을 내는 수익창출원
ⓒ : 성장성은 높지만 시장 점유율이 낮아 시장 확대를 위한 전략적 투자가 필요한 사업
ⓓ : 시장성장성과 상대적 시장 점유율이 모두 높아 계속 투자가 필요한 성공사업

| ⓐ | ⓑ | ⓒ | ⓓ |

① Star – Cash cow – Question mark – Dog
② Dog – Cash cow – Question mark – Star
③ Dog – Question mark – Star – Cash cow
④ Star – Question mark – Cash cow – Dog
⑤ Dog – Question mark – Cash cow – Star

23 귀하는 중앙은행의 사원이다. 상사의 지시를 받고 국내 통화량을 체크하여 상사에게 보고하려고 한다. 자료 조사를 해 보니 국내 통화량이 지나치게 증가하고 있는 것을 알았다. 보고서에 통화량을 감소시키기 위한 방법을 기술하고자 할 때, 구체적인 방법으로 적절한 것은 어느 것인가?

① 국공채 매각과 기준금리 인상
② 지급준비율 인상과 국공채 매입
③ 총액한도대출 자금 축소와 기준금리 인하
④ 지급준비율 인하와 총액대출한도 자금 확대
⑤ 국공채 매수와 기준금리 인하

24 사원들이 글로벌 시대를 맞이하여 꼭 알아야 할 국제적인 감각의 필요성에 대해 이야기하고 있다. 잘못된 내용을 말하고 있는 사람은 누구인가?

> 김하늘 대리 : 의사전달과 직결된 외국어 사용능력을 언어적 커뮤니케이션이라고 알고 있어요.
>
> 정우성 사원 : 맞습니다. 또한 상대국의 문화적 배경에 입각한 생활양식, 행동규범 등은 비언어적 커뮤니케이션이 되겠죠.
>
> 송강호 과장 : 나도 다른 문화에 대한 개방적 태도를 지향하고, 다른 나라 사람의 기준으로 타국 문화를 평가해보려고 하고 있어요.
>
> 이지은 사원 : 저도 문화 충격을 대비해 국제잡지를 정기 구독하고, 해외사이트를 통해 최신 이슈 등을 확인하고 있습니다.
>
> 박규리 사원 : 조직의 업무와 관련된 국제적 법규나 규정이 나오면 꼭 메모해서 숙지하려고 노력 중입니다.

① 김하늘 대리　　　　　② 정우성 사원　　　　　③ 송강호 과장
④ 이지은 사원　　　　　⑤ 박규리 사원

25 다음은 사원들이 국제 비즈니스 매너에 대한 이야기를 나눈 것이다. 가장 적절하지 못한 내용을 말한 사람은 누구인가?

① A 과장 : 동유럽이나 아랍 쪽 사람들과 시간 약속을 하려면 인내심을 가져야 해.

② B 대리 : 영미권은 악수를 먼저 한 후 명함을 교환하는데, 사교용 명함과 업무용 명함이 나누어져 있으니 주의를 기울일 필요가 있어요.

③ C 부장 : 서양요리로 식사할 때 스테이크는 처음에 다 잘라놓고 먹도록 하며 빵은 손으로 떼어 먹는 게 예절이야.

④ D 사원 : 아프리카 사람과 대화할 때는 눈을 직접 보지 않고 코끝 정도를 보면서 대화해야 합니다.

⑤ E 사원 : 러시아나 라틴아메리카 사람과 처음 만날 때, 그 사람들이 포옹이나 입맞춤을 하면 친밀함의 표현이므로 당황하지 않도록 합니다.

[26~27] 다음 내용을 보고, 이어지는 문제에 답하시오.

【 기안문 작성법 】

- 기안문은 두문, 본문, 결문으로 구성한다.
  - 두문
    1. 행정기관명
    2. 수신란
       가. 수신자가 없는 내부결재문서인 경우 : "내부결재"로 표시
       나. 수신자가 있는 경우 : 수신자명을 표시하고, 그다음에 이어서 괄호 안에 업무를 처리할 보조기관이나 보좌기관을 표시
       다. 수신자가 여럿인 경우 : 두문의 수신란에 "수신자 참조"라고 표시
  - 본문은 제목, 내용 및 붙임(문서에 다른 서식 등이 첨부되는 경우에만 해당한다)으로 구성한다.
    가. 문서에 다른 서식 등이 첨부되는 경우에는 본문의 내용이 끝난 줄 다음에 "붙임" 표시를 하고 첨부물의 명칭과 수량을 적는다.
    나. 본문의 마지막에는 다음과 같이 "끝" 표시 등을 한다.
       본문의 내용(본문에 붙임이 있는 경우에는 붙임을 말한다)의 마지막 글자에서 한 글자 띄우고 "끝" 표시를 한다.
  - 결문은 다음 각 호의 사항으로 구성한다.
    1. 발신 명의
    2. 기안자 · 검토자 · 협조자 · 결재권자의 직위나 직급 및 서명
    3. 행정기관의 우편번호 · 주소 · 홈페이지주소 · 전화번호 · 팩스번호, 전자우편주소와 공개(완전공개, 부분공개, 비공개) 구분

- 기안문의 결재
  - 결재 시 : 본인의 성명을 직접 표시(전자문서 : 전자 이미지 서명)
  - 전결의 경우 : 전결권자가 '전결' 표시
  - 전결을 대결하는 경우 : 전결권자의 란에는 '전결', 대결하는 자의 란에는 '대결' 표시

26　다음 대화 중 위 내용과 다른 것은?

① "상사가 부재중일 때는 '전결'로 표시하면 되겠군요."

② "수신자가 여러 명이면 수신자 참조를 꼭 표시해야 되겠네요."

③ "기안문의 마지막 부분에는 공개 여부를 표시해야 하는군요."

④ "첨부 문서가 있으면 본문이 끝난 줄 다음에 '붙임' 표시가 필요하네요."

⑤ "전자문서에도 서명이 필요하군요."

27　다음 기안문의 빈칸에 들어갈 내용으로 잘못된 것은 어느 것인가?

> 한국 ◇◇공단에 근무하는 귀하는 상사의 지시로 전 부서 임직원 중 3년차 이상 직원을 대상으로
> 2016년 12월 1일 건강검진 실시를 알리는 기안문을 작성하고자 한다. ○○병원에서 실시하며, 자
> 세한 위치나 방법 등은 별도의 문서를 첨부하고자 한다.

한국◇◇공단

수신자 : ① _____

제 목 : 임직원 건강 검진 실시 안내

1. 임직원 건강 검진 실시 관련입니다.
2. 대상 : ② _____
3. 일시 : 2016년 12월 1일

첨 부 : ③ _____

한국◇◇공단 이사장

- -

담당자 : ④ _____
(우)12345) 서울 마포구 도화동 XX번지, ⑤ _____

① 전 부서 임직원(수신자 참조)
② 임직원 중 2~3년차 이상 직원 대상
③ 병원 위치 및 방법 1부
④ 김ㅁㅁ/ssa@naver.com
⑤ 02 – 400 – ××××, (FAX 123 – 4567) / ww.ab.or.kr / 완전공개

28 최근 어느 한 기업에서는 자신들만의 경영 시스템을 만들었다. 모든 회사의 조직원들이 그 규칙과 규범 내에서 그 시스템의 가이드에 따라 행동한다. 이러한 독자적 경영 시스템을 만들어 운영하는 것에 있어 다음 중 적절하지 않은 것은?

① A : "규범 내 조직 문화 가이드를 설정하면 내부적 교육이나 감사가 더 편하겠군."
② B : "조직 문화 가이드를 이끄는 특정 개인의 성향이나 기질의 영향을 받을 수도 있으니 유의해야겠어."
③ C : "리더에 의해 좌우지되지 않는 수평적 관계를 성립할 수 있겠는걸?"
④ D : "리더의 영향력이 작아지면 리더가 바뀌어도 내부 규범이 변하지 않겠구나!"
⑤ E : "치우치지 않은 균형적 조직 문화를 정착이 가능하고, 조직 분위기 쇄신에도 기여할 수 있겠어."

29 다음에서 설명하는 개념에 해당되는 것은 무엇인가?

> 보스턴 컨설팅 그룹이 개발한 사업포트폴리오 분석기법으로, 시장 성장성과 시장 점유율에 따라 사업을 Star, Cash cow, Question mark, Dog의 4가지로 구분하며, 기업의 경영전략 수립에 기본적인 분석도구로 활용된다.

① SWOT분석   ② STP전략   ③ 양적 완화 정책   ④ BCG매트릭스   ⑤ 출구전략

30 조직 내에서 다양한 문제 또는 어떤 한 가지 문제에 대해 조직원들이 모여 다양한 해결책을 제시하고 가장 좋은 방법을 찾는 의사결정 방법을 '브레인스토밍'이라고 한다. 다음 각 구성원들의 태도 중 브레인스토밍에 대한 태도로 적합하지 않은 것은?

① A : 브레인스토밍은 분위기가 중요해요. 자유분방한 분위기에서 실행되어야 합니다.
② B : 자유로운 분위기이지만 시간 제한은 두어야 해요.
③ C : 시간 제한뿐만 아니라 너무 엉뚱한 아이디어에 대해서는 상사나 선배의 조언도 필요합니다.
④ D : 브레인스토밍에서 중요한 건 질보단 양이에요. 가능한 많은 아이디어를 제출하도록 하세요.
⑤ E : 브레인스토밍이 잘 될 수 있는 장소를 선택해야겠어요.

THE REAL

K
R
C

취업의 합격 신화 | 에듀크라운

Chapter 10 / 직업윤리

STEP 01   유형 분석

✿ 유형을 철저히 분석하여 개념 이해와 기초 실력을 다지는 단계

유형 특징

- 근면한 자세나 성실한 태도에 대한 문제
- 기업 경영에 필요한 윤리 의식을 묻는 문제
- 비즈니스 매너로 적합한 사례를 고르는 문제
- 명함을 주고받을 때의 매너에 대한 문제
- 직장 내에서 e-mail을 주고받을 때의 예절에 관한 문제
- 직장 생활에서의 성 예절에 관해 묻는 문제
- 직장 내 성희롱 문제의 유형과 예방법에 관해 묻는 문제

유형 준비 전략

- 원만한 직업 생활을 위해 필요한 태도나 매너, 기본적인 윤리 의식을 확인하는 문제가 주로 출제된다.
- 일반적인 윤리와 직업윤리 사이의 선택과 같은 개인의 가치 판단 및 대처법을 확인하도록 한다.
- 직업인으로서 지켜야 할 기본적인 비즈니스 예절을 익혀 두도록 한다.
- 특히 직장 내 성희롱에 관해 묻는 문제가 비중 있게 출제되므로 법률 지식을 바탕으로 사례를 익혀 두도록 한다.

STEP 02 유형 공략 문제

01 다음 중 'SERVICE'에 숨어있는 의미로 적절하지 않은 것은?

① Smile&Speed   ② Respect   ③ Various

④ Courtesy   ⑤ Excellence

02 다음 중 고객을 응대하는 방법이 적절한 사람은?

① A는 개인적인 급한 용무가 생겨서 전화 통화를 하였다.
② B는 회의 규칙보다는 고객의 만족에 따라 손님을 응대하였다.
③ C는 고객이 있는데 화장이 번진 것을 보고, 바로 화장을 고쳤다.
④ D는 고객의 불만에 자신은 잘 모르겠으니 윗분에게 물어보라고 대답하였다.
⑤ E는 고객이 매장에 있는데 나와는 관계없다는 태도로 뒷짐을 지고 서 있었다.

03 다음 상황에 대한 설명으로 적절하지 않은 것은?

> 한 항공사에서는 승객들이 비행기를 탔을 때 접시가 지저분한 경우, 그때부터 자신들이 탄 비행기 자체가 더럽다고 생각한다는 것을 알게 되었고, 이후에 접시를 비롯한 좌석과 주변을 깨끗하게 유지하며 승객들이 불편을 느끼지 않도록 세세한 곳까지 신경 썼다.

① 고객이 호불호를 느끼는 순간은 15초 정도로 매우 짧다.
② 기업의 이미지는 그동안 쌓아온 광고와 마케팅의 결과이다.
③ 결정적 순간은 고객이 기업의 어떤 측면과 접촉하는 순간을 의미한다.
④ 서비스 상품을 구매하는 동안의 모든 고객 접점 순간을 관리해야 한다.
⑤ 고객과 상호작용에 의해 순발력 있게 서비스가 적용되도록 시스템을 갖추어야 한다.

04 다음 중 MOT에 대한 설명으로 거리가 먼 것은?

① 소비자들은 서비스 요원이 윗사람에게 결재할 시간을 기다려주지 않는다.
② 고객 접점에 있는 서비스 요원들에게 권한을 부여하고 강화된 교육이 필요하다.
③ MOT에서 고객의 기대를 충족시키지 못하더라도 다른 고객 가치 요소들을 통해 상쇄할 수 있다.
④ 고객이 매장에 들어서서 구매를 결정하기까지의 짧은 시간으로 서비스 품질에 관해 인상을 얻을 수 있는 순간이다.
⑤ 고객과 서비스 요원 사이의 15초 동안, 고객 접점에 있는 최일선 서비스 요원은 우리 기업의 가치를 고객에게 입증시켜야 한다.

05 인사과 팀장인 귀하에게 어느 날 타 부서 팀원인 여직원으로부터 메일이 도착하였다. 다음 중 직장 내 성희롱에 해당하는 행동은 무엇인가?

> 정○○ 팀장님께
>
> 팀장님 안녕하세요.
> 다름이 아니오라 지난주 있었던 저희 팀과 함께 있었던 회식자리에서 박 대리님이 제게 한 행동 중 오해할 만한 것이 있어 메일을 드립니다.
> 팀장님도 아시다시피 박 대리님이 ① 평상시 반말을 섞어서 말하시는 편이잖아요. 이것이 친근감의 표현이라고 생각하시는 것 같습니다. 이뿐 아니라 ② 자꾸 저에게 커피 타기를 강요합니다. ③ 가끔은 '아줌마'라고 부르며 ④ 잔심부름을 시키시는데 기분이 나쁘지만, 내색은 하지 않았습니다. 그러다 이번 회식이 끝나고 돌아가는 길에 방향이 같아 같이 택시를 타게 되었는데, 저에게 요즘 운동하는 자신의 모습이라며, ⑤ 상반신 탈의 사진을 보여주시는 것이 아니겠습니까? 거의 전신 노출에 가까운 사진을 보고, 순간 성적 수치심이 들어 불쾌했지만 박 대리님께 직접적으로 말할 수는 없었습니다.
> 팀장님의 의견을 듣고 싶습니다.
> 답변 부탁드립니다.

06　다음은 사원들이 모여 인사 예절에 관해 이야기하는 대화의 일부분이다. 예의에 어긋나지 않는 행동을 한 사람은 누구인가?

> (ㄱ) 나는 처음 만나는 윗사람에게 먼저 목례한 후, 내가 먼저 악수를 청했어.
>
> (ㄴ) 나는 타 부서의 여사원과 악수를 할 때 세게 쥐거나 흔들지 않았어.
>
> (ㄷ) 나는 복도에서 통화 중에 상사를 마주치고 손을 흔들어 인사를 했어.
>
> (ㄹ) 나는 복도에서 윗사람을 만나고 주머니에 넣었던 손을 빼고 인사를 했어.

① (ㄱ), (ㄴ)　　　　　　② (ㄴ), (ㄹ)　　　　　　③ (ㄱ), (ㄴ), (ㄹ)

④ (ㄴ), (ㄷ), (ㄹ)　　　　⑤ (ㄱ), (ㄴ), (ㄷ), (ㄹ)

07　다음 중 예의에 어긋난 행동은 무엇인가?

> 입사 동기인 J씨는 귀하보다 연장자이다. 그래서 ㉠ 평상시에 이름 뒤에 '님'자를 붙여 부르고 있다. 아침에 회사 복도에서 만난 ㉡ 입사 동기인 J와 상사 P에게 같은 자세로 먼저 정중하게 인사했다. ㉢ 인사를 할 때에는 3보 정도의 앞에서 멈춰서서 인사하였고, ㉣ 말 인사를 함과 동시에 고개인사를 하였다. ㉤ 이후 오가는 복도와 엘리베이터 등에서 계속 마주치자 가벼운 목례 정도로 인사를 대신하였다.

① ㉠　　　　　② ㉡　　　　　③ ㉢　　　　　④ ㉣　　　　　⑤ ㉤

08　다음은 갑작스러운 부고 소식을 듣고 장례식에 참석하게 된 사원 P씨의 상황이다. 다음 중 적절하지 않은 것은 무엇인가?

> 갑자기 들은 부고 소식에 미리 검은 정장을 준비하지 못했던 P씨는 급하게 ㉠ 회색 양복을 입고 안에는 무채색 계통의 와이셔츠를 입은 후 장례식에 참석하였다. 장례식장에 가서 ㉡ 분향을 할 때에는 손으로 흔들어 불을 끄고 ㉢ 고인의 영정 앞에서 재배를 한 후 조문을 하였다. ㉣ "안녕하세요. 삼가 고인의 명복을 빕니다." 라는 인사와 함께 악수를 청하고 ㉤ 나오는 길에 조의금을 전달하였다.

① ㉠　　　　　② ㉡　　　　　③ ㉢　　　　　④ ㉣　　　　　⑤ ㉤

09 다음 중 고객서비스 시 금지행위가 아닌 것은 무엇인가?

① 고객 앞에서 음식물을 먹는 행위
② 고객이 있는데 화장을 고치는 행위
③ 고객의 앞에서 서류를 정리하는 행위
④ 무더운 여름날 옷을 벗거나 부채질을 하는 행위
⑤ 시간이 걸리더라도 다른 해결방법을 찾아보는 행위

10 다음 중 올바른 인사 예절은 어떤 것인가?

① 악수를 할 때 장갑은 벗지 않아도 된다.
② 악수는 오른손으로 청하는 것이 원칙이다.
③ 상대가 악수를 청할 때는 무조건 일어나야 한다.
④ 악수를 할 때는 상대의 나이나 직급에 구애받지 않는다.
⑤ 악수는 우정의 표시인 만큼 손을 두 손으로 꽉 잡고 흔든다.

11 다음은 직장 내에서 지켜야 할 이성과의 관계를 항목화한 것이다. 적절하지 않은 것은 무엇인가?

① 여사원의 용모를 비판하지 않는다.
② 상사의 성별에 따라 달리 행동하지 않는다.
③ 호의적인 여사원의 심리와 태도를 간파하여 활용한다.
④ 주부 여사원에게 인생 선배에 대한 예우와 배려를 한다.
⑤ 여성은 남성에게 신체 접촉 및 용모에 관한 언급을 하여도 괜찮다.

12 다음 중 직장 내에서 발생할 수 있는 성희롱의 유형이 다른 것은 무엇인가?

① 점심 시간이 끝난 후, 피곤하다며 안마를 강요하였다.
② 회식 자리에서 직장 상사가 옷차림에 대해 평가하였다.
③ 회식 자리에서 어깨를 밀착하며 특정 신체 부위를 쳐다보았다.
④ 업무를 보고하는 자리에서 수고했다며 엉덩이 등 신체 부위를 만져 수치심을 느꼈다.
⑤ 회식 자리에서 입맞춤이나 포옹, 뒤에서 껴안기 등의 원하지 않은 신체적 접촉을 하였다.

13 다음은 상사의 장례식장에 가게 된 S사원의 상황이다. 평상시 장례식장에 갈 일이 적었던 S사원은 조문을 가기 전 귀하에게 주의할 점을 물어보았다. 다음 조언한 내용 중 예의에 어긋나는 것은 무엇인가?

① 검정색 상의가 가장 좋지만, 어두운 무채색도 괜찮아.

② 스커트는 폭이 넓은 것이 적절하고, 필히 스타킹이나 양말을 착용해서 맨발을 보이지 않도록 해야 해.

③ 재배를 하는 것이 기본이지만, 상가의 종교에 맞춰 기도나 묵념으로 대체하는 경우도 있어.

④ 절을 하고 물러난 후에는 아무 말 없이 물러나도 괜찮아.

⑤ 만약 그냥 물러나는 것이 어색하다면 상주에게 근황을 묻고, 사망 원인을 여쭈어보면 돼.

14 다음은 직장 내의 성희롱과 관련된 사례이다. 이 중 성희롱에 해당하지 않는 것은 무엇인가?

① S 부장은 사무실에서 매우 재미있는 사람으로 평상시 주로 성을 소재로 농담을 많이 하지만 부서에 여직원은 B밖에 없어서 불쾌해도 같이 어울릴 수밖에 없다.

② B 사원은 팀에서 유일한 여사원으로 K 대리가 늘 커피 심부름을 시키는 것이 불쾌하지만 내색하지 못하고 있다.

③ L 팀장은 여직원 B가 일을 잘한다고 칭찬하며, 엉덩이를 툭툭 친다거나 머리를 쓰다듬는다. 여직원 B는 이것이 불쾌하지만 상사이기 때문에 참을 수밖에 없었다.

④ S 대리는 평상시 매우 젠틀한 사람이지만, 그의 컴퓨터 바탕화면이 노출이 심한 여배우의 사진이다. 옆자리의 여직원 B씨가 이를 바꾸어줄 것을 요구하였지만, 여전히 그대로이다.

⑤ K 대리가 여직원 B씨에게 일을 시킬 때면 지나치게 접근하며 어깨를 밀착하는 자세를 취하곤 한다. 여직원 B가 싫은 표정을 하였지만, 모르는 척하고 있다.

15 최근 직장 내 성희롱이 이슈가 되고 있다. 다음 중 성희롱에 관해 상사의 태도로 부적절하다고 보이는 것은 무엇인가?

① 직장 내 사원은 성별에 관계없이 공평하게 대우한다.

② 자신이 관리하는 영역에서 성희롱이 일어나지 않도록 예방에 힘쓴다.

③ 특정인을 염두에 두지 않은 발언이라도 성적 불쾌감을 주지 않도록 주의한다.

④ 단 1회의 성적 언동으로 피해자가 불쾌감을 표현하는 경우는 재발될 때까지 기다린다.

⑤ 성희롱을 당하면서도 거부하지 못하는 피해자가 있다는 것을 알면, 방관하지 말고 중지시켜야 한다.

16 다음은 직업에 종사하는 과정에서 요구되는 특수한 윤리규범이다. 적절하지 않은 것은?

① 직업을 가진 사람이라면 반드시 지켜야 한다.
② 직장 내에서 참여와 협동을 하는 것을 의미한다.
③ 공익 정신과 공동체 의식을 가지며 업무에 임한다.
④ 자신이 맡은 일에 대한 존중을 바탕으로 성실하고 정직하게 근무한다.
⑤ 기본적으로 개인윤리를 바탕으로 성립되기 때문에 서로 충돌하지 않는다.

17 다음 중 직업윤리와 개인윤리가 조화로운 상황을 바르게 묶은 것은?

> ㉠ A씨는 규모가 큰 공동의 재산을 관리하게 되어 정확하고 투명한 일처리를 하기 위해 노력한다.
> ㉡ B씨는 경찰관으로서 직업에 긍지를 가지고 필요한 상황에서는 타인에 대한 물리적 행사도 행한다.
> ㉢ C씨는 공동 작업을 통해 업무가 수행되는 것이므로 개인의 맡은 바만 완수하면 업무를 잘 수행했다고 생각한다.
> ㉣ D씨는 업무상 개인의 판단과 행동이 사회적 영향력을 줄 것 같아 다수의 이해관계자를 고려하여 업무를 수행한다.

① ㉠, ㉡   ② ㉡, ㉢   ③ ㉠, ㉡, ㉣
④ ㉡, ㉢, ㉣   ⑤ ㉠, ㉡, ㉢, ㉣

18 다음 중 직업윤리의 의미와 특징으로 적절하지 않은 것은?

① 전문가로서 능력과 의식을 가지고 자기 업무에 성실히 임한다.
② 개인윤리가 실천적 규범이라면, 직업윤리는 원리적 규범이다.
③ 자신이 사회와 기업을 위해 중요한 일을 하고 있다고 믿고 역할을 수행한다.
④ 업무와 관련하여 숨김없이 정직하게 수행하고, 신뢰를 유지하기 위해 노력한다.
⑤ 업무의 공공성을 바탕으로 공사구분을 명확히 하고 모든 일을 투명하게 처리한다.

19 다음 중 개인윤리와 직업윤리가 조화를 이루지 못한 경우는?

① 직무에서 오는 특수한 상황에서 직분을 실천하려는 노력을 하였다.

② 기업 내에서 경쟁력을 키우기 위하여 해당 분야의 지식과 교육을 소홀히 하지 않았다.

③ 직무에서 오는 특수한 상황에서 개인윤리와 직업윤리가 충돌할 때 직업윤리를 우선하였다.

④ 기업에서 규모가 큰 공동의 재산을 관리하게 되어 최대한 기업의 이익을 남길 수 있도록 관리하였다.

⑤ 직업적 활동이 개인적 차원에서만 머무는 것이 아니라 사회 전체의 안정에 매우 중요하다고 생각하며 업무에 임한다.

20 다음 중 직업윤리에 대한 설명으로 옳지 않은 것은?

① 공사 구분, 동료와의 협조, 책임감, 성실성 등이 포함된다.

② 인간 존중을 바탕으로 봉사하고 책임감을 느끼며 업무에 임한다.

③ 고객에 대한 봉사를 최우선으로 생각하고 현장 중심으로 일을 한다.

④ 자신의 일이 아무나 할 수 있는 일이 아니라는 믿음을 갖고 직업을 수행한다.

⑤ 직장에서의 집단 관계에서도 가족관계, 친분 관계와 같은 측면의 배려를 한다.

21 다음 상황에서 성희롱에 해당하지 않는 것은 무엇인가?

> 아직 사회 경험이 부족한 사원 S는 전략기획부에 여자는 자신 혼자뿐이라서 다른 남자 사원들과 어울릴 수밖에 없는 처지이다. 평상시 ① 김 과장님은 사원 S의 외모에 대해 지적이 많다. 또한 보고서를 제출하면 ② 격려한다는 명목으로 엉덩이를 툭툭 치는 것이 불쾌하지만, 상사이기 때문에 참을 수밖에 없다. ③ 회식 자리에서는 "여자가 따라야 제맛"이라며 술을 따르도록 강요하였고, ④ "얼른 시집가야지. 여자는 내조만 잘하면 돼."라고 말하는 것을 듣고 있을 수밖에 없었다. 노래방에서는 ⑤ 뒤에서 껴안으며 노래를 함께 불렀는데, 싫은 내색을 하였지만 모르는 것 같았다.

22 귀하의 회사에서는 바람직한 직장 문화를 위하여 성희롱 예방 캠페인을 시작하였다. 다음 중 적절하지 않은 내용은 무엇인가?

① 가부장적 문화를 벗어나는 것이 필요합니다.
② 여성만의 특징을 살릴 수 있는 업무를 제공해야 합니다.
③ 처리 후에는 반드시 피해자에게 결과를 통보해야 합니다.
④ 가해자에 대해서는 피해자가 납득할 만한 조치를 취해야 합니다.
⑤ 성희롱 문제는 사후 해결책보다는 사전 예방책을 세워야 합니다.

23 다음 상황에서 귀하가 취할 수 있는 적절한 자세는 무엇인가?

> ○○회사의 P 부장이 계열사 직원에게 외설적인 사진을 보여준다거나 의도적으로 신체 접촉을 하는 것을 발견하였다. 또한 채용을 위한 면접 과정에서도 성적 굴욕감을 느끼게 하는 질문들을 피면접인에게 하였다.

① 계열사 직원에게 한 행동의 경우 성적 추근거림으로 보이지만, 같은 사업주가 아니므로 일단 지켜본다.
② 계열사 직원이 아무 말 하지 않았기 때문에, 괜찮은 것으로 보고 넘긴다.
③ 피면접인이 불쾌감을 표현하였으나, 면접의 상황임을 감안하여 그냥 넘어간다.
④ 면접을 보는 과정에서는 정식으로 채용되기 전이라 관계가 없으므로 넘어간다.
⑤ P 부장에게 성희롱에 대한 인식을 환기시키고, 면접의 과정에서도 성희롱이 될 수 있으므로 제지한다.

24 다음 중 성희롱으로 보기 어려운 것은 무엇인가?

① 여자 A 부장 : (남성 사원에게) 남자는 힘이지. 저기 생수통 좀 옮겨줘.
② 여자 B 부장 : (남성 사원의 가슴을 만지며) 운동 많이 했나 봐. 여자인 나보다 가슴이 더 큰 것 같아.
③ 여자 C 과장 : (남성 사원의 어깨를 쓸며) 역시 남자는 어깨가 넓어야 보기 좋아.
④ 남자 D 과장 : (남성 사원을 뒤에서 가슴을 껴안으며) 오늘따라 기운이 없는 것 같아. 여자친구랑 밤에 뭐했어?
⑤ 남자 E 부장 : (여성 사원의 볼을 꼬집으며) 보고서 아주 잘 썼어. 귀여워해 줘야겠네.

25 다음 중 〈보기〉의 문제점을 해결하기 위해 제시할 수 있는 자세로 적절한 것은 무엇인가?

| 보기 |

  부패 인식 지수는 공무원과 정치인이 얼마나 부패해 있는지에 대한 정도를 비교하여 국가별로 순위를 매긴 것이다. 국제투명성기구에서 조사한 자료에 의하면 지난해 한국의 부패인식지수(CPI)는 100점 만점에 56점, 168개국 중 37위의 하위권으로 경제 규모에 걸맞지 않은 성적표에 낯부끄러울 정도다.

① 공동체와 국가의 공사를 넘어서 사적 일을 우선시한다.

② 회사 내의 청렴한 문화 의식을 세우기 위하여 회식 자리를 마련하였다.

③ 공직자들은 바른 마음과 정성을 다하여 직무에 걸맞는 행동을 한다.

④ 직무 관련성이 있지만, 대가성이 없기 때문에 금품 수수를 해도 괜찮다.

⑤ 부당한 방법으로 공익을 추구하려고 하지 않고, 개인의 이익과 조화를 이루도록 한다.

실전모의고사

THE REAL

K

R

C

취업의 합격 신화 | 에듀크라운

실전모의고사

95문항/80분

주요 공사 · 공단의 최근 출제 경향을 분석하여 유사한 유형과 난이도로 구성하였습니다.

01 다음 밑줄 친 단어와 유사한 의미를 가진 단어는?

> 세종이 고루(固陋)한 보수주의적 유학자들에게 한글창제의 뜻을 굽혔던들, 우리 민족 최대 걸작품이 햇빛을 못 보고 말았을 것이 아니겠는가?

① 몽매(蒙昧)한   ② 유치한
③ 버르집는   ④ 살가운
⑤ 융통성없는

02 다음 밑줄 친 단어와 반대되는 의미를 가진 단어는?

> 하늘에는 성근 별
> 알 수도 없는 모래성으로 발을 옮기고,
> 서리 까마귀 우지짖고 지나가는 초라한 지붕
> 흐릿한 불빛에 돌아앉아 도란도란거리는 곳
> – 그곳이 차마 꿈엔들 잊힐리야

① 시나브로   ② 고즈넉한
③ 곰비임비   ④ 조밀한
⑤ 괴란쩍은

03 제시된 단어 중 3개의 단어와 공통 연상되는 단어를 고르시오.

> 타일, 물. 공기, 온도, 가죽, 땅, 종이, 손(手), 네모

① 기온   ② 우주
③ 바다   ④ 오염
⑤ 반지

[04~05]   다음 빈칸에 들어갈 적절한 단어를 고르시오.

04

> 구속(拘束) : 속박(束縛) = 납득(納得) : (   )

① 찬성(贊成)   ② 획득(獲得)   ③ 요해(了解)   ④ 고무(鼓舞)   ⑤ 체득(體得)

05

> 네티즌 : 누리꾼 = 유비쿼터스 : (   )

① 참살이   ② 근거리무선망   ③ 정보막대   ④ 두루누리   ⑤ 시나브로

06   다음 중 한글맞춤법에 맞는 것은?

① 숫탉   ② 수강아지
③ 숫양   ④ 수돼지
⑤ 숫평아리

[07~08]   다음 지문을 읽고 이어지는 문제에 답하시오.

경제학은 인간의 합리성을 강조한다. 일반적으로 경제 법칙은 합리적인 사람이 많고 국민의 의식 수준이 높은 사회에 잘 적용되는 법칙이다. 따라서 아무리 경제 정책이 좋다고 하더라도 그 구성원의 자질이 떨어질 때는 좋은 결과를 기대할 수 없다. 그리고 경제 문제에 대한 과학적 분석과 처방이 나왔다 하더라도 경제 동향에 미치는 민심의 흐름이나 경제 사회 분위기에 대한 면밀한 검토 없이 현실 사회에 그 처방을 물리적으로 적용해서는 안 된다. 경제의 방향은 민심의 향방에 크게 좌우된다.

경제학은 인간의 합리성을 가정하나 동물 근성도 잘 감안하지 않으면 안 된다. 인간은 쉽사리 감정적이 되며, 경제 사회가 불안할수록 동물 근성이 잘 발동된다. 이런 의미에서도 경제 안정은 근본 문제가 된다. 그리고 경제는 이러한 인간의 경제 행위를 바탕으로 하므로 그 예측이 어렵다. 가령 일기 예보의 경우에는 내일의 일기를 오늘 예보하더라도 일기가 예보 자체의 영향을 받지는 않는다. 그러나 경기 예측의 경우에는 다르다. 예를 들어, 정부가 경기 침체를 예고하면, 많은 사람들은 이에 대비하여 행동을 하고, 반대로 경기 회복을 예고하면 또한 그에 따라 행동하기 때문에 경기 예측 그 자체가 경기 변동에 영향을 미친다. 따라서 예측이 어느 정도 빗나가는 것이 보통이다. '될 것이다.' 또는 '안 될 것이다.'와 같은 예측은 이른바 '자기 실현적 예언'이 될 소지가 크다.

경제 문제는 인간의 가치 판단과도 긴밀한 관계가 있다. 가령 '갑'은 젊고 유능하며 부양 가족이 없는데도 많은 봉급을 받는 데 비하여, '을'은 늙고 무능하나 많은 식구를 부양하는데도 적은 봉급을 받는 경우, 양자의 소득 격차를 어떻게 할 것인가, 그리고 집값이 집 없는 사람의 봉급보다 빨리 상승한다든가, 고급 주택의 건설이 많아진다든가 할 때, 주택 정책을 어떻게 수립할 것인가 하는 문제 등은 감정이나 가치 판단에 따라 좌우될 소지가 크다.

07 윗글에서 경제학이 고려할 사항으로 언급하지 않은 것은?

① 인간 감정   ② 합리성   ③ 가치 판단   ④ 지역 경제   ⑤ 경제안정

08 윗글의 내용과 일치하지 않는 것은?

① 경제 법칙은 국민 의식이 높을수록 잘 적용된다.
② 인간은 경제가 불안할수록 동물 근성이 발동된다.
③ 경제 문제는 인간의 가치 판단과는 특별한 관계가 없다.
④ 경제의 방향은 민심의 향방에 크게 좌우된다.
⑤ 주택정책은 감정이나 가치 판단에 좌우될 여지가 있다.

09 정부 홈페이지에 '산업 기술 유출 방지를 위한 관련법 제정'을 요청하는 건의문을 쓰고자 한다. 글쓰기 계획을 구체화한 것으로 적절하지 않은 것은?

[독자 분석]
- 정부는 국가 발전을 위한 다양한 법률을 마련하며 국민들의 청원을 심사하고 처리한다.
- 정부는 산업 기술이 경쟁국에 유출되는 상황을 크게 우려하고 있다.

[전략 수립]
- 설득 효과를 높이기 위해 산업 기술 유출이 국가 경쟁력에 큰 손실을 초래할 수 있음에도 불구하고 이를 방지하기 위한 관련 법률이 미비함을 지적하고, 정부의 역할을 환기한다. ······································· ①

[자료 수집]
- '산업 기술 유출 사례', '산업 기술 유출에 따른 경제적 손실', '산업 기술 유출 방지를 위한 관련 법률의 허술함' 등을 자료로 제시한다. ····················· ②

[내용 선정]
- 산업 기술 유출에 따른 국내 산업의 피해 문제, 산업 기술 유출 방지를 통한 국가 경쟁력 제고 등을 개선 사항으로 제시한다. ····················· ③
- 산업 기술 유출 방지법이 산업 기술 부문에 종사하는 사람들의 도덕성도 함양해 줄 것이라는 점을 제시한다. ····················· ④
- 산업 기술 유출 방지법이 국익에 여러 가지로 도움이 되므로 관련법을 하루빨리 제정할 것을 촉구한다. ····················· ⑤

[조직]
- '사례를 활용한 문제 제기 – 요구 사항 – 기대 효과 – 촉구'의 순서로 구성한다.

[표현]
- 공식적인 문서이므로 언어 예절을 갖추어 정중하게 표현한다.
- 요구 사항이 잘 드러나도록 분명한 어조로 표현한다.

10 '한국 사회의 고령화 현상'에 관한 보고서를 쓰기 위해 다음과 같은 메모를 작성하였다. 주제와 조건에 맞게 메모를 활용한 것으로 적절하지 않은 것은?

- 주제 : 고령화 사회의 도래에 따른 제반 문제점을 인식하고 이에 대한 합리적인 대책을 강구하자.
- 조건 : '서론 – 본론 – 결론'을 전체 구성으로 하고, 본론은 세 문단으로 구성한다.

1. 고령화 사회의 원인
   – 농업 사회에서 산업 사회로의 변화에 따른 출산율 저하
   – 의료 기술의 발달로 인한 평균 수명의 증가
2. 고령화 사회의 정의
   – UN에서는 노인 인구 비율 7% ~ 14%를 고령화 사회, 15% ~ 21%를 고령 사회, 22% 이상을 초고령화 사회로 분류하고 있음.
   – 한국은 2000년에 이미 65세 이상 노인 인구 비율이 7.2%를 넘어섬.
3. 고령화 사회의 문제점
   – 경제적으로 무능력한 노인들의 빈곤 및 질병 문제 발생
   – 공적 연금 보험료와 공적 부조 증가, 보험료 인상에 따른 경제적 부담 증대
   – 노인 부양비 증가에 따른 가족 간의 갈등과 소외 문제 발생
4. 고령화 사회의 도래에 대한 대책
   – 중산층 · 서민층에 대한 노인 복지 시설과 의료 시설의 수혜 범위 확대
   – 연금 제도 내실화를 통한 장기적 재정 안정 대책 수립
   – 사회적으로 노인 인력의 효율적 활용 방안 모색
5. 고령화가 국가 경제에 미치는 영향
   – 노동 시장에서 노동 인력 공급 감소로 인한 생산력 저하
   – 고령화에 따라 총저축이 감소되면, 투자 위축 등 경제 성장 둔화 요인으로 작용

---

① '1'은 본론의 첫 문단에서 활용하되, 고령화 사회의 도래가 왜곡된 산업 구조로의 변화 때문에 발생한 현상임을 부각시켜 서술한다.

② '2'는 서론에서 활용하되, 고령화 사회에 대한 대책이 시급하다는 점을 강조하는 주요 화제로 제시한다.

③ '3'은 본론의 둘째 문단에서 활용하되, 고령화 사회의 도래에 따른 문제점을 개인적 문제와 사회적 문제로 구분하여 서술한다.

④ '4'는 결론에서 활용하되, 고령화 사회에 대한 대책이 국가 주도로 이루어져야 할 뿐 아니라 노인 인력을 바라보는 기업들의 시각도 달라져야 함을 서술한다.

⑤ '5'는 본론의 셋째 문단에서 활용하는 것이 적절하다.

11 다음 중 아래 내용을 잘못 이해하고 있는 사람은 누구인가?

---

1. 기사 주요내용

국민연금이 분식회계를 한 혐의로 검찰 조사 중인 대우조선해양 관련 2,400억 원 손실로 손해배상 청구 소송을 제기

2. 설명내용

- 국민연금공단은 투자기업인 대우조선해양이 지난 4월 14일자로 2013년 및 2014년 사업연도의 재무제표를 정정 공시함에 따라

  – 거짓 기재된 대규모 영업이익 공시 및 사업보고서에 기초해 해당기업 발행주식 등에 투자한 사정을 감안하여

  – 대우조선해양과 당시 경영진, 그리고 해당사 외부감사인인 안진회계법인을 상대로 손해배상청구 소송을 제기함.

- 다만, 일부 기사에서 인용하는 대우조선해양 손실액 2,400억 원은 특정 기간(2013년 1월 1일부터 2016년 3월 31일)의 장부상 평가액 변화 등을 나타내는 것으로, 실제 발생한 손해액과는 차이가 있음.

  – 법률적 검토에 따라, 영업이익 등이 과대 계상된 재무제표에 근거해 투자를 하게 된 2014년 3월 31일을 부실회계로 인한 손실 발생 기산점으로 가정할 경우, 국민연금이 청구 가능한 손해배상 요구액은 약 5백억 원 수준임.

  – 손해배상 청구가능금액 및 투자손실액은 분식회계 의혹이 있는 2012년 및 2013년의 편입 여부 등에 따라 기간별 매매손익, 시점별 보유 수량과 기준 주가가 달라지면서 차이가 발생함.

- 현재 금융감독원이 회계감리를 진행하고 있고 사법당국이 수사 중에 있어, 향후 관련 경과에 국민연금의 손해배상 청구 범위 등은 달라질 수 있음.

---

① 지현 : 국민연금공단이 소송을 제기한 것은 대우 조선해양이 잘못된 재무제표를 공시해서 벌어진 일이군.

② 설현 : 국민연금공단이 입은 손실액은 2,400억 원으로 실제 발생된 손해액이구나.

③ 혜리 : 대우조선해양과 경영진, 안진회계법인을 상대로 소송을 시작했군.

④ 이특 : 국민연금이 청구 가능한 손해배상 요구액은 약 5백억 원이나 되네.

⑤ 하라 : 금융감독원의 회계감리 결과에 따라 손해배상 청구 범위가 달라질 수도 있군.

12 '노사 화합을 위한 노력'이라는 주제로 글을 쓰기 위해 개요 (가)를 작성하였다가 (나)로 고쳤다. 개요를 (가)에서 (나)로 고친 까닭으로 가장 적절한 것은?

(가)	(나)
서론 : 산업 현장의 평화가 어느 때보다 중요한 시기이다. 본론 : 1. 한국의 경제 상황 　가. 한국 경제의 장기 침체 　나. 지금 세계는 무한 경쟁 시대 　다. 1인당 GNP 2만 달러 진입에 실패하는 한국 경제 2. 노사 화합과 국민 통합 　가. 기업은 투명 경영을 해야 한다. 　나. 노동자는 현장에서 열심히 일해야 한다. 　다. 노사 상호 간에 불신 및 극한 투쟁이 없어야 한다. 결론 : 역지사지를 통한 노사 화합으로 선진국에 진입해야 한다.	서론 : 노사의 극한 투쟁 상황 본론 : 1. 노사 분규의 원인 　가. 노동자의 측면 　　– 생존권 보호 　　– 노동자의 권리 회복 　나. 사용자의 측면 　　– 효율적인 기업 경영 　　– 기업의 목적은 이윤 추구 2. 노사 화합을 위한 적극적 노력 　가. 노사의 노력 　　– 운명 공동체임을 인식할 필요성 　　– 역지사지의 태도 　나. 정부의 중재 　　– 자율적인 해결 유도 결론 : 노사 화합을 위한 자세와 노력

① 책임 주체의 입장과 역할을 강조하려고
② 주제에 대한 명확한 관점을 내세우려고
③ 문제 해결이 시급하다는 것을 강조하려고
④ 치열한 국제 경쟁의 실태를 부각시키려고
⑤ 정치와 경제 상황의 심각성을 강조하려고

13 다음 대화를 읽고 빈칸에 들어갈 말로 옳은 것을 고르시오.

> A: 공부 잘 되어가니?
> B: 응, 그럭저럭. (   )
> A: 나는 아직 제대로 준비하지 못했어. 마음만 급하네.
> B: 응, 그렇구나. 그래도 우리 좋은 결과를 기대해보자.

① 최선을 다하는 거지. 너는 어때?
② 최선을 다하는 거지. 너는 잘 지냈지?
③ 최선을 다하는 거지. 어제 뉴스 봤니?
④ 최선을 다하는 거지. 지금 뭐하니?
⑤ 최선을 다하는 거지. 그런데 이게 뭐야?

14 다음 글의 주제로 적당한 것은?

> 근로기준법은 최저 임금제의 보장과 작업 환경의 개선을 규정하고 있는 약자 보호의 기본 장치이다. 그러나 이 법은 실천이 미온적이어서 유명무실할 때가 많다. 이것은 노동 3권의 보장을 목적으로 삼는 노동조합법도 마찬가지이다. 이 법률들은 약자를 직접적으로 보호한다기보다 약자 자신들의 결합으로 강자에게 대항할 수 있도록 한 것이 특징이다. 그러므로 이 법은 자유 시장 경쟁의 논리를 벗어나지 못하고 있으며, 노·사 쌍방이 모두 합리적 태도를 취하지 않을 경우에는 큰 성과를 내기가 어렵다.
>
> 근로자들의 단결된 힘에 밀려서 마지못해 그들의 처우를 개선하는 것은 윤리적이고 자율적인 해결이라기보다는 힘의 논리에 의한 해결이라고 보아야 할 것이다. 건강한 사회의 실현을 위해서는 분배의 주도권을 장악한 강자가 자진해서 약자에게 정당한 몫을 나누어 주는 것이 이상적이라 할 것이다. 그러나 이상은 이상일 뿐, 현실적으로 생활력이 약한 사람들의 권익을 보호해 줄 수 있는 제도의 확립이 필요하다.

① 근로기준법과 노동조합법의 통합만이 근로자의 권익을 보호할 수 있다.
② 근로자의 권익 보호를 위해 정부가 적극적으로 제도확립을 해 나가야 한다.
③ 노·사 쌍방의 합리적 태도가 필요하다.
④ 강자가 자진해서 약자에게 정당한 몫을 나누어 주는 것이 필요하다.
⑤ 근로기준법이 자유시장경쟁의 논리를 벗어나지 못하고 있다.

15 다음 중 바람직한 의사소통의 모습으로 알맞은 것은?

① 메시지를 곡해하지 않도록 노력하는 모습
② 상대방에 대해 판단하고 비판할 점을 먼저 찾는 모습
③ 말하는 사람에게 너무 집중하지 않아 부담을 주지 않는 모습
④ 나를 과소평가함으로써 상대방을 높여 주는 모습
⑤ 상대방의 의견에 대해 질책을 아끼지 않는 모습

16 다음은 구청 홈페이지 게시판에 민원 상담을 올리기 위해 작성한 글의 초고이다. 고쳐 쓰려는 내용으로 적절하지 않은 것은?

제목	불법 주차된 차들을 단속해 주세요.	작성자	정지훈

　　안녕하세요. 저는 ○○전자에 다니는 회사원입니다. ⓐ 제가 매일 출근하는 도로는 통행량에 비해 폭이 좁아 매우 혼잡합니다. 그런데 이 혼잡을 더욱 가중시키는 것이 바로 불법 주차 차량들입니다. 불법 주차 차량들이 길을 막고 있어 버스는 차도에 설 수밖에 없고, 그로 인해 차량들이 정체되어 길이 더욱 막힙니다. ⓑ 사람들이 도로를 건너거나 버스를 탈 때 사고가 날 뻔한 적도 여러 번 보았습니다.
　　ⓒ 주변에 있는 주택가의 주차 공간 부족이 이러한 상황을 불러왔습니다. 이 문제를 해결하기 위해 구청에서는 어떤 노력을 하고 계신지요? 올해 초 불법 주차를 강력히 단속하겠다는 구청 홍보물을 보고 기대했지만 여전히 상황은 나아지지 않았습니다. 오히려 불법 주차 단속 카메라를 설치한 이후에는 카메라가 찍기 어려운 보도 블록에까지 불법 주차가 이루어지고 있는 실정입니다.
　　직접 신고도 몇 번 해 보았지만 그때마다 지속적인 단속을 하겠다는 답변만 들었을 뿐 상황은 전혀 ⓓ 개선되어지지 않고 있습니다. 행인들이 안전하게 통행할 수 있도록 ⓔ 주차 금지 구역에 대한 적극적인 홍보와 노력을 보여 주시기 바랍니다.

① ⓐ : 구청 담당자가 장소를 명확하게 파악할 수 있도록 '○○빌딩 앞 도로는'과 같이 구체적으로 고쳐야겠어.
② ⓑ : 불법 주차 차량과 사고 위험 간의 인과 관계를 잘 드러내기 위해 '주차된 차량들이 시야를 가려서'와 같은 내용을 앞에 덧붙여야겠어.
③ ⓒ : '불법 주차 단속 촉구'라는 주제와 거리가 있는 내용이므로 삭제해야겠어.
④ ⓓ : 이중피동형이므로 '개선되지'로 고쳐야 적당하겠어.
⑤ ⓔ : 문장 성분 간의 호응을 고려하여 '주차 금지 구역에 대한 적극적인 홍보와 불법 주차 문제 해결에 대한 노력을 보여 주시기 바랍니다.'로 고쳐야겠어.

17 당신은 즐거운 회사 생활을 위한 일환으로 경청하는 법에 대해 고민 중이다. 효과적으로 경청하는 법으로 옳지 않은 것은?

① 상대방의 메시지를 자신의 삶과 경험에 관련시켜 생각해본다.
② 정확한 의사소통에 대한 정보 제공 및 상대방의 관점을 받아들일 수 있도록 한다.
③ 말하는 사람의 모든 것에 집중해서 적극적으로 들어야 한다.
④ 주의를 집중하고 요약하고 질문하려는 마음을 갖도록 한다.
⑤ 대화 중 '왜?'라는 질문을 자주 던져 상대방의 의견을 정확히 확인한다.

18 다음 글의 (A)와 (B) 안에 들어갈 접속사를 순서대로 나열한 것으로 적절한 것은?

> 주류 경제학에서는 인간의 욕망은 가치중립적이라고 가정하고, 소비를 통해서 이 욕망을 충족시켜 줌으로써 인간의 행복이 달성된다고 본다. (A) 불교에서는 인간의 욕망을 두 가지로 나누어서 생각한다. 하나는 인간이 생존을 유지하는 데 반드시 필요한 욕망으로 'chanda'라고 불리는데, 이는 가치중립적인 또는 좋은 의미의 욕망이다. 이를 '선욕(善欲)'이라고 한다. 다른 하나의 욕망은 흔히 '갈애(渴愛)'라고 번역이 되는 'tanha'이다. 갈애는 인간의 생존을 위해서 또는 생활을 위해서 반드시 필요한 것이 아니라 그 이상의 지나친 욕망을 말한다. 갈애는 순간적으로는 인간에게 육체적 또는 정신적 만족을 줄 수 있을지 모르나 궁극적으로는 우리의 정신과 육체를 해치는 결과를 가져오는 욕망이다.
>
> 인간의 욕망을 이렇게 선욕과 갈애로 구분하여 인식하게 되면 경제학에서처럼 반드시 소비를 통해서 욕망을 충족시키고 이 욕망 충족을 통해서 행복이 얻어진다고 보기가 어렵게 된다. (B) 소비의 증대가 아니라 적절한 소비를 통해서 또는 갈애를 줄이거나 아예 소멸시킴으로써 진정한 행복(well-being)을 얻을 수가 있다고 보아야 할 것이다.
>
> 다시 말해서 소비자의 효용체계나 가치체계를 단순히 물질적 소비에만 주로 의존하는 전통적인 경제학에서의 모형보다는 훨씬 더 발전되고 현실에 가까운 이론의 전개를 기대해 볼 수 있을 것이다.

① 그리고 – 그런데
② 그러나 – 즉
③ 그러므로 – 오히려
④ 그런데 – 오히려
⑤ 그리고 – 그러므로

19 귀하는 상사로부터 '2017년 사업계획안'에 대한 공문서를 작성하라는 지시를 받았다. 이때 문서를 작성하기 전에 유념해야 할 사항을 떠올린 것 중 적절하지 않은 것은?

① 공문서 작성 시 마지막엔 반드시 '끝'자를 붙여야겠군.
② 내용이 복잡하면 '-다음-' 또는 '-아래-'와 같은 항목을 만들어 구분해야 해.
③ 날짜 다음에 괄호를 사용할 경우 마침표를 찍으면 안되겠군.
④ 효과적인 내용 전달을 위해 표나 그래프를 활용하면 되겠군.
⑤ 복잡한 내용은 항목별로 구분할 필요가 있겠군.

20 귀하의 부서는 어떤 특정한 주제를 가지고 회의를 가질 예정이다. 다음을 읽고 밑줄 친 내용을 바탕으로 회의 중 화법을 이해한 것으로 적절하지 않은 것은?

> 화법을 보는 관점은 크게 세 가지로 구별된다. 하나는 화자가 청자에게 일방적으로 의미를 전달한다고 보는 관점으로, 청자가 피동적으로 의미를 수용하기만 하는 존재가 아니라는 점을 생각하면 화자 중심적이라고 볼 수 있다. 또 다른 관점은 화법을 통해 화자와 청자가 의미를 교환한다고 보는 관점으로, 의사소통이 단순한 의미의 교환 과정이 아니라는 점을 생각하면 이는 의사소통의 실제에 부합하지 않는다. 의사소통에 대한 또 다른 실제적인 관점은 화법을 통해 화자와 청자가 의미의 교섭과 협상을 한다고 보는 것이다. 화자는 청자의 반응을 고려하여 의미를 구성하고 청자는 화자의 의미 생성에 영향을 미치면서 자신이 또 다른 화자가 되기도 한다.

① 회의 주최자가 회의의 주제를 제시함으로써 의미의 교섭과 협상을 시작한다.
② 회의 참여자 중 하나가 회의의 주제와 관련된 소재를 제시함으로써 회의 주제의 의미를 확장한다.
③ 회의 주최자가 청자들에게 동의를 구함으로써 청자의 반응을 고려하는 상호 교섭의 과정을 보여준다.
④ 회의 주최자가 결론을 내며 의미 수용을 강조한다.
⑤ 청자들이 회의 주최자에게 동의를 밝힘으로써 회의를 마무리한다.

[21~22] 다음에 주어진 수의 규칙을 보고 빈칸에 들어갈 수로 알맞은 것을 고르시오.

21

2, 3, 6, (   ), 18, 27, 38

① 7   ② 8   ③ 9   ④ 10   ⑤ 11

22

23, 21, 25, 19, 27, (   ), 29

① 9   ② 11   ③ 13   ④ 15   ⑤ 17

23 몇 명의 직원에게 볼펜을 나누어 주려고 하는데 한 직원에게 3자루씩 나누어 주면 20자루가 부족하고, 2자루씩 나누어 주면 16자루가 남는다고 한다. 이때 볼펜의 수는 몇 개인가?

① 88자루   ② 90자루   ③ 92자루   ④ 94자루   ⑤ 96자루

24 회의에 참석한 사람들이 긴 의자에 15명씩 앉으면 12명이 서 있게 되고, 18명씩 앉으면 9자리가 빈다고 한다. 긴 의자의 개수를 a, 회의에 참석한 사람 수를 b라고 할 때 a+b의 값은?

① 124   ② 132   ③ 138   ④ 142   ⑤ 148

25 어느 기업의 전체 직원 수가 지난해에 남녀 합하여 2,100명이었다. 올해는 지난해에 비하여 남자 직원은 5%가 증가하고, 여자 직원은 3%가 감소하여 전체적으로 41명이 늘었다. 올해 이 기업의 여자 직원 수는 몇 명인가?

① 760명   ② 763명   ③ 768명   ④ 771명   ⑤ 776명

26 일정한 속력으로 달리는 어느 기차가 길이가 2,300m인 터널에 진입해서 완전히 빠져나가는 데 1분 40초가 걸렸으나 공사 중인 다리를 지날 때는 속력을 반으로 감속하여 길이 800m인 다리를 진입하여 완전히 빠져나가는 데 1분 20초 걸렸다. 이 기차의 길이는?

① 100m   ② 200m   ③ 300m   ④ 400m   ⑤ 500m

27 김대리와 박주임은 16km 단축 마라톤 대회에 참가하였다. 두 사람은 동시에 출발하여 김대리는 시속 12km로 박주임은 시속 8km로 뛰었다. 잠시 후에 출발 지점에서 8km 떨어진 반환점을 돌아오던 김대리가 반환점을 향해 뛰던 박주임과 만났을 때, 출발 지점에서 몇 m 떨어진 곳에서 두 사람이 만났는가?

① $\frac{8}{5}$ km   ② $\frac{14}{5}$ km   ③ $\frac{32}{5}$ km   ④ $\frac{7}{3}$ km   ⑤ $\frac{14}{3}$ km

28 어떤 물건을 정가에서 20% 할인하여 팔아도 원가에 대해서는 12%의 이익을 얻고자 한다. 처음 원가에 몇 %의 이익을 붙여서 정가를 매겨야 하는가?

① 32%   ② 36%   ③ 40%   ④ 48%   ⑤ 52%

29 둘레의 길이가 1.2km인 호수 공원에서 A, B 두 학생이 같은 지점에서 서로 반대 방향으로 걷기로 했다. A는 매분 80m, B는 매분 120m의 속력으로 걸어서 만났다. 이때 A가 걸은 거리는?

① 360m   ② 480m   ③ 600m   ④ 720m   ⑤ 840m

30 A 용기에는 8%의 소금물 300g, B 용기에는 12%의 소금물 300g이 들어 있다. A, B에서 각각 xg의 소금물을 반대쪽 용기에 담아 섞었더니 A, B의 농도가 같아졌다. 이때 x의 값은?

① 80g   ② 90g   ③ 100g   ④ 130g   ⑤ 150g

31　다음은 성인의 독자 유형별 독서 행동에 대한 조사 자료이다. 옳지 않은 것을 고르시오.

구분		책 종류별 독자	
		종이책 독자	전자책 독자
독서장소	집	463	285
	직장	288	114
	장소무관	205	186
	이동 시	91	172
	도서관	32	17
	기타	39	25
독서이유	지식/정보 습득	229	162
	교양/인격 형성	187	247
	시간 보내기	155	196
	위로와 평안	212	119
	업무/학업 도움	308	183
	기타	102	67
독서/도서 정보원	지인 추천	273	191
	명사/전문가 추천	72	29
	인터넷 소개/광고	144	84
	베스트셀러 목록	427	386
	드라마/영화 원작	79	3
	기타	143	12
책 입수 방법	구입	496	326
	도서관 대출	385	135
	기타	241	128

① 독서 이유로 가장 많은 것은 업무/학업 도움이 되기 때문이다.

② 도서 정보를 세 번째로 많이 얻는 것은 종이책 독자와 전자책 독자의 비율이 12 : 7이다.

③ 독서 이유 중 두 번째로 높은 것의 종이책 독자는 독서/도서 정보원에서 두 번째로 낮은 것의 종이책 독자보다 약 4배 이상 많다.

④ 직장에서 책을 읽는 사람은 도서관에서 책을 읽는 사람보다 약 8배 이상 많다.

⑤ 독서/도서 정보원에서는 종이책 독자가 전자책 독자보다 많다.

32 다음은 청소년의 요일별 시간 활동에 대한 자료이다. 이어지는 물음에 답하시오.

【 청소년의 요일별 시간 활용 】

(단위 : 분)

	평일			토요일			일요일		
	2004	2014	증감	2004	2014	증감	2004	2014	증감
필수생활시간	10:23	10:58	0:35	10:46	12:12	1:26	12:00	12:32	0:32
수면	7:47	7:56	0:09	8:12	9:05		9:19	9:24	0:05
식사 및 간식	1:27	1:43		1:26	1:51	0:25	1:33	1:51	0:18
기타 개인유지	1:07	1:19	0:12	1:09	1:15	0:06	1:09	1:17	
의무생활시간	9:40	9:08		7:16	5:46		4:34	5:00	
일(수입노동)	1:26	1:08	−0:18	1:00	1:00	0:00	0:38	0:44	
가사노동	0:22	0:22		0:36	0:40		0:49	0:41	
학습	6:10	5:57	−0:13	3:54	2:30	−1:24	1:46	2:10	0:24
이동	1:42	1:41		1:46	1:36		1:21	1:25	0:04
여가생활시간	3:58	3:54		5:58	6:02		7:26	6:29	
교제활동	0:45	0:49	0:04	0:53	0:54	0:01	0:48	0:52	0:04
미디어 이용	1:40	1:19	−0:21	2:41	2:29	−0:12	3:38	2:42	−0:56
실시간 방송(TV)	1:06	0:45	−0:21	1:56	1:41	−0:15	2:43	1:54	−0:49
종교, 문화, 스포츠	0:17	0:22	0:05	0:32	0:41	0:09	0:55	1:06	0:11
스포츠 및 레포츠	0:13	0:17	0:04	0:16	0:24	0:08	0:19	0:26	0:07
기타 여가활동	1:01	1:06	0:05	1:39	1:38	−0:01	1:55	1:30	−0:25

다음 중 청소년의 요일별 시간 활용 자료에 대해 잘못 설명한 것은?

① 2014년 필수생활시간은 2004년에 비해 모든 요일에서 증가하였다.

② 평일 의무생활시간에서 가장 큰 증감을 보인 것은 일(수입 노동) 이다.

③ 2004년 대비 2014년 총여가 시간은 줄었다.

④ 2004년 대비 2014년 의무생활시간에서 증가를 보인 요일은 없다.

⑤ 2004년 대비 2014년 토요일의 의무생활 시간은 1시간 이상 늘었다.

33 다음은 우리나라의 병원 사업자 수의 변화 추이에 대한 통계 자료 표이다. 옳지 않은 것을 고르시오.

구분	2010년		2015년	
	개인	법인	개인	법인
치과	12,527	21	14,398	55
한의원	11,029	83	12,803	163
내과/소아과	9,924	249	10,245	322
일반외과	3,989	54	4,121	84
동물병원	2,808	24	3,250	76
피부/비뇨기과	2,420	17	3,028	21
종합병원	1,306	720	1,156	1,290
이비인후과	1,928	8	2,257	94
산부인과	1,856	7	1,579	3
안과	1,319	4	1,654	8
성형외과	1,174	2	1,258	12
신경/정신과	1,136	51	1,186	58
영상의학과	225	4	195	7

① 2015년 전체 개인병원 사업자의 수는 57,130건이다.

② 2015년의 전체 법인병원 사업자의 수는 5년 전보다 약 1.9배 증가하였다.

③ 2010년 개인병원 사업자의 수가 일곱 번째로 많은 과는 5년 후 개인병원 사업자 수가 329건 증가하였다.

④ 2015년 법인병원의 사업자 수가 감소한 과는 2015년 개인병원의 사업자 수가 전체의 2.76%를 차지한다.

⑤ 2015년 개인보다 법인의 수가 더 많은 과는 종합병원뿐이다.

34 다음은 자전거 관련 교통사고에 대한 통계자료이다. 자료에 대한 설명으로 옳지 않은 것을 고르시오.

연도	발생 건수(건)	사망자 수(명)	부상자 수(명)
2002	5,546	253	5,534
2003	6,005	253	6,037
2004	6,719	260	6,777
2005	7,940	303	8,035
2006	7,922	294	7,997
2007	8,721	304	8,887
2008	10,848	313	11,112
2009	12,532	337	12,790
2010	11,259	297	11,441
2011	12,121	275	12,358

① 2002년부터 2011년까지 자전거 사고에 의한 사망자 수가 감소한 것은 총 세 번이다.

② 발생 건수에 대한 사망자 수의 비율이 가장 높은 것은 2002년이다.

③ 부상자 수가 두 번째로 많이 감소한 해의 부상자 수는 사망자 수의 약 27배이다.

④ 사망자 수가 네 번째로 많은 해의 사고 발생 건수는 부상자 수가 네 번째로 적은 해의 사고 발생 건수보다 18건 더 적다.

⑤ 사망자 수가 가장 많았던 해는 2009년이다.

35 다음은 국가별 세계 미디어 콘텐츠 점유율에 대한 표이다. 옳은 것은?

국가명	2014년	2015년
미국	598,544	626,161
일본	170,282	171,504
중국	147,377	165,265
독일	115,257	117,479
영국	93,491	96,498
프랑스	78,370	80,857
한국	51,835	54,296
캐나다	48,783	51,206
브라질	46,853	51,528
이탈리아	44,021	45,329
호주	38,183	39,391
러시아	30,833	34,100
인도	26,388	29,705
스페인	25,957	26,630
주요국 합계	1,516,174	1,589,949

① 2014년과 2015년 순위 바뀐 나라는 캐나다와 브라질뿐이다.

② 2014년과 2015년의 콘텐츠 증가율은 영국이 이탈리아보다 더 낮다.

③ 아시아권에서 세계 미디어 콘텐츠의 가장 큰 증가율을 보인 나라는 한국이다.

④ 2014년의 전체에 대한 러시아 점유율은 2015년의 전체에 대한 캐나다 점유율보다 약 1.2% 낮다.

⑤ 2014년 대비 2015년에 증가한 국가는 총 13개국이다.

36 다음은 어느 한 카페의 메뉴별 판매 정도이다. 마지막 한 잔만 더 주문을 받고 영업을 종료했을 때 총 이익이 65,000원이었다면 마지막으로 판매한 메뉴는 무엇인가?

【 카페의 메뉴 】

(단위 : 원, 잔)

메뉴	한 잔 판매가격	현재까지 판매량	한 잔당 재료(재료비)				
			원두 (300)	우유 (200)	바닐라시럽 (100)	초코시럽 (150)	카라멜시럽 (200)
아메리카노	3,000	8	○	×	×	×	×
카페라떼	3,900	4	○	○	×	×	×
바닐라라떼	4,100	3	○	○	○	×	×
카라멜마끼야또	5,000	4	○	○	×	○	○

1) 1잔당 순이익 = 판매가격 – 재료비
2) 메뉴는 4가지이며, 다른 부대비용은 고려하지 않는다.

① 아메리카노 ② 카페라떼 ③ 바닐라라떼
④ 카라멜 마끼야또 ⑤ 알 수 없다.

37 다음은 우리나라의 에너지 수입액에 대한 자료이다. 자료를 잘못 설명한 것은?

【 에너지 수입액 】

(단위 : 백만 달러)

에너지 종류	2012년	2013년	2014년	2015년
석탄	12,353	12,442	11,456	10,983
석유	128,923	130,287	145,293	139,202
천연가스	16,783	14,892	13,892	14,988
우라늄	724	779	793	813
합계	158,783	158,400	171,434	165,986

① 매년 석유는 에너지 수입액의 80% 이상을 차지한다.
② 2013년에는 천연가스 수입만 전년대비 줄어들었다.
③ 수입액에 대한 순위의 변동은 없다.
④ 에너지 수입액 합계가 가장 많은 해는 2014년이다.
⑤ 에너지 수입액이 매년 증가하는 것은 석유와 우라늄이다.

38 아래는 2000년까지 국회의원들의 당선 횟수 및 출신 지역 자료이다. 지역 비율을 일정하다고 할 때 이를 근거로 당선 횟수가 2회 이하인 국회의원 중 서울 출신은 적어도 몇 명인가?

【 표 】국회의원 당선 횟수 및 출신 지역

(단위 : 명)

당선 횟수	인 원
1회 당선	292
2회 당선	234
3회 당선	123
4회 당선	74
5회 당선	27
6회 당선	16
7회 당선 이상	29
계	795

지역	서울	경기	충청	전라	기타	계
인원	198	282	93	123	99	795

① 120명　　　② 130명　　　③ 140명　　　④ 150명　　　⑤ 160명

39 다음 표는 공기업의 주 4일 근무제 시행에 따른 가정의 변화를 조사한 것이다.

【 주 4일 근무제에 따른 가정의 소득과 소비 변화 예측 】

(단위 : 명)

항목	5	4	3	2	1
주4일 근무제가 시행되어서 가정소득이 줄어들 것 같다.	12	15	70	31	22
주4일 근무제가 시행된 후 부족한 소득 보충을 위해 다른 일을 찾아야 할 것이다.	48	42	21	29	10
소득이 줄더라도 주 4일 근무제의 실시를 찬성한다.	8	9	26	59	48
주4일 근무제가 시행되어서 가정의 소비가 늘어날 것이다.	5	6	18	110	11

5 : 전혀 그렇지 않다.　4 : 대체로 그렇지 않다.　3 : 보통이다.　2 : 대체로 그렇다.　1 : 매우 그렇다.

주4일 근무제를 실시하였을 때 그에 따른 가정의 소득이 줄어들 것 같다고 말한 비율과 가정의 소비가 늘어날 것이라고 말한 비율의 차이는 몇 %인가?

① 약 42%　　　② 약 45%　　　③ 약 48%　　　④ 약 51%　　　⑤ 약 54%

40 다음은 벼 재배면적 및 쌀 생산량 추이를 나타낸 표이다. 자료를 바르게 설명한 것은?

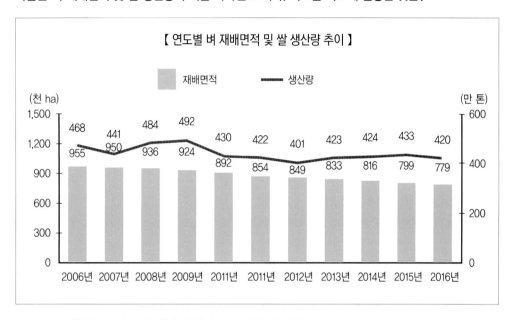

① 2006년 대비 2016년은 벼 재배 면적이 20% 이상 줄었다.
② 2012년을 기점으로 쌀 생산량은 꾸준히 늘고 있다.
③ 직전 연도보다 쌀 생산량이 늘어난 해는 총 5번이다.
④ 직전 연도보다 재배면적이 가장 많이 줄어든 해는 2010년이다.
⑤ 재배면적과 생산량은 같은 추이를 보이고 있다.

41 다음 두 명제가 참일 때, 항상 참인 명제는?

> (가) 축구를 좋아하지 않는 사람은 야구를 좋아한다.
> (나) 축구를 좋아하는 사람은 농구를 좋아하지 않는다.

① 야구를 좋아하는 사람은 축구를 좋아한다.
② 야구를 좋아하는 사람은 축구를 좋아하지 않는다.
③ 농구를 좋아하는 사람은 축구를 좋아한다.
④ 농구를 좋아하는 사람은 야구를 좋아한다.
⑤ 농구를 좋아하지 않는 사람은 야구를 좋아하지 않는다.

42 다음 두 명제가 항상 참일 때, 명제 "수학을 잘하면 국어를 잘한다."가 성립하기 위해 필요한 참인 명제는?

> (가) 영어를 잘하면 수학을 잘하지 못한다.
> (나) 국어를 잘하지 못하면 역사를 잘하지 못한다.

① 역사를 잘하면 영어를 잘하지 못한다.
② 수학을 잘하면 역사를 잘하지 못한다.
③ 영어를 잘하지 못하면 역사를 잘한다.
④ 국어를 잘하지 못하면 수학을 잘한다.
⑤ 수학을 잘하지 못하면 영어를 잘하지 못한다.

43 A, B, C, D 네 사람 중 한 사람이 범인이라고 한다. 다음 진술 중 옳은 것이 하나뿐일 때 옳은 진술을 한 사람과 범인을 차례로 쓴 것은?

> A : "B가 범인이다."
> B : "D가 범인이다."
> C : "나는 범인이 아니다."
> D : "B가 한 말은 거짓이다."

① A, D   ② B, C   ③ C, B   ④ A, C   ⑤ D, C

44 사진을 보고 있는 사람에게 누구의 사진을 보고 있느냐고 물었다. 그가 보고 있는 것은 누구의 사진이
    겠는가?

    > "당신은 누구의 사진을 보고 있나요?"
    > "나는 남자 형제도 여자 형제도 없는데, 이 여자의 아버지는 내 아버지입니다."

    ① 할아버지   ② 어머니   ③ 자기 자신   ④ 딸   ⑤ 손녀

45 사회인 배구 경기에서 7세트 중 4세트를 먼저 이기면 그 경기에서 승리한다. 어떤 배구 경기에서 모든
    팀이 6경기씩을 한 결과 A팀은 5승 1패가 되었는데 이긴 세트와 진 세트의 수가 각각 23, 5이었다. 다
    음 중 A팀의 성적으로 옳지 않은 것은?

    ① 4 : 0으로 이긴 적이 네 번 있다.   ② 4 : 1로 이긴 적이 한 번 있다.
    ③ 4 : 3으로 이긴 적이 있다.   ④ 3 : 4로 진 적이 있다.
    ⑤ 2 : 4로 진 적이 없다.

46 ◇◇ 홈쇼핑 소비자 불만 콜센터의 관리를 맡고 있는 귀하는 최근 인기리에 판매 중인 무선 청소기에
    대한 소비자의 불만 접수가 증가한 원인을 찾아 체계적으로 분석하여 그 결과를 보고하라는 지시를 받
    았다. 다음은 불만 접수 내용들을 정리한 것이다. 인과관계를 따졌을 때 귀하가 선택한 근본 원인은 무
    엇이라고 할 수 있는가?

사례구분	요청종류	이유
A	환불	배송지연과 부품 파손으로 인한 불편
B	교환	색상 오배송
C	환불	과장된 제품의 광고가 만든 기대에 부응하지 못함.
D	교환	사용 이후 불만족스러운 기능을 이유로 무선 청소기를 유선 제품으로 교환 요망

    ① 자동 콜 주문을 통해 이루어지는 물품에 대한 정보 부족
    ② 고객의 니즈 파악 부족
    ③ 색상 등을 이유로 한 단순 변심
    ④ 배송에 대한 문제
    ⑤ 상품 품질과 서비스가 기대에 못 미침.

47 A씨는 우리나라를 관광하러 온 일본인 관광객이다. 타이트한 일정을 소화하기를 원하지는 않지만 월요일부터 금요일까지의 4박 5일의 여정 동안 하루에 하나씩은 서울의 관광명소를 둘러보기를 원하여 가이드인 귀하에게 여행계획표를 부탁하였다. A씨의 동선을 충분히 파악하여 짠 여행계획표의 조건을 고려할 때 옳은 설명은 무엇인가?

> **【 4박 5일 여행계획표 】**
>
> • 화요일이나 목요일 중 하루를 경복궁 관람의 날로 정한다.
> • 월요일이나 금요일에 남산타워를 가야 한다.
> • 목요일에는 학교 소풍이 많은 롯데월드를 피한다.
> • 수요일에는 특별한 행사가 있는 창덕궁에 가기로 했다.
> • 수요일이나 금요일에는 명동을 들러야 한다.

① 목요일은 롯데월드를 피하기로 하였으니 창덕궁 관광계획이 없는 월요일에 롯데월드를 관광한다.
② 월요일이나 금요일에 남산타워를 가야 하는데 월요일은 롯데월드를 가야 하니 금요일에 남산타워에 가도록 계획한다.
③ 화요일은 경복궁을 둘러본다.
④ 수요일에는 남산타워와 명동을 관광할 수 있다.
⑤ 명동은 금요일에 둘러보도록 한다.

48 관리팀 사원 E씨는 아래와 같은 업무 리스트를 받았다. 다음 중 우선 순위에 맞게 업무를 배열한 것은 무엇인가?

> **【 2016년 10월 18일 관리팀 사원 E 업무 리스트 】**
>
> (ㄱ) 이번 주 토요일(10월 22일) 당직 근무자 명단 확인(업무에 공백이 생기지 않도록 할 것)
> (ㄴ) 11월 1일자 거래처 미팅 장소 확인(다음 주 중에 거래처와 시간을 조율해야 함)
> (ㄷ) 관리팀 회식(10월 31일) 장소 예약
> (ㄹ) 11월 11일 부서 행사 스케줄 정리하여 보고
> (ㅁ) 영업 1팀 비품 주문(월요일 발주될 수 있도록 할 것)

① (ㄱ)-(ㅁ)-(ㄴ)-(ㄷ)-(ㄹ)
② (ㄱ)-(ㄴ)-(ㅁ)-(ㄷ)-(ㄹ)
③ (ㄴ)-(ㄱ)-(ㅁ)-(ㄹ)-(ㄷ)
④ (ㅁ)-(ㄱ)-(ㄴ)-(ㄹ)-(ㄷ)
⑤ (ㅁ)-(ㄱ)-(ㄷ)-(ㄹ)-(ㄴ)

[49~50] 귀하의 회사에서 워크숍을 준비 중이다. 숙소를 예약하려 하는데 몇 개의 대안을 비교, 평가하여 결정하려 한다. 표를 보고 물음에 답하시오.

평가 기준			평가 점수			
항목	순위	중요도	A	B	C	D
위치	1	50%	4	6	6	5
가격	2	30%	5	4	6	7
서비스	3	20%	5	3	1	3

49 위 표를 봤을 때 제일 먼저 제외할 수 있는 곳은 어디인가?

① A   ② B   ③ C   ④ D   ⑤ 없음

50 귀하가 C펜션을 최종 선택했다고 가정한다면, 어떤 펜션을 선택하는 것보다 아쉬운 선택인지 고르시오.

① A   ② B   ③ C   ④ D   ⑤ 없음.

51 관리팀의 K는 외부 컨설팅의 과정에서 지나치게 복잡하고 불필요한 결제 과정이 많아 업무 처리의 효율성이 떨어진다는 이야기를 들었지만 정작 자신은 불편함이나 문제를 못 느끼고 있다. 이를 통해 알 수 있는 '조하리의 창(Johari's window)' 속 자아는 무엇인가?

① 눈먼 자아
② 아무도 모르는 자아
③ 공개된 자아
④ 내가 원하는 자아
⑤ 숨겨진 자아

52 다음 신문 기사를 읽고 적절하게 반응하지 않은 사람은?

> 일본에서 나이가 들어서도 부모 곁을 떠나지 않고 붙어사는 '캥거루족'이 증가하고 있는 것으로 나타났다. 일본 국립 사회보장인구문제연구소가 전국 1만 711가구를 대상으로 조사해 발표한 가구 동태 조사를 보면, 가구당 인구수는 평균 2.5명으로 최저치를 기록했다. 1인 가구와 2인 가구는 5년 전 조사 때보다 조금 증가한 반면, 4인 가구는 18.1%로 조금 감소한 것으로 나타났다.
>
> 부모와 함께 사는 자녀의 비율은 크게 증가했다. 30~34살 남성의 45.4%가 부모와 동거하는 것으로 나타났다. 같은 연령층 여성의 부모 동거 비율은 33.1%였다. 5년 전에 비해 남성은 6.4%, 여성은 10.2% 증가한 수치다. 25~29살 남성의 부모 동거 비율은 64%, 여성은 56.1%로 조사됐다. 부모를 모시고 사는 기혼자들도 있지만, 상당수는 독신으로 부모로부터 주거와 가사 지원은 받는 캥거루족으로 추정된다.

① A : 25~34살의 남성 중 대략 반 정도가 부모와 동거하는군.
② B : 30~34살의 경우 부모 동거 비율은 5년 전에도 여성이 남성보다 높지 않았다고 볼 수 있겠어.
③ C : '캥거루족'이 늘어난 것은 젊은이들이 직장을 구하기가 어려워진 까닭이야.
④ D : 현대 사회에서는 남녀를 막론하고 만혼 현상이 널리 퍼져 있군.
⑤ E : 주거와 가사 지원을 받는 것이 아닌 부모를 모시고 사는 기혼자들은 캥거루족이라고 부르지 않겠군.

53 생산관리팀 D씨는 얼마 전 사장으로부터 연합회 이사자리를 맡아 달라는 부탁을 받았다. 명목상 자리만 지켜주면 된다고 하는 말에 거절하기도 어려워 이를 수락하였다. 그런데 실제 간부회의에 참석해 보니 모임을 주최하고, 홍보 및 신입 회원을 모집해야 하는 등의 많은 책임이 따르는 자리임을 알게 되었고 사장에게 거절의 의사를 표현하고자 한다. 다음 중 적절하지 않은 것은 무엇인가?

① 사장의 제안에 문제의 본질을 파악하며 내용을 주의 깊게 들었다.
② 단순히 거절만 하는 것이 아니라 자신이 거절했을 때의 대안책을 함께 제시한다.
③ 거절을 하기로 결정을 했다면, 그에 따른 이유를 분명히 하여 사장에게 전달한다.
④ 가능한 모든 대안을 탐색하며 각 대안들을 객관적으로 평가 후에 의사를 결정한다.
⑤ 사장이 나를 능력 없다고 볼 수 있으므로 신중하게 충분히 고민 후에 거절의 의사를 표현한다.

54 다음 중 경력 개발의 필요성이 다른 것은 무엇인가?

① 일의 성취감보다 삶의 질을 추구하는 A씨
② 지식 정보의 빠른 변화로 인해 경력 개발의 필요성을 깨달은 B씨
③ 인력난의 심화로 인하여 자신을 PR하는 것에 힘써야 한다고 생각하는 C씨
④ 중견 사원의 이직이 증가하는 것을 보고 경력 개발의 필요성을 깨달은 D씨
⑤ 이직을 하는 과정에 경영 전략의 변화와 직무 환경의 변화를 겪게 된 E씨

55 다음 중 합리적인 의사결정을 위하여 가장 먼저 해야 할 일은 무엇인가?

① 각 대안을 분석 및 평가한다.
② 가능한 모든 대안을 탐색한다.
③ 문제의 특성이나 유형을 파악한다.
④ 의사결정의 기준과 가중치를 정한다.
⑤ 의사 결정에 필요한 정보를 수집한다.

56 아래의 기획안에 따라 예산을 짜려고 한다. 가장 먼저 고려해야 할 사항으로 가장 적절한 것은?

【 K 공사 S사업부 워크숍 기획안 】

1. 목적
상호이해의 장을 마련하여 임직원들 간의 이해와 친목을 도모하고 조직의 발전을 유도하는 것을 목적으로 함.

2. 행사 개요

일시	2015년 3월 12(금) ~ 2015년 3월 13일(토) (1박 2일)
장소	강원도 홍천 ○○리조트
참여인원	[별첨1] 참석자 및 조편성 명단 참조
교육형태	합숙교육(간편한 자율복장, 여벌 옷 준비 필요)
예산	4,000,000원

3. 추진방향

- 회사의 애사심을 향상시킬 수 있는 분위기를 유도할 수 있도록 준비함.
- 워크숍과 관련된 비용은 사전에 취합 및 조사하며 조사된 비용 내에서 집행될 수 있도록 관리함.
- 사전에 기획된 일정 범위 내에서 일정이 진행될 수 있도록 하여 궁극적으로 경영자의 요청사항과 임직원 친목 도모가 상호 조화될 수 있도록 함(단, 다소의 유통성은 허용함).

4. 행사일정

일자	시간	주요활동	비고
1일차	10:00 ~ 12:00	분임토의 실시 및 발표	
	12:00 ~ 01:00	점심 식사	
	01:00 ~ 03:00	휴식	
	03:00 ~ 07:00	외부강사 초청 강연	
	07:00 ~	저녁식사&뒷풀이	
2일차	08:00 ~ 9:00	아침 식사	
	09:00 ~ 12:00	조별 친목 화합 행상	
	12:00 ~ 01:00	점심 식사	
	01:00 ~ 03:00	종합 평가 발표시상식	
	03:00 ~	주변 정리 및 해산	

5. 단체 상해보험 가입

- 보험사 : **화재 보험
- 보험상품명 : 국내 여행자 상해보험
- 보험내용 및 보험가입증권 : [별첨3] 참조

① 워크숍에서 어떤 일이 생길지 모르기 때문에 예비비로 예산을 가장 많이 확보해 놔야 한다.
② 워크숍의 행사 진행에 차질이 없어야 하므로 행사비용에 대한 상세 항목부터 예산을 잡고 계산해야 한다.
③ 숙박을 하는 워크숍이기 때문에 숙박비와 식대를 우선으로 하여 예산리스트를 만들어야 한다.
④ 임직원들과 함께하는 워크숍이기 때문에 기념품은 필수적으로 예산리스트에 넣어야 한다.
⑤ 약관을 확인해야 한다.

[57~58] 다음 자료를 보고 각 물음에 답하시오.

【 당직 근무 규정 】

1. 당직은 야간 근무와 주말 근무로 구분한다.
2. 주말 근무는 휴일에 두며, 그 근무시간은 정상 근무일 근무 시간과 같다.
3. 야간 근무의 근무시간은 정상 근무 시간이나 일직 근무 시간이 종료된 시점부터 익일의 정상 근무 또는 일직근무가 시작될 때까지로 한다.
4. 주말 근무 이후 야간 근무는 가능 하나, 야간 근무 이후 주말 근무는 불가하다.
5. 팀장은 월 1회를 초과하여 평일 야간 근무를 할 수 없다.
6. 야간 근무를 할 경우 야간 근무일을 기준으로 앞뒤로 2일간은 야간근무를 할 수 없다.
7. 휴일은 토요일과 일요일을 기준으로 한다.
8. 1~7 항목은 대체 근무에도 동일하게 적용된다.

【 기술팀, 보안팀 명단 】

기술팀	최수민(팀장), 이도윤, 김호준, 유경진, 마동탁, 조성덕
보안팀	조명환(팀장), 천진운, 노진수, 박수호, 김동진, 유성모

【 당직근무 일정표 (초안) 】

일	월	화	수	목	금	토
		1	2	3	4	5
	[야근]이도윤	[야근]김호준	[야근]유경진	[야근]마동탁	[야근]조성덕	[주근]천진운 [야근]노진수
6	7	8	9	10	11	12
[주근]박수호 [야근]조명환	[야근]박수호	[야근]김동진	[야근]최수민	[야근]유성모	[야근]이도윤	[주근]김호준 [야근]유경진
13	14	15	16	17	18	19
[주근]마동탁 [야근]조성덕	[야근]천진운	[야근]조명환	[야근]노진수	[야근]박수호	[야근]김동진	[주근]유성모 [야근]이도윤
20	21	22	23	24	25	26
[주근]최수민 [야근]김호준	[야근]유경진	[야근]마동탁	[야근]조성덕	[야근]천진운	[야근]노진수	[주근]박수호 [야근] (가)
27	28	29	30	31		
[주근]유성모 [야근]이도윤	[야근]김호준	[야근]유경진	[야근]마통탁	[야근]조성덕		

57 이번 달 당직 근무표 초안을 위와 같이 만든 후에, 팀원들로부터 휴무 신정자와 대체 근무자를 아래와 같이 신청받았다. 보기 중 잘못 신청한 사람은 몇 번인가?

	대체 일자	휴무예정자	사유	대체 근무자
①	12일(토)	김호준	친구 결혼식	최수민(팀장)
②	13일(일)	조성덕	가족모임	박수호
③	18일(금)	김동진	지방출장	김호준
④	20일(일)	김호준	부모님 생신	노진수
⑤	28일(월)	김호준	개인사정	조성덕

58 위 당직 근무표를 보았을 때 (가)에 들어갈 수 없는 사람은 누구인가?

① 유경진   ② 마동탁   ③ 조성덕   ④ 천진운   ⑤ 없다.

59 다음 자료를 보고 물음에 답하시오.

【 기획상품 견적 】

(1) 제작 상품 : 코트
(2) 코트 1벌 제작 시 필요한 천의 양 : 15평 (천의 원단 1평 : 30cm²)
(3) 제작 예상 수량 : 500벌

원단 종류	원단 질감	금액(1평)	마감비
A	중	10,000원	60,000원
B	상	12,000원	40,000원
C	중	13,000원	35,000원
D	상	15,000원	15,000원

P 디자인회사는 기획상품으로 500벌 한정판 코트를 제작하려고 한다. 코트 제작을 위해 각 협력업체들로부터 원단과 관련해 위의 견적을 받은 귀하에게 신 부장이 다음과 같은 지시를 하였다. 신 부장의 지시에 따른다고 할 때, 가장 적절한 것은?

"코트 1벌을 제작하는 데 드는 비용이 가장 저렴한 원단을 우선적으로 선택하되, 다른 원단과 비교하여 1벌당 소요되는 비용의 차이가 5,000원을 초과하지 않으면 원단 질감이 좋은 것으로 선택해 주시기 바랍니다."

① A   ② B   ③ C   ④ D   ⑤ 없다.

60 당신은 보직 변경 신청을 하고 휴가를 낸 상황이지만, 교육 기간 내에 교육을 이수해야 보직을 변경할 수 하다. 휴가 기간 중에 언제 교육을 받는 것이 가장 합리적인가? (단, 모든 스케줄은 3시간이 걸리고, 이동시간은 모두 1시간 30분이라 생각한다)

스케줄	시간		장소
06월 17일	오전 11시 오후 4시 오후 8시	장지역 선릉역 양재역	쇼핑 친구와 점심 약속 마트
06월 18일	오후 2시 오후 6시	명동역 서울역	영화 관람 역사 구경
06월 19일	오전 9시 오후 4시	용산역 노량진역	컴퓨터 수리 동호회 모임
06월 20일	오후 3시 오후 7시	야탑역 이매역	은행 동창 모임
06월 21일	오후 3시 오후 7시	개봉역 온수역	자격증 교육 참여 친구집 방문
06월 22일	오전 10시 오후 5시	송내역 간석역	부모님댁 방문 할머니댁 방문

장소	가까운 지하철역
17일 오후 4시 – 여의도 세미나실	여의도역
18일 오전 9시 30분 – 가산 디지털단지 강당	구로역
21일 오후 1시 – 양재 HRD 센터	매봉역
22일 오후 5시 – 왕십리 HRD 센터	왕십리역

① 17일 오후 4시 – 여의도 세미나실   ② 18일 오전 9시 30분 – 가산 디지털단지 강당
③ 21일 오후 1시 – 양재 HRD 센터   ④ 22일 오후 5시 – 왕십리 HRD 센터
⑤ 위 스케줄을 다 한다면 갈 수 없다.

61 다음은 팀(Team)의 발전 과정을 나타낸 것이다. 잘못된 내용이 들어있는 것은?

형성기(Forming)	• ① 팀원들은 팀에서 인정받기를 원함. • 다른 팀원들을 신뢰할 수 있는지 탐색

⇩

격동기(Storming)	• ② 과제를 수행하면서 팀원 간에 마찰이 일어남. • 리더십이나 권한에 대한 문제 전반에 걸쳐 경쟁심이 생김.

⇩

규범기(Norming)	• ③ 팀원 간에 응집력이 생김. • 개인의 주장보다 공동체 형성과 팀의 문제해결에 더욱 집중함.

⇩

성취기(Performing)	• ④ 팀에 대한 충성심이 높지는 않으나 팀원들의 사기가 올라감. • ⑤ 팀의 역량과 인간관계의 깊이를 확장함.

62 '효과적인 팀의 특성'에 대해 사원들이 이야기를 나누고 있다. 잘못된 내용을 말하고 있는 사원은 누구인가?

> 구하라 사원 : 효과적인 팀을 구성하려면 우선 일에 대한 사명감과 명확한 목표가 확정되어 있어야 합니다.
>
> 차승원 대리 : 개인의 강점을 최대한 활용할 수 있어야 하고, 역할과 책임의 명료화가 선행되어야 합니다.
>
> 류준열 대리 : 결과물을 만들어 내는 데에 항상 팀의 목표를 맞추고 리더십의 역량을 공유해야 합니다.
>
> 박보검 대리 : 의사결정을 객관적으로 하며, 개방적인 의사소통의 자세가 필요합니다.
>
> 박규리 사원 : 갈등이 생길 경우 일단 상사에게 빨리 보고하며, 팀원 사이의 문제는 상사의 중재 아래 해결할 수 있는 제도적 보완책도 필요하다고 생각합니다.

① 구하라 사원   ② 차승원 대리
③ 류준열 대리   ④ 박보검 대리
⑤ 박규리 사원

63 귀하는 ○○주식회사의 부장이다. 이번 정기 인사를 앞두고 사내 연수 교육을 받고 있다. 연수원에서 '리더와 관리자의 차이'라는 주제로 연설을 듣고 메모를 했는데, 이 내용이 잘못된 것은 어느 것인가?

① 리더는 사람의 마음을 중시하며, 관리자는 사람이나 물건의 관리에 관심을 둔다.
② 리더는 미래를 향한 새로운 상황창조자의 역할을 하고, 관리자는 오늘의 구체적인 문제를 대상으로 한다.
③ 리더는 '어떻게 할까'에 초점을 맞추고, 관리자는 '무엇을 할까'에 초점을 둔다.
④ 리더는 비전을 선명하게 구축하고, 관리자는 자원을 관리 및 분배하는 것에 관심을 둔다.
⑤ 리더는 혁신지향적이며, 관리자는 유지지향적이다.

64 임파워먼트(Empowerment)는 리더십의 핵심 개념 중 하나인 권한 위임으로, 구성원들을 신뢰하여 그 잠재력의 개발을 통해 고성과를 만드는 일련의 행위이다. 그러나 임파워먼트의 장애요인도 있는데, 이것에 대한 설명이 잘못된 것은 어느 것인가?

① 개인 차원 : 주어진 일을 해내는 역량의 결여, 동기의 결여, 책임감 부족
② 대인 차원 : 다른 사람과의 성실성 결여, 비전의 효과적 전달 능력 결여, 경험 부족
③ 관리 차원 : 통제적 리더십 스타일, 효과적 리더십 발휘 능력 결여
④ 조직 차원 : 공감대 형성이 없는 구조와 시스템, 제한된 정책과 절차
⑤ 관리 차원 : 경험 부족, 정책 및 기획의 실행 능력 결여

65 조직 생활을 하다 보면 구성원 간의 갈등 상황이 생길 여지가 많다. 갈등의 유형은 불필요한 갈등과 해결할 수 있는 갈등으로 나눌 수 있다. 다음 중 해결할 수 있는 갈등 상황을 설명하고 있는 것은 어느 것인가?

① 개개인이 문제를 다르게 인식하거나 정보가 부족할 때 발생되는 갈등
② 본인은 중요하다고 여기는 문제가 다른 사람 때문에 해결되지 못한다고 느낄 때 발생하는 갈등
③ 편견 때문에 발생한 의견 불일치로 인한 갈등
④ 문제를 바라보는 시각과 이해하는 시각이 다른 경우에 발생하는 갈등
⑤ 적대적 감정이 생길 경우 발생하는 갈등

66 다음은 업무에 필요한 소프트웨어에 대해 설명한 자료이다. 그런데 빨리 정리하다 보니 잘못된 내용이 들어 있는 것이 발견되었다. 잘못 설명된 내용은 어느 것인가?

프로그램명	설명
워드프로세서	문서를 작성하고 편집하거나 저장, 인쇄할 수 있는 프로그램 예 Word, HWP
스프레드시트	대량의 자료를 관리하고 검색하거나 자료 관리를 효과적으로 하게 하는 프로그램 예 오라클, Access
프레젠테이션	각종 정보를 사용자 또는 다수의 대상에게 시각적으로 전달하는 데 적합한 프로그램 예 Power Point, 프리랜스 그래픽스
유틸리티	사용자가 컴퓨터를 효과적으로 사용하는 데 도움이 되는 프로그램 예 파일 압축 유틸리티, 바이러스 백신, 동영상 재생 프로그램

① 워드프로세서　　　　　　　　　　② 스프레드시트
③ 프레젠테이션　　　　　　　　　　④ 유틸리티
⑤ 없다.

[67~70] 다음에 주어진 표를 보고 물음에 답하시오.

완성연월	생산공장				제품종류				완성품수량
	지역별 코드		공장코드		분류코드		종류코드		
2016년 3월 −1603 2016년 5월 −1605 …… 2016년 10월 −1610	1	충청북도	A	1공장	01	사탕류	001	막대형	끝의 네 자리
			B	2공장			002	원형	
			C	3공장			003	젤리	
	2	전라남도	A	1공장	02	과자류	001	쿠키류	
			B	2공장			002	비스킷류	
			C	3공장			003	빵류	
	3	경기도	A	1공장	03	초코류	001	다크	
			B	2공장			002	밀크	
	4	경상남도	A	1공장			003	아몬드	
			B	2공장					

책임자	코드	책임자	코드
장민주	16031B030028865	박성원	16051A020026634
최태현	16033C010011321	강힘찬	16074A010019987
최인정	16032A020026347	김은희	16092C030031652
조아라	16053A020025241	이화영	16102A020010832
이하나	16052C010013367	김승준	16104B010035748

67 다음 중 같은 공장에서 근무하는 근무자로 알맞게 짝지어진 것은?

① 이하나 – 김은희　　　　② 장민주 – 박성원
③ 최태현 – 김은희　　　　④ 조아라 – 장민주
⑤ 조아라 – 이하나

68 2016년 5월에 경기도에서 만들어진 비스킷은 최소 몇 개 이상인가?

① 832개　　② 11,321개　　③ 6,634개　　④ 1,652개　　⑤ 5,241개

69 2016년 4월 이후에 전라남도에서 생산된 쿠키의 재고를 담당하는 사람은 누구인가?

① 김은희　　② 이화영　　③ 이하나　　④ 박성원　　⑤ 최인정

70 다음 중 막대사탕을 관리 하는 사람은 모두 몇 명인가?

① 1명　　② 2명　　③ 3명　　④ 4명　　⑤ 5명

71 다음 그림을 보고 그림 상황에 알맞지 않은 것을 고르시오.

① 이 작업은 고급 필터를 이용하는 작업으로 메뉴 표시줄에 데이터를 눌러야 한다.

② 원본 필드에서 추출해 내야 하기 때문에 원본 필드 이름을 그대로 복사해야 한다.

③ 쉽게 고급 필터링된 자료를 보기 위해서는 '다른 장소에 복사'를 선택한다.

④ 목록 범위는 전체적인 범위를 입력한다.

⑤ 식비에 들어간 돈이거나 8,000원 이상의 금액을 썼을 때에 대한 데이터를 만들 수 있다.

72 다음 중 피벗 테이블의 기능의 설명이 잘못된 것은?

① 다분화 기능을 이용하여 자동으로 요약된 정보를 만들어 낼 수 있다.

② 데이터의 정렬이나 필터링을 따로 해주지 않아도 원하는 대로 좀 더 디테일한 세부 조정이 가능하다.

③ 좀 더 쉬운 필터링을 위해 버튼 형식으로 구성된 슬라이서 필터링도 제공한다.

④ 내가 원하는 값에 대한 전반적으로 통계 값을 조절할 수 있다.

⑤ 내가 원하는 결과에 대해 강조할 수 있다.

73 다음 중 엑셀에서 사용할 수 있는 〈F〉 기능키에 대한 설명으로 알맞지 않은 것은?

① F1 : 도움말 상자 열기
② F2 : 셀 편집
③ F3 : 이름 자르기 대화 상자
④ F4 : 마지막에 실행한 명령 or 작업 반복
⑤ F5 : 이동 대화상자

74 다음 중 워크시트 인쇄에 대한 설명으로 옳지 못한 것은?

① 창 나누기는 화면에서만 영향을 줄 뿐 인쇄 시에는 적용되지 않는다.
② 작업 중에는 워크시트 화면을 400%까지 설정할 수 있다.
③ 셀 구분선을 그대로 인쇄하기 위해서는 [시트] 탭에서 '눈금선'을 선택한다.
④ [인쇄 미리보기] 창에서 여백 크기를 조절할 수 있다.
⑤ 자료에 만들어 놓은 메모는 인쇄할 수 없다.

75 중간고사보다 기말고사의 점수가 목표치만큼 오르면 평균이 얼마나 상승하는가에 대해 보여주고 싶을 때 사용할 수 있는 기능에 대한 설명으로 옳지 못한 것은?

① 가상으로 셀의 값을 변화시켜서 예측을 가능하게 하는 기능으로 이를 '시나리오' 작업이라고 한다.
② 이 기능을 실행시키려면 [데이터] 탭에 [가상 분석]에서 [시나리오 관리자]를 클릭한다.
③ 시나리오 작업 대화상자가 뜨면 시나리오 이름 입력이 가능하다.
④ 대화 상자에서 작업한 후 '시나리오 요약'을 선택하면 원하는 정보를 얻을 수 있다.
⑤ 시나리오를 이용하면 슬라이드 편집 화면의 제목 개체 틀에서 함께 작업이 가능하다.

[76~77] 아래 〈보기〉는 그래프 구성 명령어 실행 예시이다. 〈보기〉를 참고하여 다음 물음에 답하시오.

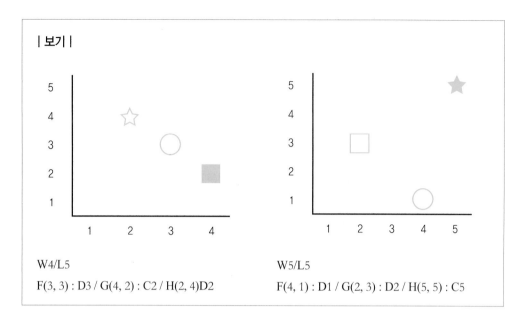

| 보기 |

W4/L5

F(3, 3) : D3 / G(4, 2) : C2 / H(2, 4)D2

W5/L5

F(4, 1) : D1 / G(2, 3) : D2 / H(5, 5) : C5

76 다음에 알맞은 명령어는 무엇인가?

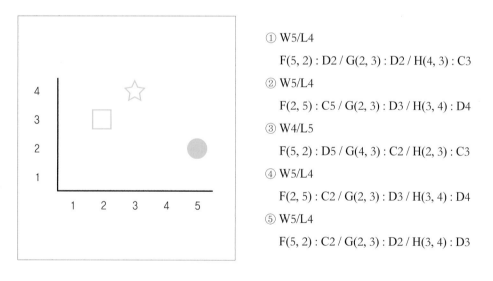

① W5/L4

    F(5, 2) : D2 / G(2, 3) : D2 / H(4, 3) : C3

② W5/L4

    F(2, 5) : C5 / G(2, 3) : D3 / H(3, 4) : D4

③ W4/L5

    F(5, 2) : D5 / G(4, 3) : C2 / H(2, 3) : C3

④ W5/L4

    F(2, 5) : C2 / G(2, 3) : D3 / H(3, 4) : D4

⑤ W5/L4

    F(5, 2) : C2 / G(2, 3) : D2 / H(3, 4) : D3

77 다음 그래프를 보고 W4/L5 F(3, 5) : C3 / G(4, 4) : C4 / H(2, 3) : D3를 입력하였더니 오류가 발생하였다. 이 중 잘못 입력된 명령어를 바르게 고친 것은 무엇인가?

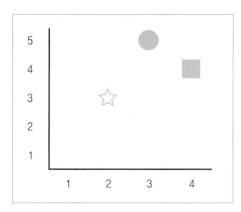

① F(3, 5) : C3 → F(3, 5) : C5

② G(4, 4) : C4 → G(4, 4) : D4

③ H(2, 3) : D3 → H(2, 3) : D2

④ W4/L5 → W5/L4

⑤ H(2, 3) : D3 → H(2:3), D2

[78~79] 다음은 한 회사의 드럼 세탁기에 대한 내용이다. 이를 참고하여 다음 물음에 답하시오.

- 세탁조 청소할 때
  - 분말 염소계 표백제 60g을 표준 세탁용 투입구에 넣고 삶음 코스를 사용해주세요.
  - 월 1회 이상 세탁조 청소를 해 주세요.
  - 통 살균 코스는 세탁조를 살균해 주는 기능성 코스로 통 세척을 위해서는 위와 같은 방법을 사용해주세요.

- 세탁기 문 고무패킹 청소할 때
  - 10g의 산소계 표백제를 10리터 따뜻한 물에 희석해 주세요.
  - 희석된 표백제로 고무 패킹을 구석구석 닦아 주세요(고무장갑 필수).
  - 수건으로 물기를 제거합니다.
  - 완전히 마를 때까지 문을 열어 두세요.
  - 한 달에 1회 이상 고무 패킹을 청소해 주세요.
  (희석되지 않은 표백제 사용 시 고무패킹 및 세탁기 부품의 고장 원인이 됩니다)

78 얼마 전 드럼세탁기를 구매한 김모씨는 한 달에 한 번 정도는 청소를 하라는 설명서에 따라 세탁기 고무패킹을 먼저 청소하기로 했다. 그러나 세탁기 부품에 문제가 생겨 세탁기가 고장 나고 말았다. 고장 난 원인은 무엇인가?

① 아직 한 달이 되지 않은 새 상품이기 때문에

② 산소계 표백제를 넣었기 때문에

③ 표백제를 희석하지 않고 그냥 넣었기 때문에

④ 고무 패킹의 살균을 위한 통 세척을 하지 않았기 때문에

⑤ 수건으로 닦지 않고 자연 건조시켰기 때문에

79 세탁기를 청소하는 도중 부상을 입을 수도 있다. 손의 부상을 막기 위해 해야 할 일로 가장 적절한 것은?

① 고무패킹을 세척할 때에는 반드시 고무장갑을 착용한다.

② 너무 자주 세척하는 대신 2달에 한 번 정도 세척하도록 한다.

③ 세탁조를 청소할 때 세제를 반드시 희석한다.

④ 표백제가 묻은 수건은 위험할 수 있으니 자연 건조한다.

⑤ 위험한 표백제 사용을 금하기 위해 세척은 소금물이나 식초를 이용한다.

80 다음은 한 회사에서 최근에 문제가 되었던 화학물 첨가 탈취제와 살균제 제품을 겨냥해 좀 더 안전한 신제품을 개발하기 위해 기술을 선택하는 과정을 설명한 글이다. 다음 중 회사에서 가장 먼저 할 일로 옳은 것은?

① 앞으로의 탈취제와 방향제의 사용을 예상하고 향후 연간 매출액 목표를 정한다.

② 화학물의 첨가 없이 지속적인 향 유지 연구와 기술 비용 그리고 생산 원가와 광고 비용을 예상하고 분석한다.

③ 화학물질이 첨가된 탈취제와 방향제에 대한 수요 변화와 우위를 점령했던 경쟁 회사의 매출 변화, 연구 방향 변화를 분석한다.

④ 탈취제와 방향제뿐만 아니라 살균제에 화학물질의 첨가를 없애거나 줄이는 목표를 설정한다.

⑤ 화학 물질의 첨가를 줄이기 위해 어떤 기술을 사용할 것인가에 대해 자료 조사와 함께 연구 방향을 설정한다.

81 귀하는 A 기업의 CEO로 부장급 회의를 통해 회사 현안에 대한 미팅을 하고자 하며, 미팅 주제는 아래와 같다. 귀하가 이 미팅에 꼭 불러야 할 부장들은 누구누구인가?

> • 조직기구의 개편 및 조정
> • 교육체계 수립 및 관리
> • 보험 가입 및 보상 업무

① 기획부 부장, 인사부 부장   ② 총무부 부장, 인사부 부장
③ 기획부 부장, 영업부 부장   ④ 총무부 부장, 기획부 부장
⑤ 인사부 부장, 회계부 부장

82 다음은 경영의 4요소에 대한 설명이다. 그 개념 순서가 맞게 배열된 것은 무엇인가?

> A. 기업 내 모든 인적 · 물적 자원을 조직화하고, 이를 실행에 옮겨 경쟁우위를 달성하려는 활동
> B. 조직의 목적 달성 여부에 따라 경영자가 평가를 받게 된다.
> C. 사업에서 새로운 이윤을 창출하는 기초가 된다.
> D. 경영자는 조직의 목적과 필요에 부합하는 인적자원을 채용해야 한다.

	A	B	C	D
①	경영목적	인적자원	자금	전략
②	인적자원	경영목적	전략	자금
③	전략	인적자원	자금	경영목적
④	전략	경영목적	자금	인적자원
⑤	경영목적	인적자원	전략	자금

[83~84]   다음 설명을 읽고 물음에 답하시오.

> 경영 전략 중 SWOT분석이란, 기업의 내부요인인 강점(Strength), 약점(Weakness), 외부 요
> 인인 기회(Opportunity), 위협(Threat)이라는 4가지 항목으로 기업 환경을 분석하는 기법이다.
> 우선 SO전략이란 기회를 활용하면서 강점을 더욱 강화하는 공격적인 전략이며, WO전략은
> 외부환경의 기회를 활용하면서 자신의 약점을 보완하는 전략이다. 또한 ST전략은 외부환경의
> 위험요소를 회피하면서 강점을 활용하는 전략이고 WT전략은 외부환경의 위협요인을 회피하고
> 자사의 약점을 보완하는 전략으로 방어적 성격을 가진다.

	강점(Strength)	약점(Weakness)
기회(Opportunity)	SO(강점 – 기회)전략	WO(약점 – 기회)전략
위협(Threat)	ST(강점 – 위협)전략	WT(약점 – 위협)전략

83 귀하는 OO자동차의 팀장이다. 상사의 지시로 기존 자동차 시장에 새롭게 참여하게 되는 프로젝트를
맡게 되었다. 아래 환경 분석 결과에 대응하는 가장 적절한 전략은 무엇인가?

강점(Strength)	• 장기간의 독보적인 A/S 시스템 구축 • 전국적 매장 확보로 높은 접근성 구축
약점(Weakness)	• 경쟁업체 대비 낮은 기술력 • 낮은 브랜드 이미지
기회(Opportunity)	• 자동차 시장의 대중화로 국민차에 대한 인식 증가 • 자동차 등에 대한 정부의 세금 대폭 인하
위협(Threat)	• 경쟁사의 공격적 전략 강화 • 장기간 경기침체

	강점(Strength)	약점(Weakness)
기회(Opportunity)	① 자동차 시장의 대중화에 따른 브랜드 홍보 강화	② 저가전략을 통해 기존 시장에 접근하는 전략
위협(Threat)	③ 경쟁사의 공격적 전략에 대응할 수 있는 독보적인 시스템을 강조하는 전략	④ 고가전략을 통한 브랜드 이미지 개선 전략

84 귀하는 이번에 회사를 사퇴하고 바리스타 자격증을 딴 후, 퇴직금 등을 합쳐 커피전문점을 창업하려고 환경 분석을 해 보았다. 귀하의 가장 적절한 전략은 어느 것인가?

강점(Strength)	• 타 프랜차이즈 대비 저비용 창업 • 가족 등의 협조로 인건비 절약
약점(Weakness)	• 낮은 브랜드 인지도로 인한 초기 매출 약세 예상 • 다양한 메뉴의 부족
기회(Opportunity)	• 매장 앞으로 새로운 지하철 입구 계단 설치 • 주변에 대형 커피전문점이 없음.
위협(Threat)	• 불경기로 인한 커피 수요 감소 • 주변 건물에 비해 상대적으로 높은 임대료

	강점(Strength)	약점(Weakness)
기회(Opportunity)	① 절감된 자금을 다양한 메뉴 개발에 투자	② 브랜드 인지도를 높이기 위한 다양한 홍보 전략
위협(Threat)	③ 커피 수요층을 자극할 수 있는 다양한 메뉴 개발	④ 주변 상가들과 연대해 같이 홍보할 수 있는 방법 강구

[85~86] 다음 결제 규정을 보고 주어진 상황에 알맞은 답을 찾으시오.

- 결제를 받으려는 업무에 대해서는 최고결정권자(대표이사)를 포함한 이하 직책자의 결재를 받아야 한다.
- 전결이라 함은 회사의 경영활동이나 관리활동을 수행함에 있어 의사 결정이나 판단을 요하는 일에 대하여 최고결재권자의 결재를 생략하고, 자신의 책임 하에 최종적으로 의사 결정이나 판단을 하는 행위를 말한다.
- 표시 내용 : 결재를 올리는 자는 최고결재권자로부터 전결사항을 위임 받은 자가 있는 경우 결재란에 전결이라 표시하고 최종 결재권자란에 위임받은 자를 표시한다. 다만 결재가 불필요한 직책자의 결재란은 상향대각선으로 표시한다.
- 최고결재권자의 결재사항 및 최고결재권자로부터 위임된 전결사항은 아래의 표에 따른다.

구분	내용	금액기준	결재서류	팀장	본부장	대표이사
접대비	거래처 식대, 경조사비 등	10만 원 이하	접대비, 지출 품의서, 지출 결의서	●■		
		20만 원 이하			●■	
		20만 원 초과				●■
출장비	출장유류비, 출장 식대비	30만 원 이하	출장계획서, 청구서	●■		
		40만 원 이하			●	■
		40만 원 초과				●■
교육훈련비	사내 교육비	50만 원 이하	기안서, 법인카드 신청서	●	■	
	사외 교육비	60만 원 이하			●	■
		60만 원 초과			●	■
		70만 원 초과				●■

* 기안서, 출장계획서, 접대비 지출 결의서 : ●

* 지출결의서, 청구서, 법인카드 신청서 : ■

85 총무부 사원인 송영길 씨는 이번에 부산으로 출장을 갔다오면서 출장유류비와 식대비 포함 총 40만 원을 지출했다. 송영길 씨가 작성한 결재 양식으로 맞는 것은?

①

기안서				
결재	담당	팀장	본부장	최종결재
	송영길			대표이사

②

출장계획서				
결재	담당	팀장	본부장	최종결재
	송영길		전결	대표이사

③

출장계획서				
결재	담당	팀장	본부장	최종결재
	송영길		전결	본부장

④

청구서				
결재	담당	팀장	본부장	최종결재
	송영길	전결		팀장

86 영업팀 사원인 김준호 씨는 회당 2만 원씩 총 40회를 진행하는 외부 교육업체의 〈비즈니스 영어회화〉 강의를 수강하기로 하였다. 김준호 씨가 작성해야 하는 결재 양식은?

①

기안서				
결재	담당	팀장	본부장	최종결재
	김준호			대표이사

②

청구서				
결재	담당	팀장	본부장	최종결재
	김준호		전결	본부장

③

기안서				
결재	담당	팀장	본부장	최종결재
	김준호			팀장

④

청구서				
결재	담당	팀장	본부장	최종결재
	김준호			전결

[87~88]　다음 내용을 보고, 이어지는 문제에 답하시오.

근거 : 규칙 제4조(기안문의 구성)

① 기안문을 별지 제1호서식으로 작성하는 경우 기안문은 두문, 본문, 결문으로 구성한다.

② 두문은 행정기관명과 수신란으로 구성하되, 다음 각 호의 구분에 따라 표시한다.

　1. 행정기관명에는 그 문서를 기안한 부서가 속하는 행정기관명을 표시하되, 다른 행정기관명과 동일한 경우에는 바로 위 상급기관명을 함께 표시할 수 있다.

　2. 수신란에는 다음 각 목과 같이 표시한다.

　　가. 수신자가 없는 내부결재문서인 경우에는 "내부결재"로 표시한다.

　　나. 수신자가 있는 경우에는 수신자명을 표시하고, 그다음에 이어서 괄호 안에 업무를 처리할 보조기관이나 보좌기관을 표시하되, 보조기관이나 보좌기관이 분명하지 아니한 경우에는 ○○업무담당과장 등으로 쓸 수 있다.

　　다만, 수신자가 여럿인 경우에는 두문의 수신란에 "수신자 참조"라고 표시하고 제1항에 따른 결문(이하 "결문"이라 한다)의 발신 명의 다음 줄에 수신자란을 따로 설치하여 수신자명을 표시할 수 있다.

③ 본문은 제목, 내용 및 붙임(문서에 다른 서식 등이 첨부되는 경우에만 해당한다)으로 구성한다.

④ 문서에 다른 서식 등이 첨부되는 경우에는 본문의 내용이 끝난 줄 다음에 "붙임" 표시를 하고 첨부물의 명칭과 수량을 적되, 첨부물이 두 가지 이상인 경우에는 항목을 구분하여 표시하여야 한다.

⑤ 본문의 마지막에는 다음과 같이 "끝" 표시 등을 한다.

　1. 본문의 내용(본문에 붙임이 있는 경우에는 붙임을 말한다)의 마지막 글자에서 한 글자 띄우고 "끝" 표시를 한다. 다만, 본문의 내용이나 붙임에 적은 사항이 오른쪽 한계선에 닿은 경우에는 다음 줄의 왼쪽 한계선에서 한 글자 띄우고 "끝" 표시를 한다.

　2. 본문의 내용이 표 형식으로 끝나는 경우에는 표의 마지막 칸까지 작성되면 표 아래 왼쪽 한계선에서 한 글자를 띄운 후 "끝" 표시를 하고, 표의 중간까지만 작성된 경우에는 "끝" 표시를 하지 않고 마지막으로 작성된 칸의 다음 칸에 "이하 빈칸"으로 표시한다.

⑥ 결문은 다음 각 호의 사항으로 구성한다.

　1. 발신 명의

　2. 기안자 · 검토자 · 협조자 · 결재권자의 직위나 직급

　3. 「공공기록물 관리에 관한 법률 시행령」 제20조에 따른 생산등록번호(이하 "생산등록번호"라 한다) 및 접수등록번호(이하 "접수등록번호"라 한다), 시행일 및 접수일

　4. 행정기관의 우편번호·주소·홈페이지주소·전화번호·팩스번호, 전자우편주소와 공개(완전공개, 부분공개, 비공개) 구분

87 귀하는 ○○○○공단의 신입사원 교육 담당자이다. 귀하가 신입사원 직무 교육 때 공문서(기안서) 작성 방법에 대하여 설명한다고 할 때 잘못된 내용은 어느 것인가?

① "두문에서 수신자가 여러 명일 경우, 수신란에 '수신자 참조'라고 표시합니다."
② "두문에서 수신자가 없는 내부결재문서인 경우에는 "내부결재"로 표시를 합니다."
③ "결문에는 행정기관의 우편번호, 주소, 전화번호, 팩스번호, 이메일 주소 등을 넣어야 합니다."
④ "본문은 제목, 내용 및 붙임으로 구성하며, 문서에 다른 서식 등이 첨부되는 경우에는 본문의 내용이 끝난 줄 다음에 "붙임" 표시를 해야 합니다."
⑤ "본문의 마지막에는 '끝' 표시를 하며, 본문의 내용이 표의 중간까지 작성되어 있으면 왼쪽 한계선에서 한 글자를 띄운 후 '끝' 표시를 합니다."

88 다음은 신입사원이 처음으로 작성한 기안문이다. 잘못된 내용은 어느 것인가?

(주)△△△

① 수 신 : 서울특별시청(사회공헌 포상업무 담당자)

② 제 목 : 20XX년 사회공헌 포상대상자 추천

   1. 귀 기관의 무궁한 발전을 기원합니다.
   2. 관련근거 : 서울특별시 공고 제 20XX – 326호(20XX.11.30.)
   3. 위 관련근거에 의거 20XX년 사회공헌 포상대상자를 아래와 같이 추천합니다.
     가. 추천대상자 인적사항

성명	생년월일	소속	공적개요
한명석	1980.03.20.	홍보팀	사회 봉사활동을 기획하고 적극적 참여 자세한 사항은 [첨부] 공적조서를 참조

③ 첨 부 : 공적조서 1부. 끝.

(주) 대표이사 홍길동

④ 담당자 : 고성대 과장. 서울 마포구 도화동 ××번지, 02 – 400 – ××××, (FAX 123 – 4567)
⑤ 접수등록번호 : 서울20××–310
시행일자 : 20××. 12. 5

---

89 다음은 합리적 의사결정의 4단계이다. 다음 대화를 보고 2단계인 '설계' 단계에 대해 언급한 사람을 고르시오.

> [의사결정의 4단계] 탐색 → 설계 → 선택 → 실행

① (가) "이번에 출시된 신제품에서 유해 물질이 발견되었다는 제보가 있습니다."
② (나) "제품을 생산하는 과정의 문제인지 유통의 문제인지부터 알아봐야겠습니다."
③ (다) "이 문제가 얼마나 회사에 손해를 끼치는지에 대한 데이터도 준비하겠습니다."
④ (라) "그렇다면 우선 생산을 중단하고 이미 시중에 판매된 물품은 전량 회수해야 할 것 같습니다."
⑤ (마) "제품의 사후처리에 대해서 고민해봐야겠습니다."

90 최근 조직 내에서는 리더의 역할도 중요하지만 그에 못지 않게 그를 따르는 팔로어의 중요성도 부각되고 있다. 이에 따라 Kelley가 팔로어십의 유형을 정리하였는데 다음 설명에 해당하는 팔로어십은?

> B회에서 일하는 이사원은 맡은 바 자신의 임무를 성실히 행하는 모범적인 사원이다. 그는 상사의 부탁이나 지시에 대해 언제나 "Yes"를 외친다. 상사의 전달 오류로 인해 문제가 생겨 야근을 해도 이사원은 전달 오류에 대한 시정이나 비판 대신 '그럴 수도 있지' 혹은 '바쁘셨나 보다'라는 생각을 하며 묵묵히 자신이 해야 할 일을 하는 타입이다.

① 순응형 팔로어   ② 소외형 팔로어
③ 수동형 팔로어   ④ 모범형 팔로어
⑤ 확장형 팔로어

91 다음 중 근면에 대한 사례가 다른 한 사람은 누구인가?

① 회사에서 진급 시험을 위해 A는 매일 밤 영어공부를 열심히 하고 있다.
② 세일즈맨인 E는 성과를 높이기 위해 퇴근 후에도 일을 하며 적극적으로 노력하였다.
③ 자전거를 좋아하는 C는 상사의 취미가 같은 것을 알고 함께 자전거를 타자고 제안하였다.
④ 더운 여름철에 D는 냉방이 제대로 되지 않는 곳에서 생계를 위해 업무를 성실히 수행했다.
⑤ 일본으로 여행을 갈 계획을 짜고 있는 즐거운 여행을 위하여 B는 주마다 일본어 수업을 듣고 있다.

92 J는 우연히 사원 L이 친구에게 "너네 부서는 너 혼자 일 다 하냐? 적당히 눈치 보면서 해." 라고 하는 말을 들었다. 사원 L에게 근면의 중요성에 대해 설명해 주고자 할 때, 적절하지 않은 사례는?

① 상사의 눈치를 보며 일을 해서 실적이 높았던 A의 사례
② 해외여행을 계획하여 업무 후에도 열심히 외국어 학원에 다니는 B의 사례
③ 항상 가장 일찍 출근하여 그날의 업무 사항을 점검하는 C의 사례
④ 잘생긴 헬스 트레이너를 보기 위해 아침마다 운동을 하고 출근하는 D의 사례
⑤ 다른 사람들보다 일을 빨리 마무리해서 스스로 팀의 업무를 분담한 E의 사례

93 회사 워크숍에 참가한 팀원들이 서로의 직장생활에 대한 대화를 나누고 있다. 다음 중 각 사원의 직장 생활에 대한 평가로 적절한 것은?

> A사원 : 나는 가급적 사무실 내에서는 사적인 대화를 하지 않는 편이야.
> B사원 : 나는 개인적인 일이 있을 때 업무를 빨리 마치고 개인적 업무를 보는 편이야.
> C사원 : 나는 팀장님에게 잘 보이고 싶어서 일이 남았으면 퇴근 후에도 일을 열심히 해.
> D사원 : 나는 사원들 간의 관계도 회사 생활에 매우 중요하다고 생각해서 회식은 거의 참가하는 편이야.
> E사원 : 나는 술은 잘 못 마셔서 술자리 다음날은 항상 고생하지만, 회식이 중요하다고 생각해서 늘 끝까지 남아있어.

① 사원들 관계도 중요한데 사적인 대화를 하지 않는 A사원은 너무 냉정해 보여.
② 근무 시간 중에는 개인적 업무는 삼가는 것이 기본인데 B에게 주의를 주어야겠어.
③ 비록 팀장님에게 잘 보이고 싶어서이지만, C는 근무를 열심히 하고 있으므로 매우 성실하네.
④ D사원의 행동은 외부로부터 강요된 근면이므로 적절하지 않아.
⑤ E사원의 행동은 친목 도모를 위해 적절한 행동이야.

94 귀하는 팀장으로부터 새로 들어온 신입사원에게 근면한 직장 생활을 교육하라는 지시를 받았다. 이를 교육하기 위한 사례로 적절하지 않은 것은?

① A는 회사 내에서 정해진 시간, 근무 시간을 엄수한다.
② B는 프로젝트 준비를 위하여 스스로 자료 준비를 한다.
③ C는 야근을 포함하여 주어진 일을 적절히 배분하여 업무를 수행한다.
④ E는 일에 지장이 없도록 술자리를 적당히 절제하며 항상 건강관리를 한다.
⑤ D는 오늘 할 일을 내일로 미루지 않기 위해 일이 남았으면 퇴근 후에도 일을 한다.

95 다음은 직장에서 벌어질 수 있는 상황이다. 다음 상황에 대해 평가한 것으로 적절한 것은?

> 김 대리는 평상시 시간관리를 잘하는 것으로 유명하다. 또한 항상 배우는 자세로 임하여 일을
> 열심히 한다. 근무 중 개인적인 업무를 보더라도 맡은 일은 다 끝내고 퇴근을 한다.

① 시간관리를 철저하게 하는 김 대리는 근면한 사람이군.

② 오늘 할 일을 내일로 미루지 않는 김 대리는 근면한 사람이군.

③ 일이 남아서 퇴근 후에도 일을 하는 김 대리는 근면한 사람이군.

④ 주어진 시간 내에는 사적인 일을 삼가야 하는데 김 대리가 적절하지 못한 행동을 했군.

⑤ 회사에서 정해진 출퇴근 시간과 점심시간 등을 잘 지켜야 하는데 김 대리가 적절하지 못한 행동을 했군.

THE REAL

K
R
C

취업의 합격 신화 에듀크라운

인성 검사 및 면접 준비

한국농어촌공사는 필기시험과 함께 인성 검사를 실시하며, 합격자에 한해 면접시험 응시자격을 부여한다. 따라서 인성 검사와 면접을 준비할 때 필요한 내용을 수록하여 합격에 보다 쉽게 다가갈 수 있도록 하였다.

The Real Korea Rural Community Corporation

한국농어촌공사 NCS 직업기초능력평가

인성 검사 및
면접 준비 방법

01 한국농어촌공사 인성 검사

인성 검사란 무엇인가?

관찰이나 면접을 통해서 성격을 검사하는 경우도 있지만, 표준화된 검사도구를 사용하여 특성론에 기초해서 자료를 산출하거나 목록을 통한 개개인이 자기보고에 의해 성격을 검사하는 방법이 가장 많이 사용되고 있다. 로르샤흐(Rorschach) 검사, 주제통각검사처럼 개인이 갖는 성격의 다양하고 역동적 특성을 묘사하고 발견해내는 투사법(projection)도 널리 이용되고 있다.

미네소타 다면 인성검사(MMPI)

미국의 심리학자인 S. 헤터웨이가 이끄는 미네소타대학 연구팀이 개발한 다면적 인성검사법이다. 대학생들의 성격검사와 기업체에서의 인사관리 등에 쓰이고 있다. 우리나라에서는 한국임상심리학회가 우리의 실정에 맞게 22종의 세분화된 표준집단을 통해 제작했다.

인성검사 척도

척도명		약자	척도번호
타당도 척도	무응답 척도	?	
	비전형 척도	F	
	부인 척도	L	
	교정 척도	K	
기본 임상 척도	건강 염려증 척도	Hs	1
	우울증 척도	D	2
	히스테리 척도	Hy	3
	반사회성 척도	Pd	4
	남성성-여성성 척도	Mf	5
	편집증 척도	Pa	6
	강박증 척도	Pt	7
	조현증(정신분열증) 척도	Sc	8
	경조증 척도	Ma	9
	내향성 척도	Si	0

[001~150] 다음 질문을 읽고 본인이 해당하는 것을 고르시오.

번호	문항	YES	NO
1	아침에 일어나면 대개 기분이 상쾌하고 몸이 거뜬하다.		
2	조그만 소리에도 쉽게 잠이 깬다.		
3	나는 신문의 범죄 기사를 즐겨 읽는다.		
4	내 손발은 항상 따뜻하다.		
5	나의 일상생활은 재미있는 일들로 가득 차 있다.		
6	나는 거의 전과 다름없이 일을 할 수 있다.		
7	목에 무언가 꽉 막힌 것 같은 때가 많다.		
8	사람은 꿈을 이해하려고 노력해야 하고 꿈의 지시에 따라 행동해야 한다.		
9	나는 탐정소설이나 추리소설을 좋아한다.		
10	일을 할 때 굉장히 긴장된다.		
11	차마 입 밖에 낼 수 없을 정도로 나쁜 생각을 할 때가 가끔 있다.		
12	확실히 내 팔자는 사납다.		
13	우리 아버지는 좋은 분이셨다.		
14	새 직장에 갔을 때 누구와 먼저 친해야 좋을지를 은밀히 알았으면 한다.		
15	때때로 집을 몹시 떠나고 싶을 때가 있다.		
16	갑자기 웃음이나 울음을 참지 못할 때가 있다.		
17	아무도 나를 이해해 주지 못하는 것 같다.		
18	가수(또는 성악가)가 되고 싶다.		
19	난처할 때는 입을 다무는 것이 상책이라고 믿는다.		
20	나에게 부당한 짓을 하는 사람에게는 할 수 있다면 반드시 보복을 하는 것이 원칙이라고 생각한다.		
21	며칠마다 악몽(가위눌림)에 시달린다.		
22	한 가지 일에 정신을 집중하기가 어렵다.		
23	아주 기이하고 이상한 경험을 한 적이 있다.		
24	나에게 원한을 품고 있는 사람들이 없었더라면 나는 훨씬 더 성공했을 것이다.		
25	건강에 대해서 걱정하는 일이 별로 없다.		
26	시간만 있으면 앉아서 공상이나 하고 싶다.		
27	잠을 자다가 자주 깬다.		

번호	문항	YES	NO
28	언제나 참말만을 하지는 않는다.		
29	지금의 내 판단력은 어느 때보다도 좋다.		
30	나는 내 친구들 못지않게 건강하다.		
31	나를 아는 사람들은 대부분 나를 좋아한다.		
32	심장이나 가슴에 통증이 와서 고생한 일은 거의 없다.		
33	나는 누구하고나 잘 어울린다.		
34	옳고 그른 일은 언젠가는 가려진다.		
35	신문 사설을 매일 꼬박꼬박 읽지는 않는다.		
36	한 가지 일에 너무 매달려서 남들이 참다못해 화를 내는 때가 있다.		
37	나는 아버지를 사랑했다.		
38	나도 남들처럼 행복했으면 좋겠다.		
39	동정이나 도움을 얻으려고 자기의 불행을 과장하는 사람이 많다고 생각한다.		
40	나는 중요한 사람이다.		
41	가끔 화를 낸다.		
42	나는 연애소설을 좋아한다.		
43	나는 기분이 쉽게 상하지 않는다.		
44	산림 감시원의 일이 마음에 들 것 같다.		
45	나는 언쟁을 하면 쉽게 지고 만다.		
46	능력과 의욕이 있는 사람은 누구나 성공할 가능성이 있다.		
47	요즈음은 훌륭한 사람이 되려는 희망을 계속 유지하기가 어렵다.		
48	화초 재배를 하고 싶다.		
49	인생은 살만한 가치가 있다고 생각한다.		
50	사람들에게 진실을 납득시키려면 토론을 많이 해야 한다.		
51	놀림을 당해도 아무렇지 않다.		
52	사람들은 대개 잘 되기 위해서라면 거짓말이라도 할 것으로 생각한다.		
53	어떤 일을 하고 나서 후회하는 경우가 많다.		
54	가족이나 친지들의 생일을 거의 잊지 않고 챙긴다.		
55	집안 사람들과 말다툼하는 일은 거의 없다.		
56	떠들썩하게 재미있는 모임이나 행사에 가기를 좋아한다.		
57	할 일이 너무 많아서 어떤 것을 해야 할지 모르겠다.		
58	가장 힘든 것은 나 자신과의 싸움이다.		
59	나에게 무슨 일이 생길까 신경 쓰지 않는다.		
60	실수나 나쁜 짓을 한 것같이 스스로 느낄 때가 많다.		

번호	문항	YES	NO
61	나는 늘 즐겁다.		
62	늘 머리나 코가 꽉 막혀 있는 것 같은 기분이다.		
63	거만하게 으스대는 사람이 청하는 일은 옳은 일이라도 반대로 하고 싶어진다.		
64	나에게 원한을 품고 있는 사람이 있다.		
65	'스릴(아슬아슬함)'을 즐기려고 위험한 일을 한 적은 한 번도 없다.		
66	내가 옳다고 생각하는 것은 지켜야 할 필요가 있다고 자주 느낀다.		
67	법은 엄격히 집행되어야 한다고 생각한다.		
68	가끔 머리가 꽉 조이는 것 같다.		
69	내세가 있다고 믿는다.		
70	경기나 게임을 할 때는 내기를 해야 더 재미있다.		
71	사람들은 대개 들킬까 봐 두려워서 정직할 뿐이다.		
72	내 말투나 음성은 언제나 일정한 편이다(빠르거나 느리지 않으며 흐리거나 쉰 목소리가 아니다).		
73	집에서의 식사예절은 밖에서 남과 함께 식사를 할 때만큼 좋지는 않다.		
74	누군가 나에게 음모를 꾸미고 있는 것 같다.		
75	나도 남들만큼 유능하고 똑똑한 것 같다.		
76	누군가 나를 미행하는 듯하다.		
77	사람들은 이득이 된다면 다소 옳지 못한 수단도 쓸 것이다.		
78	연극 활동을 좋아한다.		
79	내가 누구 때문에 고생하는지 알고 있다.		
80	피를 본다고 놀라거나 기분이 언짢아지지는 않는다.		
81	내가 왜 그렇게 화를 내고 토라졌는지 나 스스로도 알 수 없는 때가 많다.		
82	때때로 생각이 너무 빨리 떠올라서 그것을 말로 다 표현할 수 없다.		
83	남이 나에게 잘해 줄 때는 숨은 의도가 있지 않나 생각하곤 한다.		
84	우리 가정은 내가 아는 다른 가정처럼 즐겁게 지낸다.		
85	음식 만들기를 좋아한다.		
86	나는 대개 주위 사람들이 하는 방식에 따라 행동하게 된다.		
87	어렸을 때 나는 밤낮으로 붙어 다니는 패거리에 끼어 있었다.		
88	군인이 되고 싶다.		
89	전에는 일기를 늘 썼다.		
90	놀이(또는 게임)에서 지기보다는 이기고 싶다.		
91	지난 몇 해 동안 대체로 건강했다.		
92	체중이 늘지도 줄지도 않는다.		

번호	문항	YES	NO
93	지금 나는 과거 어느 때보다도 건강하다.		
94	때때로 머리(정수리)를 건드리기만 해도 아프다.		
95	쉽게 지치지 않는다.		
96	내가 하고 있는 일에 관해서 공부하기를 좋아한다.		
97	유력한 사람들과 사귀고 싶다.		
98	높은 데서 내려다 보면 겁이 난다.		
99	돈을 취급하는 것이 두렵지 않다.		
100	남들이 나를 어떻게 생각하든 상관하지 않는다.		
101	공부하는 것을 좋아했다.		
102	아직껏 졸도해 본 적이 없다.		
103	현기증을 느껴 본 일이 거의 없다.		
104	뱀을 아주 무서워하지는 않는다.		
105	우리 어머니는 좋은 분이셨다.		
106	내 기억력은 괜찮은 것 같다.		
107	따분해지면 나는 곧잘 신나는 일을 일으키기 좋아한다.		
108	나도 남들만큼 귀가 밝다.		
109	오래 글을 읽어도 눈이 피로해지지 않는다.		
110	항상 기운이 없고 몸이 나른하다.		
111	머리 아플 때가 거의 없다.		
112	알레르기성 콧물 재채기나 천식이 없다.		
113	내가 아는 사람이라고 다 좋아하지는 않는다.		
114	한 번도 가 본 적이 없는 곳에 가 보고 싶다.		
115	수줍음을 타지 않았으면 좋겠다.		
116	내가 기자라면 연예기사를 쓰겠다.		
117	언론인이 되고 싶다.		
118	나는 어느 누구보다도 신앙심이 두텁다.		
119	여러 가지 놀이와 오락을 즐긴다.		
120	낮에는 잘 잘 수 있으나 밤에는 잠이 안 온다.		
121	나도 모르게 걱정하고 있을 때가 많다.		
122	건축업자가 하는 일이 마음에 들 것 같다.		
123	나는 어머니를 사랑했다.		
124	과학을 좋아한다.		
125	보답할 수 없을 경우라도 친구의 도움을 청하기가 그리 어렵지 않다.		

번호	문항	YES	NO
126	때로는 아주 쉽게 결정을 내릴 수 있을 것 같은 기분이 든다.		
127	여러 가지 클럽이나 모임의 회원이 되고 싶다.		
128	사리에 어긋나면 사소한 일이거나 남의 일이라도 그냥 두지 못하는 때가 있다.		
129	쉽게 화를 내지만 바로 풀린다.		
130	나는 집안의 규율에 얽매이지 않고 자유로이 행동한다.		
131	내색하지 않지만 마음이 상할 때가 많다.		
132	친척들은 거의 다 나와 마음이 잘 통한다.		
133	실연 당한 적이 있다.		
134	외모에 대해서 전혀 걱정하지 않는다.		
135	남들보다 신경질을 더 부리지는 않는다.		
136	나는 농담을 잘하는 사람과 함께 있는 것이 좋다.		
137	가끔 잘 알지도 못하는 사람에게 투표를 한다.		
138	신문에서 재미있는 것은 만화뿐이다.		
139	내가 하는 일은 대개 성공할 것으로 본다.		
140	신이 있다고 믿는다.		
141	무슨 일이든 시작하기가 힘들다.		
142	만약 내가 화가라면 꽃을 그리고 싶다.		
143	좀 더 잘 생기지 못한 것을 속상해 하지 않는다.		
144	선선한 날에도 쉽게 땀이 나곤 한다.		
145	아무도 믿지 않는 것이 가장 안전하다.		
146	침울하다가도 신나는 일이 생기면 언제나 기분이 좋아지곤 한다.		
147	쉽게 남들이 나를 무서워하게 할 수도 있고 또 재미로 가끔 그렇게 하기도 한다.		
148	외출할 때 문단속이 잘 되었는지 걱정하지 않는다.		
149	나는 이용당하기 쉬운 사람을 이용하는 것을 비난하지 않는다.		
150	때로 힘이 넘쳐 흐른다.		

02 한국농어촌공사 면접

📖 면접 복장

◉ 남자 면접 복장

1. 남자 면접복장의 경우에는 정장의 상의가 너무 길어서도 짧아서도 안 된다. 상의가 너무 길면 사람이 허술해 보일 수도 있고 뭔가 부족한 이미지로 인식될 수 있다. 상의의 길이가 짧으면 예의가 없어 보이고 다소 가벼운 이미지를 보여 줄 수 있다. 그렇기 때문에 상의의 적당한 길이로는 엉덩이를 반쯤 덮은 상태가 좋고 면접의자에 앉았을 때에 정장 상의를 엉덩이에 붙여 앉는 것이 좋다.

2. 하의의 길이 부분은 구두 윗부분까지를 선호하고 깔끔하게 다림질이 되어있어야 한다.

3. 넥타이는 매듭법으로 좌우 균형을 맞춰 격식을 갖춘 이미지를 주어야 한다.

4. 남성구두의 경우에는 단정하고 심플하면서 포인트를 줄 수 있는 어두운 계열의 색상을 고르는 것이 좋다.

◉ 여자 면접 복장

1. 헤어스타일은 단정하게 빗어 묶는 것이 좋고 깔끔하고 정돈된 이미지를 인식시켜주는 것이 중요하다.

2. 스커트의 종류는 H라인의 치마가 좋고 길이는 무릎을 스치는 정도가 적당하다.

3. 여성 구두의 경우 일반적으로 5~7cm 사이의 높이가 좋으며 발가락이 보이는 구두보다는 앞부분이 막혀있는 구두를 신어 깔끔하게 보이는 것이 좋다.

4. 메이크업의 경우에는 옅은 화장을 하는 것이 좋다.

1. 취업사이트에 실린 내용을 100% 신뢰하지 마라.

회사를 좋아하는 사람보다 싫어하는 사람이 리뷰를 더 많이 달기 때문에 부정적인 부분이 부각될 수도 있다. 내가 다닐 회사라는 마음으로 긍정적인 부분과 부정적인 부분을 동시에 수용할 수 있는 마인드가 필요하다.

2. 재직 중인 회사 직원 또는 임원의 블로그 및 SNS를 찾아 읽는다.

블로그나 SNS를 통해 회사에 대한 최대한 많은 정보를 얻어야 한다. 문화라든지 홈페이지에 없는 복리후생과 일상을 통한 현실적인 내용들을 확인할 수 있다.

3. 까다로운 질문의 본래 의도를 이해하려고 해야 한다.

특정회사를 알아보는 과정에서 단순히 암기하는 것은 지양하여야 한다. 취지에 맞게 최선으로 답하여야 한다. 회사는 진짜를 원한다.

4. 스터디는 필수다.

스터디를 하면서 좋은 점은 다른 사람들의 장점을 배울 수 있고, 다양한 관점과 정보들을 함께 나눌 수 있다는 것이다.

5. 회사분석은 확실하게 해야 한다.

회사의 장단점뿐만 아니라 위기상황에서 어떻게 대처했는지까지 철저하게 조사하여야 한다.

6. 직무분석은 기본이다.

직무와 관련하여 본인이 경험했던 인턴이나 대외활동 등을 평상시에도 정리해두고, 입사하면 무엇을 하게 될지, 그곳에서 이루고자 하는 것과 어떤 사람이 될지 등을 미리 준비하여야 한다.

7. 1분 자기소개는 반드시 준비하여야 한다.

면접관들에게 깊은 인상을 줄 수 있어야 한다. 처음 또는 마지막에 일반적으로 질문이 들어오기 때문에 암기한 것을 나열하듯이 하면 안 되고, 자신감 있게 그리고 자연스럽게 하여야 한다.

📖 면접 기출

1. 청년들이 공무원/공공기업으로 몰리는 이유

2. 한국농어촌공사의 문제점(재정고갈 등)과 해결방안

3. 한국농어촌공사에 관한 전반적인 질문들

4. 한국농어촌공사와 관련된 상식, 농업지식

5. 본인의 노후 계획

6. 국내 우리나라 농어촌의 실태 등

7. 장애인 관련 질문기업 임원의 황제용역에 대한 본인의 생각

8. 자소서 기반 질문

9. 전공질문

📖 면접 예상 질문

1. 당신의 장단점은 무엇인가?

2. 남들은 자신을 어떤 사람으로 보는가?

3. 지금까지 살면서 가장 기뻤던 일은 무엇인가?

4. 학업 이외에 열중했던 일은 무엇인가?

5. 좌절한 적이 있는가?

6. 최근 가장 관심이 있는 것은?

7. 부자가 된다면 무엇을 할 것인가?

8. 취미나 특기는 무엇인가?

9. 회사에서 이루고 싶은 것은 무엇인가?

10. 일과 생활의 균형을 어떻게 이룰 것인가?

11. 당신에게 주어진 업무를 어떻게 해결할 것인가?

12. 최근 여행을 갔다면 느낀 점은?

13. 학교 성적은 어땠는가?

14. 본인의 전공을 선택한 이유

15. 자신의 인생관은 무엇인가?

16. 리더십을 가지려면 무엇이 필요한가?

17. 입사한다면 가장 먼저 하고 싶은 일은?

18. 우리 회사에 채용이 안 되면 어떻게 할 것인가?

19. 바람직한 직장인상을 말해보시오

20. 전혀 경험이 없는 업무를 해야 한다면 어떻게 할 것인가?

THE REAL

K
R
C

취업의 합격 신화 에듀크라운

THE REAL

K
R
C

취업의 합격 신화 | 에듀크라운

THE REAL

K
R
C

취업의 합격 신화 **에듀크라운**

THE REAL

K
R
C

취업의 합격 신화 **에듀크라운**

THE REAL

K
R
C

취업의 합격 신화 | 에듀크라운

THE REAL

K
R
C

취업의 합격 신화 | 에듀크라운

NCS

THE SMART!

한국농어촌공사
NCS
직업기초능력평가

정답 및 해설

NCS

최고의 적중률!! 최고의 합격률!!

대한민국 국가자격
대표브랜드 시험문제
전문출판

에듀크라운
국가자격시험문제 전문출판
http://www.crownbook.com

크라운출판사
국가자격시험문제 전문출판
http://www.crownbook.com

THE SMART!

Clean & Green

한국농어촌공사
NCS
직업기초능력평가

정답 및 해설

NCS

대한민국 대표브랜드

국가자격 시험문제 전문출판

에듀크라운
국가자격시험문제 전문출판
http://www.crownbook.com

최고의 적중률!! 최고의 합격률!!

CROWN Publishing.CO

크라운출판사
국가자격시험문제 전문출판
http://www.crownbook.com

직업기초능력평가

NCS에서 정의하는 직업기초능력평가란 지원자가 업무에 필요한 기초적 능력을 얼마나 발휘할 수 있는지 평가하는 과정을 말한다. 크게 10가지 능력 단위로 분류되며, 각 능력에 따라 다시 세분화되어 있어 지원자가 특정 능력 중에서도 어떤 능력이 뛰어난지를 평가하기도 한다. 따라서 각 능력의 평가 기준은 무엇이고 어떻게 해야 높은 평가 점수를 받을 수 있는지를 숙지해야 쉽게 문제를 풀 수 있다. 즉 단순히 문제를 풀어 나가기보다 '이 문제는 어떤 의도로 만들어졌는가'를 파악하는 것이 직업기초능력평가의 핵심인 것이다.

2

NCS 직업기초능력평가
정답 및 해설

K
R
C

취업시험 합격의 신화 **에듀크라운**

Chapter 01 의사소통 능력 정답 및 해설

유형 공략 문제

01	③	02	④	03	①	04	②	05	①
06	①	07	①	08	④	09	①	10	③
11	①	12	③	13	③	14	⑤	15	②
16	③	17	①	18	③	19	③	20	④
21	③	22	⑤	23	②	24	①	25	③

01 ③

'태두(泰斗)'는 '어떤 분야에서 가장 권위가 있는 사람'을 비유적으로 일컫는 말로 '대가(大家)'와 비슷한 의미의 단어이다.

① 태초(太初) : 하늘과 땅이 만들어진 맨 처음

② 태도(態度) : 어떤 일이나 상황을 대하는 마음가짐

④ 서두(序頭) : 일이나 말의 첫머리

⑤ 두각(頭角) : 뛰어난 학식이나 재능을 비유적으로 일컫는 말

02 ④

'미증유(未曾有)'는 '지금까지 한 번도 있어 본 적이 없는'의 뜻으로 '전대미문(前代未聞)'과 같은 의미이다

① 미상불(未嘗不) : 아닌 게 아니라 과연

② 불가분(不可分) : 떼려야 뗄 수 없는

③ 불가불(不可不) : 하지 아니할 수 없어

⑤ 미연(未然) : 어떤 일이 아직 그렇게 되지 않은 때

03 ①

'영전(榮轉)'은 '전보다 더 좋은 자리나 직위로 옮김'의 뜻이고 '좌천(左遷)'은 '낮은 관직이나 지위로 떨어지다'의 뜻으로 반의어이다.

② 영접(迎接) : 손님을 맞아서 대접하는 일
③ 쇠락(衰落) : 쇠약하여 말라서 떨어짐.
④ 첩경(捷徑) : 지름길
⑤ 각하(却下) : 형식상 부적합한 것으로 하여 물리치는 재판

---

04 ②

'앙등(仰騰)'은 '가격 등이 뛰어오름'의 뜻으로 반의어는 '하락(下落)'이 된다.
① 앙숙(怏宿) : 앙심을 품고 서로 미워하는 사이
③ 등락(登落) : 물가 따위가 오르고 내림.
④ 침강(沈降) : 지각의 일부가 아래쪽으로 움직이거나 꺼짐.
⑤ 영겁(永劫) : 영원한 세월

---

05 ①

장점, 차이, 개인으로 성격이라는 단어를 연상할 수 있다.

---

06 ①

유의관계이면서 한자어 : 고유어로 답하는 문제이다.
동풍 = 샛바람, 서풍 = 하늬바람, 북풍 = 된바람, 남풍 = 마파람이다.

---

07 ①

반의 관계 한자어 문제이다. '낙천'은 '세상과 인생을 즐겁고 좋은 것으로 여김'의 뜻으로 '염세'의 반의어이다. '능변'은 '말을 능숙하게 잘함'의 뜻으로 반의어는 '눌변(訥辯)'이다.
② 변수 : 어떤 상황의 가변적 요인
③ 대변 : 어떤 사실이나 의미를 대표적으로 나타냄.
④ 첩경 : 지름길
⑤ 낙관 : 인생이나 사물을 밝고 희망적으로 봄.

---

08 ④

① 백분률 → 백분율, ② 몹씨 → 몹시, ③ 깍뚜기 → 깍두기, ⑤ 소적새 → 소쩍새

---

09 ①

② 뻐꾹이 → 뻐꾸기, ③ 오뚜기 → 오뚝이, ④ 곰곰히 → 곰곰이, ⑤ 깨끗히 → 깨끗이

---

10 ③

어떤 나라의 지식이나 기술을 도입한다는 것은 그것을 만든 사람들의 가치관이나 태도 등도 동시에 받아들인다는 것으로 우리가 추구해온 개발과 현대화가 물질과 정신의 전면적인 서구화로 귀결된다는 내용이다. (나)의 마지막 부분에서 유럽의 식민지화가 완성되었다는 내용이 들어있으므로 ③이 정답이다.

11 ①

(가)에서 글쓴이는 '양기화혼(洋技和魂)'을 실현 불가능한 생각으로 보면서 물질과 정신을 분리해서 생각하는 것은 근본적으로 불가능하다는 것을 주장하므로 ①이 정답이 된다.

12 ③

본문에서 네트워크 경제 시대에는 소비자의 욕구를 발 빠르게 반영할 수 있는 주문 생산이 일반화되고, 고객과의 유대를 중시하는 형태로 변모하고 있다고 했다. 그리고 무엇보다 네트워크 시대에는 자산 그 자체보다 지적 자산, 즉 아이디어나 창조력, 상상력이 더 중요하고 이것이 부를 창출한다고 했다. ③과 같이 생산한 제품을 끝까지 책임지는 자세는 시장 경제에서의 가치라고 볼 수 있다. 오히려 네트워크 시대에는 제품 자체는 무상으로 제공되고 제품의 사용으로 고객과 장기적 유대 관계를 형성하여 부를 창출하는 형태로 서비스의 개념이 질적으로 변화하고 있다.

13 ③

네트워크 경제에서는 전략적 제휴나 상품의 무상 제공으로 부수 제품을 사용하도록 하는 임대나 대여 형태의 마케팅 활동이 강화된다. 그리고 지적 자산이나 이미지 자체를 통해 부를 창출한다. 또한 네트워크 시스템을 통해 공급자를 연결해 소비자의 욕구에 즉시 반응할 수 있는 체제를 구축하게 되었다. 그런 관점에서 보면 ①, ②, ④, ⑤는 '네트워크 경제'를 뒷받침할 수 있는 사례로 볼 수 있다. 그러나 ③은 생산 공정의 자동화를 통한 기업의 대량 생산 체제의 구축이 핵심인데, 이는 네트워크 경제의 본질보다는 상품을 좀 더 많이 싸게 공급하여 이익을 극대화하고자 하는 종래의 시장 경제의 특징과 관계 깊은 진술이라고 할 수 있다.

14 ⑤

(A)는 이상적인 태도를 갖고 있던 사람은 포로수용소에서 죽게 되었고, 현실주의적 태도를 가진 사람은 살아남았다는 것을 보여주며, (B)는 현실을 도외시하는 전략으로 회사가 무너진다는 것을 보여준다. 결국 모두 현실을 받아들이고 냉정하게 판단하는 것이 중요함을 나타낸다.

15 ②

글쓴이가 참고한 자료에서 나트륨을 줄이는 문제는 개인의 노력에만 의존해야 할 사안이 아니라 소비자와 공급자, 정부가 서로 동참하고 협력해서 해결해야 하는 문제라고 말하고 있다.

16 ③

참고 자료에서 응답자의 87%가 나트륨 섭취량을 줄여야 한다고 인식은 하고 있으나 그것을 행동으로 실천하지 못하는 것이 문제라는 점을 지적하고 있다. 따라서 필요성을 느끼지 못하고 있다는 내용은 적절하지 못하다.

17 ①

'외한시장→외환시장'으로, '주식운영→주식운용'으로 고쳐야 한다.

이런 유형의 문제는 평소 신문이나 인터넷 기사 등을 읽을 때 정확한 용어가 무엇인지 주의 깊게 살펴보며 읽는 습관을 들이는 것이 중요하다.

18 ③

GTAA는 투자전략 분야 전문가의 주요 업무이다.

난이도가 높은 문제는 아니지만, '보기'에서 빠르고 정확하게 내용을 파악하는 유형의 문제이다.

NCS는 지문이 일반적인 지문이 출제되는 경우도 있으나, 그 회사의 보도자료나 공고문 등을 이용하는 경우가 많고, 실무적인 상황에서 벌어질 수 있는 문제를 주로 다룬다. 평소 지원 회사의 보도자료 등을 자주 검색해 보는 것이 필요하다.

19 ③

'타워를 만든 사람들'에는 총 8천여 명의 근로자와 롯데물산, 롯데건설 임직원뿐만 아니라 외국인 근로자 45명도 포함된다고 본문 중간 부분에 나와 있다. NCS는 우선 정확한 독해 능력을 요구한다. 이는 공기업 입사 시 수많은 서류나 기획안, 공문서 등을 읽고 이해해야 하므로 직장 생활에서 가장 기본적으로 요구되는 능력이다.

20 ④

1 toe(ton of oil equivalent) : 원유 1톤이 갖는 열량으로 10Gcal를 의미하며, 승용차(연비 12.54km/l)로 서울—부산(왕복거리 912km)을 17번 왕복할 수 있는 휘발유량이다.

① '시도별 에너지사용량은 전남(24.4%) ~'부분에서 확인할 수 있다.

② '에너지이용합리화법(제31조 제1항)에 따라 연간 에너지를 2,000toe 이상 사용하는 ~'에서 알 수 있는 내용으로 맞는 표현이다.

③ '건물부문은 신도시 입주, 대규모 쇼핑단지 건설 등으로 에너지 다소비 건물 수가 전년대비 ~'에서
   확인할 수 있다.
⑤ '국내 최종 에너지 사용량 중 18%에 해당하는 버스, 택시, 철도, 항공, 선박 등의 수송부문에서는 ~'
   에서 확인 가능하다.

---

21 ③

'원화 가치의 상승'은 외국인에게 우리나라 여행 비용을 증가시키는 요인이므로, 외국인의 국내 관광을
확대하기 위한 개선책으로는 볼 수 없다.

▶ 원화 가치의 상승/하강
한국의 화폐인 원화의 대외가치가 외국화에 비하여 상대적으로 높아지는 현상(원화상승)과 낮아지는 현상
(원화 하락)을 말한다. 1달러에 1,200원이던 것이 1달러에 1,000원이 되면 원화의 대외가치는 200원 상승한
것이 되며, 반대로 1달러에 1,300원이 되었다면 원화의 대외가치는 100원만큼 하락한 것이다.

---

22 ⑤

경청의 올바른 방법에 대한 문제이다. 직장 생활 속에서는 여러 가지 상황의 대화나 경청 등의 의사소
통이 이루어진다. 이런 상황 속에서 경청에 대한 올바른 이해는 중요하며, 상대방에게 안도감을 주면
서 원만한 인간관계를 유지시켜주는 필수 요소이다. '왜'라는 질문은 상대방에게 거부감을 일으킬 수
있는 요소이다.

---

23 ②

반대하는 주민들이 투표결과에 불복하여 주민 간에 반목이 심해졌다고 한 것으로 보아 공동체 의식이
고양되었다고 볼 수 없다.

---

24 ①

지문은 대중 매체의 양면성(긍정적 기능과 부정적 기능)에 대해 언급하고 있다. 따라서 이를 가장 잘 표
현한 주제는 '대중 매체의 순기능과 역기능'이라 할 수 있다.

---

25 ③

독불장군 스타일의 대화가 아닌 것을 고른다. 독불장군이 남의 의견을 무시하고 혼자 모든 일을 처리하
는 사람의 비유인 만큼 대화를 통해 중요한 사항을 결정한다는 보기는 이와 맞지 않다.

유형 공략 문제

01	⑤	02	④	03	③	04	①	05	②
06	②	07	③	08	④	09	③	10	②
11	④	12	①	13	②	14	③	15	②
16	④	17	③	18	③	19	③	20	②
21	②	22	⑤	23	②	24	③	25	④
26	④	27	⑤	28	②	29	①	30	③

01 ⑤

$$2 \longrightarrow 3 \longrightarrow 7 \longrightarrow 16 \longrightarrow (\quad) \longrightarrow 57$$
$$+1^2 \quad +2^2 \quad +3^2 \quad +4^2 \quad\quad +5^2$$

02 ④

$$1 \longrightarrow 3 \longrightarrow 6 \longrightarrow 11 \longrightarrow 20 \longrightarrow 37 \longrightarrow (\quad)$$
$$+2 \rightarrow +3 \rightarrow +5 \rightarrow +9 \rightarrow +17 \rightarrow +33$$
$$+1 \quad +2 \quad +4 \quad +8 \quad +16$$

03 ③

$$1 \longrightarrow 2 \longrightarrow 4 \longrightarrow 5 \longrightarrow 8 \longrightarrow 9 \longrightarrow 13 \longrightarrow 14 \longrightarrow (\quad)$$
$$+1 \quad +2 \quad +1 \quad +3 \quad +1 \quad +4 \quad +1 \quad +5$$

04 ①

$$\frac{12}{100} \times 300 = \frac{10}{100}(300+x)$$

$$3,600 = 3,000 + 10x$$

$10x=600$

$\therefore x=60(\text{g})$

---

05 ②

십의 자리의 숫자를 a라 하면 처음 수는 $10a+8$, 십의 자리 숫자와 일의 자리 숫자를 바꾼 수는 $80+a$ 이므로

$80+a=3(10a+8)-2$

$29a=58$

$\therefore a=2$

따라서 처음 두 자리 자연수는 28이다.

---

06 ②

불합격자 남녀비가 2 : 1이고 불합격자 여자가 50명이므로 불합격자 남자는 100명이다.

합격자 남, 녀를 각각 $3x$, $2x$라 하면 전체 남녀의 비가 8 : 5이므로

$8:5=(3x+100):(2x+50)$

$15x+500=16x+400$

$\therefore x=100$

합격자 남녀는 각각 300명, 200명이므로 전체 입학 지원자 수는 $300+200+100+50=650$명이다.

---

07 ③

A 지점에서 B 지점까지의 거리를 $x$km라 하면

$\dfrac{x}{2}-\dfrac{x}{3}=\dfrac{3}{2}$

$3x-2x=9$

$\therefore x=9(\text{km})$

---

08 ④

동생이 걸은 시간을 t라 하면,

지용이가 간 거리 : $5\times80+80t$

동생이 간 거리 : $100t$

$5\times80+80t=100t$

$20t=400$

$\therefore t=20(\text{분})$

---

09 ③

원가를 x원이라 하면

$1.2x - 1,800 = x + 1,200$

$12x - 18,000 = 10x + 12,000$

$2x = 30,000$

$\therefore x = 15,000(원)$

10 ②

수습생이 3분 동안 검수한 개수를 x개, 달인이 3분 동안 검수한 개수를 $x+10$개라 하면

$10x = 5(x+10) \times \dfrac{2}{3}$ $10x = \dfrac{10}{3}(x+10)$

$3x = x + 10$ $2x = 10$

$\therefore x = 5(개)$

따라서 총 검수한 개수는 $10 \times 5 + 5 \times (5+10) = 125(개)$

11 ④

학생 수를 x라 하면

$3x + 12 = 4x - 8$ $\therefore x = 20(명)$

따라서 사탕의 개수는 $3 \times 20 + 12 = 72(개)$다.

12 ①

A와 C가 만나는 시간을 t라 하면, A가 걸은 거리+C가 걸은 거리$=1,440$이므로 $80t + 40t = 1,440$

$\therefore t = 12$

A와 C가 12분 후에 만나므로 B와 C는 그로부터 4분 후인 16분 후에 만난다.

B의 속력을 x(m/분)이라 하면 B가 걸은 거리−A가 걸은 거리$=1,440$이므로 $16x - 80 \times 16 = 1,440$

양변을 16으로 나누면 $x - 80 = 90$ $\therefore x = 170$

13 ②

가로의 길이를 $x$cm라 하면 세로의 길이는 $(x-30)$cm이다. 직사각형의 둘레의 길이는 끈의 길이와 같음을 이용하여 식을 세우면,

$2\{x + (x-30)\} = 320$

$2x - 30 = 160$

$2x = 190$

$\therefore x = 95(cm)$

14 ③

소금물 500g 안에 들어있는 소금의 양을 a(g)이라 하고, A에 넣은 소금물의 양을 x(g)이라 하면 B에 넣은 소금물의 양은 500$-x$(g)이다.

비커 A에 물을 더 넣어 농도가 처음의 $\frac{1}{3}$이 되었으므로 더 넣은 물의 양은 $2x$(g)이고,

B에 물을 증발시켜 농도가 처음의 2배가 되었으므로 증발시킨 물의 양은 $\frac{1}{2}(500-x)$(g)이다.

비커 A, B의 소금물을 섞었을 때 소금물의 양은 $3x+\frac{1}{2}(500-x)=\frac{5}{2}x+250$(g)이고 소금의 양은 변하지 않으므로 a(g)이라 하면 농도는 $\dfrac{a}{\frac{5}{2}x+250}\times100=\dfrac{a}{500}\times100\times\dfrac{4}{5}$

$4\left(\frac{5}{2}x+250\right)=2,500$

$10x+1,000=2,500$

$10x=1,500$

$\therefore x=150$(g)

---

15 ②

전체의 일을 1이라 하면,

A가 하루에 하는 일의 양 $=\frac{1}{12}$, B가 하루에 하는 일의 양 $=\frac{1}{18}$, C가 하루에 하는 일의 양 $=\frac{1}{24}$

이들이 일을 한 날의 수를 x, $3x$, $6x$일이라 하면

$\frac{1}{12}x+\frac{1}{18}\times3x+\frac{1}{24}\times6x=1$

$x+2x+3x=12$

$\therefore x=2$

세 사람이 일한 기간은 각각 2, 6, 12일이므로 총 일한 기간은 2+6+12=20일이다.

---

16 ④

전체 물탱크의 양을 1,
호스 A를 1시간 틀었을 때 나오는 물의 양을 a,
호스 B를 1시간 틀었을 때 나오는 물의 양을 b,
호스 C를 1시간 틀었을 때 나오는 물의 양을 c 라 하면

$(a+b)\times\dfrac{4}{3}=1 \qquad \Rightarrow \qquad a+b=\dfrac{3}{4} \cdots \text{㉠}$

$(b+c)\times\dfrac{8}{3}=1 \qquad \Rightarrow \qquad b+c=\dfrac{3}{8} \cdots \text{㉡}$

$$(c+a) \times \frac{8}{5} = 1 \qquad \Rightarrow \qquad c+a = \frac{5}{8} \cdots ㉢$$

㉠, ㉡, ㉢을 모두 더하면

$$2(a+b+c) = \frac{14}{8}$$

$$a+b+c = \frac{7}{8} \cdots ㉣$$

㉣에서 ㉠, ㉡, ㉢을 각각 빼면 $c = \frac{1}{8}$, $a = \frac{1}{2}$, $b = \frac{1}{4}$ 이다.

C를 튼 시간을 x라고 하면

$$\left(\frac{1}{2} + \frac{1}{4} \right) \times \frac{1}{2} + \frac{1}{8} \times x = 1$$

$$\frac{3}{4} \times \frac{1}{2} + \frac{x}{8} = 1$$

$$\frac{3}{8} + \frac{x}{8} = 1 \qquad \therefore x = 5$$

17 ③

$x = 175$, $y = 81$을 대입하면

$$(비만도) = \frac{81}{(175-100) \times 0.9} \times 100$$

$$= \frac{81}{67.5} \times 100 = 120$$

따라서 경도비만이다.

18 ③

비어선의 해양사고 건수가 가장 많은 해는 가장 적은 해의 2배보다 적다.

19 ③

㉠ 2005년 (대상자/총인구)는 약 5%이므로 총인구는 대략 4천 300만 명으로 추산되고, 2014년 (대상자/총인구)는 약 2.5%이므로 약 7천 100만 명으로 추산된다. 따라서 인구가 줄었다고 볼 수 없다.

㉡ 기초생활보호 대상자 중에 65세 이상 대상자의 비율이 가장 높은 해는 2009년 18.6%이고, 가장 낮은 해는 2006년 13.9%이기 때문에 차는 4.7%이다.

㉢ 2006년과 2005년에 B/65세 이상 인구(%)와 65세 이상 대상자를 보면 2006년에 대상자가 더 많음에

도 불구하고 퍼센트가 적기 때문에 2005년보다 65세 이상의 인구가 더 많다고 볼 수 있다.

ⓔ 2010년 전체 대상자 수는 증가하였지만 65세 이상 대상자 수는 감소하였고, 2013년 전체 대상자 수는 감소하였지만 65세 이상 대상자 수는 증가하였다.

---

20 ②

ㄱ. 국어의 합계가 61이므로 (A)에 들어갈 숫자는 17이다.

ㄴ. 허진이는 총점 85점이기 때문에 평균이 17점으로 최우수를 받을 것이다

ㄷ. 민준이의 영어점수가 12점이라면 평균이 13점이 나오기 때문에 우수이지만 12점 밑으로 떨어지게 된다면 우수를 받을 수 없다.

---

21 ②

ㄱ. 보조금＝총 취항 거리×수송요금×1년 수송인원×10%

군산의 취항 거리가 60마일이 되면 15,468,600 금액을 받기 때문에 가장 많은 보조금을 받게 될 것이다.

ㄷ. 가장 많은 인원을 태우는 지역은 목포이다.

구분	선박 (척)	취항 거리(마일)	수송요금(1인당)	1년 수송인원(명)	보조금
대산	3	80	420	4,279	14,377,440
군산	4	29	700	3,683	7,476,490
목포	2	36	330	9,792	11,632,896
여수	2	320	400	394	5,043,200
마산	1	37	300	2,932	3,254,520

---

22 ⑤

인구수가 많다고 해서 자전거를 많이 사용하는 것은 아니므로 1,000명당 자전거 대수를 계산하여 실제로 자전거가 많이 다니는 지역을 찾아야 한다.

A : 39.14만 대, B : 38.4만 대, C : 27.18만 대, D : 28.8만 대이고, A와 B, C와 D의 자전거 대수가 비슷하므로 자전거 도로망을 본다면 자전거 도로가 적을수록 사건 사고가 많이 나기 때문에 자전거 도로가 적은 B – A – D – C 순으로 추천해야 한다.

---

23 ②

총 이민자의 수는 2010년에 한 번 감소하고 이후에 매년 증가하고 있다.

---

24 ③

ㄱ. 이천시의 논 면적은 33,656ha, 밭 면적은 23,212ha이므로 2배 이상이 아니다.

ㄴ. 안동시(73,341ha), 여주시(73,175ha), 이천시(56,868ha), 포천시(56,505ha) 순이다.

ㄷ. $\dfrac{56.505}{73.341}$ ≒0.77이므로 70% 이상이다.

25 ④

	A	B	C	D
그물 손실률	9.8%(100)	33.3%(70)	32.3%(70)	37.5%(70)
쓰레기 수거량	860kg(85)	660kg(70)	420kg(55)	800kg(85)
총점	185	140	125	155

26 ④

2016년 3월 비거세우 평균가격이 거세우 각 등급에서 2016년 3월 평균가격보다 모두 높다.

27 ⑤

지방과 단백질의 양을 각각 구해서 차이를 구하는 것은 시간이 많이 걸리기 때문에 지방 퍼센트(%)와
단백질 퍼센트(%)의 차를 이용한다.
계란의 1개 : 50(0.35 − 0.55) = −10
두유 1팩 : 200(0.1 − 0.7) = −120

생선조림 반 토막 : $\dfrac{1}{2} \times 200(0.3-0.6)=-30$

양념치킨 6조각 : 6×100(0.6−0.3) = 180
총합은 20g이다.

28 ②

ㄱ. 서비스업의 신설 법인 수는 평균에 비해 7월의 수가 적은 것은 사실이나 자료만 보고서는 알 수
없다.

ㄴ. 건설업의 신설 법인 수가 계속 줄어들고 있기 때문에 기존에 있는 법인들이 없어진 것이라고 생각
할 수 있다. 그러므로 2014년부터 건설 경기가 안 좋다고 예상할 수 있다.

ㄷ. 서비스업의 신설 법인 수가 상반기 평균치로 8월부터 꾸준히 증가한다면 1,404+231+234×5 =
2,805만큼 신설 법인이 생길 것이다. 작년 신설 법인 수(2,930개)와 비교한다면 작년 신설 법인 수
가 더 많다.

ㄹ. 2015년 신생 법인 수는 762+132＝894개이다. 그중 7월에 만들어진 법인이 132개이므로 132/894×
100≒14.8(%)이다.

29 ①

이산화탄소가 매년 전년대비 증가한 국가는 B, D이므로 둘이 필리핀과 인도이다.

인구가 매년 5천만 명 미만인 국가는

B(2012년) : $\dfrac{5.4}{13.2}$ < 0.5, C(2012년) : $\dfrac{5.6}{16.5}$ < 0.5이므로 B가 필리핀, C가 미얀마이다.

30 ③

③ 월 소득이 100만 원대인 200가구를 조사한다면 93가구 정도는 사교육에 참여 중일 것이다.

Chapter 03 / 문제해결 능력 정답 및 해설

유형 공략 문제

01	②	02	③	03	④	04	①	05	②
06	①	07	④	08	①	09	④	10	④
11	⑤	12	①	13	③	14	⑤	15	④
16	④	17	④	18	③	19	①	20	②
21	④	22	⑤	23	③	24	②	25	①
26	④	27	⑤	28	③	29	②	30	③

01 ②

세 조건 p, q, r를

p : 전기장치가 누전된다.

q : 배터리가 방전된다.

r : 시동이 걸리지 않는다.

라 하면 두 명제 $p \to q$와 $q \to r$는 참이다.

따라서 명제 $p \to r$와 그 대우 $\sim r \to \sim p$도 참이므로 ㄱ과 ㄷ은 참이다.

그러나 $\sim p \to \sim r$와 $r \to p$는 반드시 참이라고 할 수 없으므로 ㄴ과 ㄹ은 반드시 참이라고 할 수 없다.

이상에서 반드시 참인 명제는 ㄱ, ㄷ이다.

02 ③

주어진 조건을 p, q, r, s로 놓으면

p : 수학을 잘한다.　　　q : 영어를 잘한다.

r : 국어를 잘한다.　　　s : 역사를 잘한다.

이므로 조건을 이용하여 나타내면

$q \to \sim p,\ \sim r \to \sim s$

이때 대우명제도 참이므로 $p \to \sim q,\ s \to r$이다.

그런데 "수학을 잘하면 국어도 잘한다." 즉 $p \to r$가 참이 되게 해야 하므로 $p \to \sim q$와 $s \to r$을 연결해

주는 문장이 필요하다. 따라서 $\sim q \to s$ 또는 $\sim s \to q$가 필요하므로

③ 영어를 잘하지 못하면 역사를 잘한다.

---

03 ④

(i) 영훈이의 말만 참일 때,

영훈 : 농구장, 인수 : 농구장, 민지 : 영화관

세 학생 모두 독서실에 가지 않았으므로 모순이다.

(ii) 인수의 말만 참일 때,

영훈 : 독서실 또는 영화관, 인수 : 독서실 또는 영화관, 민지 : 영화관

세 학생 모두 농구장에 가지 않았으므로 모순이다.

(iii) 민지의 말만 참일 때,

영훈 : 독서실 또는 영화관, 인수 : 농구장, 민지 : 독서실 또는 농구장

따라서 (i), (ii), (iii)에서 독서실, 농구장, 영화관에 간 사람은 차례로 민지, 인수, 영훈이다.

---

04 ①

A, B, C 중 한 명만이 진실을 이야기하고 있으므로 각각의 경우를 가정하면

(i) A가 진실을 말한다고 가정하면 철수는 가방을 공항에서 잃어버렸고, 따라서 B는 거짓, C도 거짓이다.

(ii) B가 진실을 말한다고 가정하면 철수는 가방을 버스에서 잃어버렸고 A는 거짓이다. 그러나 C는 참이므로 모순이다.

(iii) C가 진실을 말한다고 가정하면 A는 거짓이므로 가방은 버스에서 잃어버렸다. 이때 B는 참이 되므로 모순이다.

따라서 진실을 말한 사람은 A이고, 가방은 공항에서 잃어버렸다.

---

05 ②

갑, 을, 병, 정을 각각 교포학생이라 할 때, 각각의 진술의 참과 거짓을 표시하면 다음과 같다.

진술내용＼교포학생	갑	을	병	정
갑의 진술	×	×	○	×
을의 진술	○	×	○	○
병의 진술	○	×	×	×
정의 진술	○	○	×	○

위의 표에서 보는 바와 같이 갑이 교포학생인 경우 진술이 참인 사람이 '을', '병', '정' 셋이므로 모순이다.

을이 교포학생인 경우는 '정'만 참이고 나머지는 모두 거짓이다.

병이 교포학생인 경우는 '갑', '을'이 참이므로 모순이다.

정이 교포학생인 경우는 '을', '정'이 참이므로 모순이다.

따라서 교포학생은 '을'이고 참을 진술한 학생은 '정'이다.

---

06 ①

㉣에서 영진이는 나머지 세 사람과 다른 반이므로 1반 또는 3반이다. ㉡, ㉢에서 지호는 용태, 수영이와 각각 다른 반이므로 지호는 1반 또는 3반이다. 따라서 용태, 수영이는 2반으로 같은 반이다.

---

07 ④

소연이가 진실을 말하므로 소연이는 B형이다. 지이는 진실을 말하고, 희정이는 거짓을 말하므로 둘 다 AB형이 아니다.

따라서 AB형이 될 수 있는 사람은 선화뿐이므로 선화는 AB형이다.

---

08 ①

A, B, C, D 네 명 중 한 명만이 진실을 말하므로

(i) A의 진술이 참이면 B, C, D는 거짓

A는 기차표를 사지 못했고 C도 기차표를 사지 못했다. B가 거짓말을 하고 있는 것은 참이므로 모순이다.

(ii) B의 진술이 참이면 A, C, D는 거짓

A는 기차표를 샀고 B의 진술에서 C도 기차표를 사게 된다. 그런데 기차표는 1장이므로 모순이다.

(iii) C의 진술이 참이면 A, B, D는 거짓

A가 기차표를 샀고 C는 기차표를 사지 못했으며, B도 기차표를 사지 못했다.

(iv) D의 진술이 참이면 A, B, C는 거짓

B가 거짓말을 한다는 C의 진술이 참이므로 모순이다.

따라서 C의 진술이 참이고 기차표를 산 사람은 A이다.

---

09 ④

$A_8=\{$보, 바위, 바위$\}$이므로 $A_9=\{d, e, f\}$에서 d는 바위를 이기는 것 보, e는 바위를 이기는 것 보, f는 보≠바위이면 보도 바위도 아닌 것이기 때문에 가위이다.

따라서 $A_9=\{$보, 보, 바위$\}$ 이다.

---

10 ④

질문과 표를 함께 해석했을 때 빠른 복사 속도를 만족스럽다고 생각한 사람이 6명이고 최상의 특성이라고 생각한 사람은 2명으로 비교하면 후자가 더 적었다. 따라서 답은 ④이다.

11 ⑤

[나] 제품의 디자인 만족도는 타회사의 것들에 비해 높은 편이다. 따라서 [나] 제품의 디자인에 대해 다른 제품에 비해 만족하지 못하고 있다는 것은 적절하지 않다.

① 각 회사의 냉장고의 선호도는 각 제품에 대한 태도 점수로 쉽게 추측할 수 있다.

③ 가격의 중요도를 바꾸어도 [가]의 가격 만족도는 '0'이기 때문에 점수의 변화는 없을 것으로 예상할 수 있다.

12 ①

자사제품에서는 상대적으로 사후 관리 만족도가 낮다. 그러므로 그를 개선하기 위해 서비스 센터를 증설하는 것이 적절한 전략이다.

13 ③

방의 개수만 고려한다면 다른 대안과 비교할 때 최소 방 개수의 조건을 가진(2개) 나, 라, 사, 아를 제거하여 대안의 수를 줄인다는 설명이 적절하다. 하지만 월세도 함께 고려한다는 조건으로 보면 나, 라, 사는 다른 대안과 비교했을 때 오히려 선택사항이 될 수도 있을 만큼 저렴한 월세의 조건을 가지고 있다.

14 ⑤

예산액은 10,000원이다. 모자라지도 넘지도 않는 구매계획을 나타낸 보기는 ⑤라고 볼 수 있다.

① 행사1 + 행사3 + E = 11,000원

② 행사1 + 행사2 + 행사3 = 17,000원

③ 행사2 + 행사3 + D = 12,500원

④ 행사2 + A + E = 12,500원

⑤ 행사1 + 행사2 + D = 9,500원

15 ④

행사1을 통해 얻을 수 있는 혜택은 500원, 행사2는 4,000원, 행사3은 2,000원이다. 모두 합하면 총 6,500원으로 답은 ④이다.

16 ④

상품의 칼로리를 모두 더해보면 ④가 답임을 알 수 있다.

① A 2개 + C 1개 + E 2개 = 2,150kcal

② A 1개 + B 2개 + D 1개 = 2,050kcal

③ C 6개 + E 2개 = 2,200kcal

④ B 2개 + C 2개 = 1,800kcal

⑤ B 2개 + C 2개 + D 2개 = 2,100kcal

---

17 ④

여행사에서 새로 판매하는 여행 상품은 저렴하게 기본적인 서비스가 제공되는 것이었음에도 불구하고 판매가 부진했다는 점에 주목한다. 저렴하고 차별성 없는 상품 대신 특별하고 고급스러운 서비스를 추가하여 저렴하지는 않지만 차별성을 둔 새로운 여행상품을 개발하는 것이 적절할 것이다.

---

18 ③

극단적인 상황을 제시하여 지원자들이 업무에 임하는 태도를 살피는 것도 물론 중요하지만 상사가 제시한 조건에는 부합하지 않는다. 가장 적절하지 않은 것을 선택하라고 하였으므로 조건에 제시되지 않은 내용이 들어간 ③이 정답이다.

---

19 ①

(가) 지역은 가격에 민감하게 반응하고 인터넷 소비가 가장 활발히 이루어진다고 하였으므로 할인 행사를 실시하고 유명 블로거를 섭외하여 홍보하는 것이 좋다. (나) 지역은 브랜드에 민감하고 가격에는 크게 신경 쓰지 않는다. 따라서 제품을 고급화시키고 브랜드 네임을 높이는 것이 적절하다. (다) 지역은 연령대가 타 지역에 비해 높고 신문과 지역 TV를 선호하는 경향이 있으니 이를 이용하여 마케팅 전략을 짜야 한다.

---

20 ②

민수와 누나가 연간 5회를 야간 자유이용권으로 이용했을 때의 가격은 각각 어른인 누나가 28,000*5 =140,000, 청소년인 민수가 24,000*5=120,000으로 연간회원권의 가격과 동일하다.

---

21 ④

3C분석이란 고객(Customer), 경쟁사(Competitor), 자사(Company)에 대한 체계적인 분석을 통해 환경 분석을 수행하는 것을 말한다. 고객에 관련된 결과에서 다른 나라의 음식에 대해 별다른 거부감이 없고 새로움을 추구하는 경향이 있다는 점으로 볼 때 영국인의 입맛에 맞는 음식으로 영국 시장에 진출

하겠다는 문사원의 의견이 가장 적절하지 않다.

---

22 ⑤

표를 해석해보면 A 게임기는 가격이 내려갔을 때, 원래 예상했던 수요량을 초과한 수요량이 나타났고 B 손목시계는 가격이 내려갔을 때, 원래 예상했던 수요량에 훨씬 못 미치는 수요량이 나타난다. 이를 A 게임기는 다른 사람들이 물건을 사는 것에 영향을 받고 유행에 민감한 소비자들의 선택을 받았기 때문이라고 해석한다면 B 손목시계의 수요량은 소비자의 입장에서 상품의 희소성이 약화된다고 생각될 때 나타나는 현상이라고 볼 수 있다. 따라서 B 손목시계의 희소성을 유지하기 위하여 할인이나 적극적인 판촉활동은 자제해야 한다.

---

23 ③

가격이 하락했을 시 예상 수요량과 실제 수요량을 비교한 표를 보고 해석한 것에서 상승 시 수요량이 크게 변화가 없었을 것이라는 것은 알 수 없다.

---

24 ②

한부모 가정 중에서도 미혼모 · 부의 상담 비율은 9%이고, 이혼, 사별로 인한 한부모 가정의 상담 서비스 이용 비율은 67%이다. 이혼, 사별로 인한 한부모 가정 상담 서비스 이용률이 미혼모 · 부의 상담 비율보다 압도적으로 높다.

---

25 ①

임신, 출산, 보육, 양육의 내용의 상담건수는 총 678건으로 전체의 약 18%를 차지한다. 출산, 양육, 교육 등의 카테고리에서 돌봄, 교육의 상담 건까지 모두 더한 비율이 전체에서 약 39%를 차지한다.

---

26 ④

홈페이지를 새로 제작하는 목적을 좋은 평판을 쌓는 것, 고객들의 신뢰를 얻는 것이라고 밝힌 것에 포인트를 두고 문제를 해결한다. 물품의 재고 관리가 용이하도록 가격대별로 제품을 배열하는 것은 좋은 평판을 쌓고 신뢰를 얻기 위한 내용과는 거리가 멀다.

---

27 ⑤

만약 모든 기준의 허용 수준을 5로 두고 분리 방식을 사용한다면, 모든 기준 중에서 한 가지 기준이라도 만족시키는 브랜드를 선택할 것이다. 허용 수준 5를 유일하게 만족시키는 것은 C가 아니라 A이다.

---

28 ③

각 가족이 캠핑장에 입장만 하는 비용은 민서, 유진이, 소영이, 유현이네 순서로 각각 110,000 / 117,000 / 88,000 / 152,000원이다. 이에 각 부대비용을 더해 보기를 해석하면 유현이네 가족이 그릴을 빌리고 숯 1세트를 산 후 텐트를 빌려 당일로 놀고 가는 비용은 207,000원이고, 민서네 가족이 그릴을 빌리고 장작 1세트를 산 후 텐트를 빌려 1박 2일로 캠핑장을 이용하는 비용은 180,000원이기 때문에 민서네 가족의 캠핑 비용이 더 저렴하다.

④ 민서네 : 할아버지는 무료, 남은 인원은 어른 3명, 어린이 2명

　유진이네 : 어른 3명(19세는 어른), 청소년 1명, 어린이 1명

⑤ 소영이네는 공통이므로 ④과 같은 이유로 유진이네가 더 많은 비용이 든다.

29 ②

A : 자동차세 8,000원 + 주차요금 15,000원 + 휘발유 3,000원 = 26,000원 혜택

B : 경유 3,200원 + 세차 21,600원 + 교통유발부담금 37,200원 = 62,000원 혜택

C : 남산 1터널 36,000원 + 휘발유 2,400원 + 주차요금 15,000원 = 53,400원 혜택

D : 경유 2,000원 + 교통유발부담금 32,000원 + 자동차세 11,500원 = 45,500원 혜택

E : 휘발유 3,200원 + 주차요금 7,500원 + 남산 3터널 6,000원 = 16,700원 혜택

30 ③

예상 수익의 현재 가치가 큰 안을 선택하는 것이 합리적이라고 하였으므로, 예상 수익은 같지만 현재 가치가 큰 1안을 선택하는 것이 적절하다.

유형 공략 문제

01	③	02	①	03	③	04	④	05	⑤
06	④	07	④	08	⑤	09	①	10	⑤
11	⑤	12	④	13	③	14	②	15	③
16	③	17	⑤	18	③	19	④	20	⑤
21	①	22	③	23	⑤	24	③	25	③

01 ③

직장인들이 하는 일은 비슷한 속성을 가진 경우가 많기 때문에, 한 번 움직일 때 여러 가지 일을 한 번에 처리해서 같은 곳을 반복해서 가지 않도록 경로를 단축하는 것이 효율적이다. 전문가들의 의견에 의하면 10개의 비슷한 업무를 한꺼번에 처리하면 첫 번째 일을 하는 데 드는 시간의 20% 정도밖에 걸리지 않는다고 한다.

55 ①

① 경력 말기가 될수록 새로운 환경 변화에 적응하는 것은 어려워지므로 미리 경력 개발을 통해 상황을 대비하는 것이 적절하다.
② 경력 중기가 되면 수직 승진 기회는 줄어든다.
③ 직업 선택은 일생 동안 여러 번 일어나는 일이다.
④ 입사를 위해서는 자신의 능력을 개발하고 자신의 특성과 환경적 특성을 고려하는 것이 적절하다.
⑤ 승진을 하기 위해 노력하는 것은 이기적인 것이 아니다.

03 ③

• 합리적인 의사결정 과정
  – 문제의 특성이나 유형을 파악한다.
  – 의사결정에 필요한 정보를 수집한다.
  – 가능한 모든 대안을 탐색한다.

– 각 대안을 분석 및 평가한다.

– 가장 최적안을 선택하거나 결정한다.

– 의사결정 결과를 분석, 평가하고 피드백한다.

04 ④

거절의 의사결정이 지체될수록 상대방은 긍정의 대답을 기대하며, 의사결정자는 거절하기 더욱 어려워지므로 거절의 의사결정은 최대한 빨리 표현하는 것이 적절하다.

05 ⑤

합리적인 의사결정은 자신의 목표를 정하여 몇 가지 대안을 찾아보고 가장 실행 가능한 최상의 방법을 선택하여 행동하는 것이다. J대리가 다음 일정에서 동일한 실수를 반복하지 않기 위해서는 수행 과제에 대한 반성과 피드백을 해야 한다.

06 ④

경력 개발 제도를 도입하여 효율적으로 운영될 경우, 직장생활의 질이 향상되고, 전문 인력을 육성할 수 있다. 조직 구성원의 입장에서도 조직에 대한 일체감을 향상시키고, 자아실현의 기회가 확대된다. 또한 개인의 의사가 무시된 채 조직의 입장에서 직무순환을 관리해왔던 종래의 방법에서 벗어나 사원의 진로 내지 경력계획에 본인의 참여를 정당화할 수 있다. 따라서 ④는 적절하지 않다.

07 ④

A씨는 경력 중기의 인물로 자신이 그동안 성취한 것을 재평가하고, 생산성을 그대로 유지하는 단계이다.

새로운 변화를 위해 과학 기술을 학습하고, 관리 방법의 변화를 줄 수는 있으나, 적합한 직업이 무엇인지 선택한 후에 필요한 능력을 키우는 것은 관련이 없다. 이는 직업을 선택하는 단계에서 일어날 수 있는 과정이다.

08 ⑤

현대 사회의 지식 정보는 매우 **빠른** 속도로 변화하고 있으며, 이는 개인이 속한 조직과 일에 영향을 미친다. ①, ②, ③, ④와 같이 경영 전략의 변화나 승진 적체, 직무 환경의 변화 등 조직 내부적인 문제를 겪기도 한다. 한편으로는 개인적으로 발달단계에 따라 일에 대한 가치관과 신념 등이 바뀌게 되는데 ⑤는 이런 개인적 요인에 해당한다.

09 ①

현대사회의 지식 정보는 매우 빠른 속도로 변화하고 있기 때문에 직업인들은 진로에 대해 단계적 목표를 설정하고, 목표 성취에 필요한 능력을 개발하는 것이 필요하다.

10 ⑤

A, C, E는 환경 변화에 따른 경력 개발을 보여주는 것이고, B, D는 개인적인 발달 단계에 따라 경력 개발을 하는 일의 필요성을 나타내고 있다.

11 ⑤

자신을 브랜드화하기 위해서는 남과 다른 차별성을 가져야 한다. 이를 위한 요건으로는 친근감, 열정, 책임감을 들 수 있다. 여기서 책임감은 관계의 지속에 대한 약속으로 자신을 브랜드화하기 위해서는 자신이 할 수 있는 일이 어떤 것인지 명확하게 파악하고 자신이 할 수 있는 범위 내에서 최상의 생산성을 내는 것이 필요하다. 따라서 그 외의 범위에서 생산성을 내기 위한 일을 찾는 것은 적절하지 않다.

12 ④

자기개발을 통해 능력을 신장시키고 다른 사람과 차별성을 가지더라도 이를 PR하지 않으면 다른 사람들은 나의 브랜드를 알지 못한다. 기업에서 지금 원하는 인재가 나임을 각인시키기 위해 PR을 하는 방법으로는 블로그를 이용한다거나 인적 네트워크 활용, 특색있는 명함 만들기, 경력 포트폴리오 작성 등이 있다.

13 ③

J 과장의 경우에는 내가 아는 '나'와 타인이 모르는 '나'가 서로 충돌하고 있다. 이는 '숨겨진 자아'에 해당한다.

14 ②

자아를 인식하기 위한 방법으로는 나 자신을 돌아보는 방법과 타인과의 커뮤니케이션을 통하여 파악하는 방법, 표준화된 검사를 이용하는 방법이 있다. ①, ③, ④, ⑤는 타인과의 커뮤니케이션을 통한 방법이고, ②는 표준화된 검사를 통해 자아를 인식하는 과정이다.

15 ③

A씨는 일은 열심히 하고 있지만 체계적이지 않은 활동을 하고 있기 때문에 문제를 겪고 있다. 이를 해결하기 위해서 자기 관리에도 일정한 단계가 있다는 것을 인식하고 행동해야 한다. 자기 관리는 비전과 목적을 세우고, 과제를 발견한 후, 일정을 수립하고, 수행, 반성 및 피드백으로 이루어진다. 따라서

이 중 가장 먼저 해야 할 일은 비전과 목적을 세우기 위해 자신에게 가장 중요한 것을 파악하는 ③이다.

16 ③

자아 인식 단계에서는 자신이 어떤 특성을 가지고 있는지 바르게 인식할 수 있어야 한다. 이를 위한 방법으로는 나를 확인하는 방법, 다른 사람과의 대화를 통해 알아가는 방법, 표준화된 검사 척도를 이용하는 방법 등이 있다. ①, ②는 자기 관리, ④, ⑤는 경력 개발에 관한 내용이다.

17 ⑤

자기개발을 통해 자기 자신에게 좀 더 집중할 수 있다는 것은 적절하지만 넓은 인간관계가 어렵다는 것은 적절하지 않다.

18 ③

단기적 목표는 장기적 목표를 이루기 위한 기본 단계가 되며 이를 위해 필요한 직무관련 경험, 개발해야 될 능력, 쌓아두어야 할 인간관계 등을 고려하여 수립한다. 따라서 장기적 목표와 함께 단기적 목표도 수립해야 한다.

▶자기개발 설계 전략
- 장·단기 목표를 수립한다.
- 인간관계를 고려한다.
- 현재의 직무를 고려한다.
- 구체적인 방법으로 계획한다.

19 ④

직장인 L은 자신의 장단점을 객관적으로 파악하지 못해 자기개발의 필요성을 느끼지 못하고 있다.

20 ③

직장인 L이 자기개발에 어려움을 겪는 이유는 제한적인 사고를 하기 때문이다. 사람은 자신의 행동을 자기합리화하려는 경향이 있으며, 자신의 주장과 반대되는 주장에 대해 무의식적으로 배척하게 된다. 또한 스스로 만든 인식의 틀 안에서 사고하여 선입견이 작용하게 되면 자신을 객관적으로 바라볼 수 없다.

21 ①

회사 내에는 개인이 외부에서 얻는 것보다 더 풍부한 자원과 기술력이 많이 있기 때문에 업무시간 외로 경력개발을 하기보다는 업무와 함께하는 것이 효과적이다.

22 ③

직무정보 탐색은 관심 있는 직무와 관련된 모든 정보를 알아내는 단계이다. 따라서 직무 환경에 대해서 알아보는 것도 중요하지만, 그 회사에서 자신이 할 수 있는 일을 정확하게 파악하는 것이 중요하다.

23 ⑤

사원 P씨는 경력 초기의 사원으로 조직에 입사하여 직무와 조직의 규칙 및 규범에 대해 배우는 과정으로 분위기에 적응하고 자신의 입지를 확고히 다지며 승진하는 데 많은 관심을 가진다.

24 ③

실수하지 않는 것이 성찰의 이유는 아니다. 실수는 할 수 있지만, 피드백을 통해 같은 실수를 반복하지 않을 수 있다. 또한 지속적인 성찰을 통해서 다른 일을 하는 데 필요한 노하우를 축적하고 지속적인 성장의 기회를 제공 받으며, 구성원들끼리의 신뢰감 형성의 원천이기도 하다. 이는 창의적 사고 능력을 개발할 수 있도록 한다.

25 ③

일의 우선 순위에 따라 일정을 정할 때, 가장 긴급한 일일수록 우선순위가 높다고 판단하는 것이 적절하다. 이때 빨리 해야 하는 문제라고 하여 우선순위를 무조건 높게 잡는다면, 오히려 중요한 일을 놓칠 수 있으므로 중요도를 중심으로 일정을 수립한다. 따라서 1순위로 '긴급하고 중요한 문제'를 먼저 해결하고, 긴급하지는 않아도 중요하게 처리해야 하는 '계획하고 준비해야 하는 문제'를 2순위로 처리한다. 이후에 긴급하지만 중요하지는 않은 '빨리 해결해야 할 문제'를 3순위에 놓고, 마지막은 긴급하지도 중요하지도 않은 사소하고 하찮은 일을 하는 것이 적절하다.

Chapter 05 자원관리 능력 정답 및 해설

유형 공략 문제

01	③	02	①	03	②	04	⑤	05	③
06	⑤	07	⑤	08	③	09	②	10	④
11	③	12	②	13	②	14	④	15	②
16	③	17	④	18	②	19	④	20	②
21	③	22	③	23	③	24	④	25	②

01 ③

재고 수량으로 A는 30개, B는 25개, C는 45개, D는 40개 만들 수 있으나 부품이 모두 있어야 하므로 가장 적은 25개만 만들 수 있다. 완성품 소요비용은

A는 60(원)×15(개)=900(원),

B는 50(원)×13(개)=650(원),

C는 20(원)×20(개)=400(원),

D는 100(원)×5(개)=500(원)이므로 총 2,450원이다.

02 ①

A 기계로 서랍장을 만들면

근로자임금 (6,000원×10시간) + 30,000원(임대료) = 9만 원

B 기계로 서랍장을 만들면

근로자임금 (6,000원×6시간)×2명 + 20,000원(임대료) = 9.2만 원

ㄷ. 최고 이윤은 낸다면 서랍장 1개당 60,000원의 이윤을 생각할 수 있다.

ㄹ. B 기계의 임대료를 50% 할인하면 1개당 8.2만 원에 생산할 수 있으므로 A보다 싸다.

03 ②

① K사의 (라) 제품은 1개당 3만 원이고, 월 총 470개가 판매되었으므로 월별 총 판매액은 3×470 =1,410만 원이다.

② K사의 (마) 제품은 1개당 5.4만 원이고, 월 총 620개가 판매되었으므로 월별 총 판매액은 5.4×620 =3,348만 원이다. 그러나 G사의 (마) 제품은 1개당 5만 원이고, 월 총 710개가 판매되었으므로 월별 총 판매액은 5×710=3,550만 원이다. 따라서 월별 총 판매액이 가장 높은 것은 G사의 (마) 제품이다.

③ K사의 (바) 제품은 1개당 2만 원이고, 월 총 385개가 판매되었으므로 월별 총 판매액은 2×385=770만 원이다. 이것보다 더 낮은 월별 총 판매액을 기록한 것은 없으므로 정화의 이야기는 옳다.

④ K사의 (나) 제품은 1개당 4만 원이고, 월 총 210개가 판매되었으므로 월별 총 판매액은 4×210=840만 원이다. G사의 (나) 제품은 1개당 4.2만 원이고, 월 총 200개가 판매되었으므로 4.2×200=840만 원이다. 따라서 (나) 제품의 월별 총 판매액은 K사와 G사가 같다.

⑤ K사에서는 620개, G사에서는 710개로 다른 제품보다 (마)제품이 두 회사에서 가장 많이 팔리는 제품이다.

04 ⑤

① K사 (가) 제품의 3월 순수 판매액

= (월별 제품 판매 수량 : 300) × (제품 가격 : 3) – (홍보비용 : 40)

= 900 – 40 = 860만 원　　** 홍보 기간이 15일임에 주의한다.

② G사 (가) 제품의 7월 순수 판매액

= (월별 제품 판매 수량 : 420 × 1.5) × (제품 가격 : 2.5 × 0.8) – (홍보비용 : 44)

= 1,216만 원　　** 7월은 (가) 제품의 선호 시기임에 주의한다.

③ K사 (다) 제품의 3월 총 판매액

= (월별 제품 판매 수량 : 260 × 1.5) × (제품 가격 : 7 × 0.8) – (홍보비용 : 164)

= 2,020만 원　　** 3월은 (다) 제품의 선호 시기임에 주의한다.

④ G사 (다) 제품의 7월 총 판매액

= (월별 제품 판매 수량 : 400) × (제품 가격 : 6) – (홍보비용 : 190)

= 2,210만 원

⑤ K사 (라) 제품의 5월 총 판매액

= (월별 제품 판매 수량 : 470) × (제품 가격 : 3) – (홍보비용 : 98)

= 1,312만 원

05 ③

2월이라는 선호시기를 고려하여 회사별로 제품 가격을 다시 정리해보면 다음과 같다.

(단위 : 만 원)

	(가) 제품	(나) 제품	(다) 제품	(라) 제품	(마) 제품	(바) 제품
K사	3	3.2	7	3	5.4	2
G사	2.5	3.36	6	2.7	5	3.2

각 제품별로 더 저렴한 상품으로 선택해보면 아래와 같이 정리 가능하다.

(단위 : 만 원)

	(가) 제품	(나) 제품	(다) 제품	(라) 제품	(마) 제품	(바) 제품
가격	2.5	3.2	6	2.7	5	2

이 판매가격을 적용하여 주어진 목록을 계산해 보면 다음과 같다.

① $2.5 \times 2 + 3.2 \times 3 + 6 \times 3 = 32.6 < 35$

② $3.2 \times 2 + 6 \times 3 + 2.7 \times 3 = 32.5 < 35$

③ $3.2 \times 3 + 6 \times 4 + 2.7 \times 1 = 36.3 > 35$ (예산초과)

④ $6 \times 1 + 2.7 \times 2 + 5 \times 3 + 2 \times 2 = 30.4 < 35$

⑤ $2.5 \times 3 + 6 \times 2 + 2.7 \times 2 + 5 \times 1 = 29.9 < 35$

06 ⑤

사업명	연도	1년	2년	3년	4년	5년
	예산	40조	78조	62조	73조	82조
A		2	4	10		
B		34	30	22	38	
C						30
D			42	18	24	20
E				12	10	30
사용예산		36	76	62	72	80

07 ⑤

가장 시간이 적게 걸리려면 처음에 시작하는 재단 작업시간이 가장 짧은 제품을 먼저 작업하고 두 번째 작업인 조립작업에서는 작업시간이 가장 짧은 제품을 늦게 작업한다. Q→W→E 순으로 하면 16시간이 걸리고 가장 빠르다. 가장 늦게 하는 방법은 반대로 하면 되므로 E→W→Q 순으로 하면 18시간이 걸리게 된다.

일정한 자세, 진동은 물리적, 바이러스는 생물학적, 화학가스와 유해물질은 화학적 요인으로 볼 수 있다.

유해 원인	사례 수		
	A 공장	B 공장	합계
물리적	11	6	17
생물학적	6	8	14
화학적	14	12	26

ㄱ. A 공장에서 물리적 요인은 11점이고, 화학적 요인은 14점이므로 화학적 요인으로 인해 가장 많은 피해가 발생했다고 할 수 있다.
ㄴ. B 공장에서 발생하는 작업 환경의 유해 사례는 화학적 요인이 주를 이루고 있다.
ㄷ. Y 전자에서 전체적으로 가장 문제가 되는 부분은 화학적 요인이다.

	구분	월요일	화요일	수요일	목요일	금요일
1부 (9:00~12:00)	A회의실		장비 정검		장비 정검	비관리자
	B회의실	장비 정검			보수	비관리자
	C회의실				감사팀	보수
점심시간 (12:00~1:00)						
2부 1:00~3:00)	A회의실		보수			
	B회의실	보수		장비 정검		관리자
	C회의실		주주총회	취임식	감사팀	장비 정검
3부 (3:00~6:00)	A회의실	보수				
	B회의실			보수		
	C회의실	기획팀	기술개발팀	시설관리팀	감사팀	보수

기술개발팀은 화요일에 가능하고 감사팀은 목요일에 가능하다.

10 ④

연달아 비어 있는 C 회의실은 월요일(1부, 2부), 목요일(2부, 3부)이다. 하지만 오전과 오후에 연달아 사용하면 안 되므로 목요일(2부, 3부)이 가능하다.

11 ③

총 인원이 40명이고 시간이 2시간 정도이므로 C 회의실만 가능하다.
위 표에서 회의를 채운 후 남는 C 회의실은 목요일이므로 가장 이른 시간은 목요일 1부 C 회의실이다.

12 ②

일주일 동안 완성해야 할 완성품은 총 150개이다.
완성품 1개당 부품 A는 30개가 필요하므로 4,500개가 필요하고, 부품 B는 10개가 필요하므로 1,500개가 필요하며, C는 14개가 필요하므로 2,100개가 필요하다. 필요한 양에서 재고를 빼면 주문해야 하는 양이 나온다. A는 1,740개, B는 735개, C는 450개가 필요하다.

13 ②

불량이 없는 공정의 순서는 $A \to \begin{Bmatrix} B \to D \\ C \end{Bmatrix} \to E \to F \to H$로 전체 공정이 완료된다.

ㄴ. C공정이 3분 늦어지면 전체 공정시간은 1분 늦어지게 된다.
ㄷ. 총 걸리는 시간(불량 없이)은 32분이다.
ㄹ. 제품이 불량이 나오게 되면 해체 10분, $E \to F \to G \to H$ 공정을 추가로 하므로 총 28분이 늘어난다.

14 ④

생산량(개)	0	1	2	3	4	5	6
총생산 비용(만 원)	10	20	28	38	48	55	67
제품 총 가격(만 원)	0	15	30	45	60	75	90
이익(만 원)	-10	-5	2	7	12	20	23
제품 개당 이익(만원)		-5	1	2.33	3	4	3.83

15 ②

민준이는 이미 한 번 운전면허증 갱신연기 신청을 했기 때문에 운전면허증 갱신을 하기 위해서는 본인이 직접 방문해야 한다.

16 ③

① 분실 시에는 구 운전면허증을 회수할 수 없다.

② 독일은 국제운전면허증이 발급되지 않으므로 미리 안내해야 한다.

④ 운전면허 갱신 시에는 적성검사 시행 여부를 확인해야 한다.

⑤ 한 번 연기 신청을 한 사람이기 때문에 운전면허를 갱신하려면 꼭 본인이 와야 한다.

---

17 ④

① 시간은 되지만 R 대학교가 미술 관련 학과가 아니다.

② 10/30 Y 대학교와 H 대학교의 면접 날짜 및 시간이 적절하지 않다.

③ G 대학교와 K 대학교가 모두 나군에 속하므로 적절하지 않다.

④ 날짜 및 시간과 각 군의 배치, 학과 모두 이상 없이 적절하다.

⑤ D대학교와 Y대학교가 모두 가군이고, Y대학교와 H 면접 시간이 적절하지 않다.

---

18 ②

아침 8시 A씨는 '집 → 회사 → 역/터미널 → 역/터미널 → 강릉 설명회 장소'의 순서대로 가야 한다. 현재 시각은 8시이고 제품을 전시해야 하므로 개최시간 5시의 2시간 전인 오후 3시(15시)까지는 도착해야 한다.

집 → 회사	회사 → 강릉		강릉 → 설명회 장소
(50분) 08:00 ~ 08:50	< 경우1 > 회사 → 동서울 터미널	(50분) 08:50 ~ 09:40 ⇒	버스시간 06:30(출) → 09:50(도) 08:00(출) → 11:20(도) 09:30(출) → 12:50(도) 11:00(출) → 14:20(도)	남은 시간 14:20 40분 동안 ~ 갈 수 있는 이동수단 14:38 지하철 – 28분 (최종도착)
	< 경우2 > 회사 → 서울역	(90분) 08:50 ~ 10:20 ⇒	기차시간 07:30(출) → 09:40(도) 10:00(출) → 12:10(도) 12:30(출) → 14:40(도)	남은 시간 시간 20분 동안 초과 갈 수 있는 이동수단 없음.

따라서 A씨는 버스와 지하철을 이용하면 제시간에 도착할 수 있다.

---

19 ④

가장 적절한 시간은 ④ (02:30~03:30)이다. 다른 팀원들의 스케줄은 모두 비어있고, 사원의 할당 업무인 비품 재고확인은 다른 시간에도 충분히 가능한 일이다.

---

20 ②

① 교환을 하게 되면 최지호가 주3일 청소하게 되기 때문에 불가능하다.

② 대청소에는 모든 청소(사무실, 휴게실, 다용도실)를 포함하기로 하였으므로 다용도실 청소를 또 하는 것은 중복된다. 수정이 필요하다.

③ 이수진은 셋째 주(대청소, 사무실)와 넷째 주(사무실, 휴게실)에 2번씩 청소한다.

④ 이은비는 이번 달에 총 7번(대청소 포함) 청소를 한다.

⑤ 김윤주는 셋째 주에 15일 대청소, 16일 탕비실, 19일 사무실 총 3번의 청소를 하게 되므로 관련 규정에 의해 수정이 필요하다.

21 ③

① 12일은 사무실 청소 예정인 최지호가 거래처 미팅으로 청소할 수 없다. 김주희는 12일 청소가 아니고, 9일 휴게실&복도 청소로 그 주에 단 한 번 청소를 하므로 대체 청소가 가능하다.

② 03일 휴게실&복도 청소 예정인 김민서가 월차로 인해 청소할 수 없다. 4일 김영진과 교환 청소를 하는 것은 가능하다.

③ 22일 이수진은 외근으로 인해 사무실 청소가 불가하므로 대체 청소나 교환 청소를 해야 한다. 그러나 김민서는 이미 23일(화)과 26일(금)에 청소 배정이 되어 있고 일주일에 세 번 이상 청소하는 것은 규정에 위반되므로 다른 인력을 찾아야 한다.

④ 18일 다용도실 청소 예정인 이은비는 출장으로 인해 청소가 불가하게 되었다. 김민서는 셋째 주에 15일 대청소, 17일 휴게실 청소가 예정되어 있으므로 18일 목요일에 대체 청소를 해주는 것은 규정에 어긋난다. 그러나 교환청소는 가능하다.

22 ③

- E 기업

  화물차 : 300,000원+(1,400원×300km×4톤)=198만 원

  철도 : 150,000원+(1,500원×300km×4톤)=195만 원

  비행기 : 900,000원+(1,000원×300km×4톤)=210만 원

- R 기업

  화물차 : 300,000원+(1,400원×200km×5톤)=170만 원

  철도 : 150,000원+(1,500원×200km×5톤)=165만 원

  비행기 : 900,000원+(1,000원×200km×5톤)=190만 원

23 ③

직원 여름 야유회 진행을 위해 예산안을 작성했으나 제한된 예산으로 인해 불가피하게 비용 항목을 제거해야 한다. 이때 주어진 항목 중에서 가장 없애기 적절한 것은 단체 활동복과 기념품이다. 숙박비와

식비, 교통비는 1박 2일로 회사가 아닌 곳에서 진행되기 때문에 중요한 항목이고, 체육 대회와 △△인의 밤으로 인한 체육관 대관료와 행사 진행인력비용 역시 없앨 수 없다. 다과 또는 간식비용도 유지되어야 하고, 혹시 모를 상황에 대비하여 비상예비금도 마련해두어야 한다. 그러나 단체 활동복은 참석자에게 미리 알려 비슷한 색상의 활동복을 가져오게 할 수 있고, 기념품도 생략할 수 있다.

24 ④

비품 조달 업무를 담당하는 사람은 현업 부서에 필요한 수요를 조사한 후 그것보다 약간 여유 있게 준비를 해두어야 한다. 회계팀 직원은 총 14명이므로 포스트잇은 28개 필요한데 9개만 요청하는 것은 적절하지 않다. 같은 이유로 마우스도 여유 있게 준비하는 것이 좋다. 따라서 적절하지 않은 지적은 ④이다.

25 ②

① 제우스는 조식이 없으므로 옳지 않다.
② 화요일에 에오스와 테이아를 예약한다고 하면 기준인원 60+70=130명에 추가 인원 10+15=25명까지 가능하니 총 155명으로 문제가 없다. 그러나 테이아 객실은 세미나실을 이용할 수 없으므로 한국농어촌공사 소개를 진행하는 데 어려움이 있다.
③ 에오스는 기준인원 60명에 52만 원, 포이베는 기준인원 80명에 70만 원이다. 총 기준인원은 150명이므로 10명은 추가 요금을 내야 한다. 따라서 52+70+10=132만 원이다. 그러나 테미스는 기준인원 70명에 60만 원이므로 포이베와 조합해보면, 가능한 총 기준인원은 150명으로 추가 인원은 없다. 즉, 70+60=130만 원으로 테미스와 포이베 객실의 조합이 더 저렴하다.
④ 이용요금을 봤을 때, 테티스+포이베 객실의 조합이 50+80+20(추가)=130만 원으로 가장 저렴하다. 또한 한국농어촌공사 소개를 진행할 세미나실과 화합의 밤 행사를 진행할 바비큐장을 모두 이용할 수 있으므로 문제없다. 테티스와 포이베 모두 공실로 있는 요일은 목, 금, 일요일인데 주말을 제외한 1박 2일이므로 목요일이 가장 적합하다.
⑤ 테티스와 호라이 객실을 사용하면 잔디구장을 이용하는 데 문제가 없지만 150명이라는 인원을 수용할 수 없으므로 적합하지 않다.

유형 공략 문제

01	③	02	④	03	②	04	③	05	④
06	④	07	①	08	②	09	③	10	①
11	③	12	②	13	④	14	①	15	③
16	⑤	17	④	18	③	19	①	20	③
21	②	22	④	23	①	24	⑤	25	③

01 ③

갈등의 해결 방법 중 '경쟁형(자신에 대한 관심은 높고 상대방에 대한 관심은 낮음)'에 대한 설명이며, 지배형(Dominating)이라고도 한다.

① 회피형(Avoiding) : 자신과 상대방에 대한 관심이 모두 낮음.

② 타협형(Compromising) : 자신에 대한 관심과 상대방에 대한 관심이 중간 정도

④ 수용형(Accomodating) : 자신에 대한 관심은 낮고, 상대방에 대한 관심은 높음.

⑤ 통합형(Integrating) : 자신은 물론, 상대방에 대한 관심도 모두 높음.

02 ④

유화전략은 상대방이 제시하는 것을 일방적으로 수용하여 협상의 가능성을 높이려는 전략으로 유화, 양보, 순응, 굴복 등의 전술이 있다.

① 협력전략(Cooperative Strategy) : 협상 참여자들이 협동과 통합으로 문제를 해결하고자 하는 협력적 해결 전략이다.

② 회피전략(Avoiding Strategy) : 협상을 피하거나 잠정적으로 중단하거나 철수하는 전략

③ 강압전략(Forcing Strategy) : 자신이 상대방보다 힘에 있어서 우위를 점하고 있을 때 자신의 이익을 극대화하기 위한 전략

03 ②

사회적 입증 전략은 어떤 과학적인 논리보다 동료나 사람들의 행동에 의해서 상대방을 설득하는 전략

을 말한다.

04 ③

자기 스스로가 가장 유능하다거나, 자기 때문에 회사가 돌아가고 있다는 식의 생각은 팀워크의 입장에서 유해한 행동이라고 할 수 있다. 나머지 ②, ④는 팀워크 향상 행동이고 ①, ⑤는 개인의 능력을 보여주는 부분이다.

05 ④

수동형은 하는 일이 없고 업무 수행에는 감독이 반드시 필요한 유형이다. '조직을 위해 자신과 가족의 요구를 양보함'은 순응형에 해당하는 내용이다.

06 ④

갈등의 정도와 직무 성과는 반비례관계가 아니다. 갈등수준이 적절할 때는 조직 내부적으로 생동감이 넘치고 변화지향적이며, 문제해결능력이 발휘될 수도 있다.

07 ①

협상의 의미 중 '의사소통 차원'은 이해 당사자들이 자신들의 욕구를 충족시키고 상대방으로부터 최선의 것을 얻어내기 위해 상대방을 설득하는 커뮤니케이션 과정이며, ①은 '교섭 차원'에 대한 설명이다.

08 ②

권위 전략은 설득 기술에 있어서 직위, 전문성, 외모 등의 요소로 상대방을 설득하는 전략을 말한다.
① 상대방 이해 전략 : 협상 과정상 상대방에 대한 이해가 선행되어 있으면 갈등해결이 용이하다는 것
③ 연결 전략 : 그 갈등을 야기한 사람과 관리자를 연결하면 갈등해결이 용이해진다는 것
④ 사회적 입증 전략 : 어떤 과학적인 논리보다 동료나 상대방의 행동에 의해서 상대방 설득을 진행하는 것이 갈등해결에 용이하다는 것
⑤ 희소성 해결 전략 : 인적, 물적 자원 등의 희소성을 해결함으로써 협상 과정상의 갈등 해결을 용이하게 하는 전략

09 ③

'정보 파악'은 문제 해결을 위해 꼭 필요한 질문만 하여 정보를 습득하고, 최선의 해결책을 찾기 어려울 때는 고객에게 어떻게 해주면 만족스러울지 질문하여 해결책을 찾는 단계이다.
고객 불만 처리 과정 8단계는 빈출 문제이니 꼭 숙지하도록 한다.

10 ①

파트너십 유형은 소규모 조직에서 경험과 재능을 소유한 조직원이 있을 때 효과적이며, 평등, 집단의 비전, 책임 공유 등의 특징을 갖는다.

11 ③

임파워먼트는 리더십의 핵심 개념으로 조직의 모든 사람들로부터 시너지적, 창조적인 에너지를 끌어내 성공적인 조직을 만드는 것이다.
① 코칭 전략 : 조직의 지속적인 성공과 성장을 만들어내는 리더의 능력
② 협력 전략 : 문제를 해결하는 합의에 이르기 위해 협상 당사자들이 서로 협력함.
④ 매니지먼트 : 관리
⑤ 피드백 : 어떤 원인에 의해 나타난 결과가 다시 원인에 작용해 그 결과를 늘리거나 줄임.

12 ②

타인의 의견 발표가 끝나기 전에 타인 의견에 대해 공격하면, 타인은 맥이 끊어지게 되므로 갈등의 단서가 될 수 있다.

13 ④

코칭은 직원들의 의견을 경청하고 필요한 자원을 아끼지 않아 생산성과 기술 수준을 향상시키며, 자기 향상을 도모하는 직원들에게 도움을 주기 위한 것이다. 관리와는 다른 개념이며, 직원들을 지도하는 측면보다는 이끌어주고 영향을 미치는 데 중점을 둔다.

14 ①

윈-윈 갈등관리법은 갈등과 관련된 모든 사람들로부터 의견을 받아 문제의 본질적인 해결책을 강구하는 것을 말한다. 3단계는 '두 사람의 입장을 명확히 하기'로 동의하는 부분 인정하기, 기본적으로 다른 부분 인정하기 등의 내용을 포함한다.

15 ③

대인관계능력은 직장생활에서 협조적인 관계를 형성하고, 조직 내부와 외부의 갈등을 조절하며, 고객의 요구를 충족시켜주는 능력이다. 특히 직장 내에서 인간관계를 형성할 때 가장 중요한 요소는 무엇을 말하느냐, 어떻게 행동하느냐보다 우리의 사람됨이라 할 수 있다.

16 ⑤

팀워크란 팀 구성원이 공동의 목적을 달성하기 위하여 상호 관계성을 가지고 협력하여 업무를 수행하

는 것이다. 특히 단순히 모이는 것이 중요한 것이 아니라 목표달성의 의지를 가지고 성과를 내는 것이 필요하다.

---

17 ④

리더십은 조직 구성원들로 하여금 조직 목표를 위해 자발적으로 노력하도록 영향을 주는 행위로, 리더는 직원들이 어떠한 일이든 자신의 업무에 책임의식을 갖고 완전히 책임질 수 있도록 권한을 위임하여야 한다.

---

18 ③

민주주의에 근접한 유형에 대한 설명으로, 조직원들의 적극적 참여나 토론 등을 장려하는 리더십 유형이다.
① 변혁적 유형 : 조직에서 획기적인 변화가 요구될 때 효과적인 유형이다.
② 파트너십 유형 : 소규모 조직이나 성숙한 조직에서 풍부한 경험과 재능을 소유한 개개인들이 있을 때 적합한 유형으로 리더와 집단 구성원의 구분이 희미하다.
④ 독재자 유형 : 집단이 통제가 없이 방만한 상태에 있거나 가시적인 성과물이 보이지 않을 때 효과가 있는 유형이다.

---

19 ①

임파워먼트(Empowerment)는 조직 현장의 구성원에게 업무 재량을 위임하고 자주적이고 주체적인 체제 속에서 사람이나 조직의 의욕과 성과를 이끌어내기 위한 '권한부여', '권한이양'을 말한다.
② 윈-윈 전략(Win-Win) : 협상 참여자들이 협동과 통합으로 문제를 해결하고자 하는 전략
⑤ 유화전략 : 협상전략 중 상대방이 제시하는 것을 일방적으로 수용하며 협상하는 전략

---

20 ③

직장 내 갈등은 의견 차이가 생기기 때문에 발생하며, 이러한 결과가 항상 부정적인 것만은 아니다. 적절한 갈등은 조직을 생동감 있게 할 수도 있고, 변화 지향적으로 바꿀 수도 있는 요소이다.

---

21 ②

갈등은 조직 생활 속에서 필연적으로 발생할 수밖에 없고, 이를 어떻게 성공적으로 잘 해결하느냐에 따라 개인과 집단 모두에게 이익이 될 수 있다. 시시비비를 가리기 위해 논쟁을 계속하면 갈등 상황이 더 악화될 수 있으므로 논쟁은 피하는 것이 좋다. 또한 협동이나 협상을 하지 않고 강제로 중지시키면 갈등의 씨앗이 남게 되므로 좋은 방법이 아니다.

22 ④

협상은 갈등 상태에 있는 이해 당사자들이 대화와 논쟁을 통해서 서로를 설득하여 문제를 해결하려는 정보 전달 과정이자 의사 결정 과정으로 협상 5단계와 협상 3단계(협상 전단계 – 협상 진행단계 – 협상 후단계)로 나누어 설명할 수 있다.

해결 대안의 '협상 당사자들 사이에 상호 친근감 구축'은 협상 시작 단계에 해당하는 설명이다.

23 ①

유화전략에 대한 설명으로 유화, 양보, 수용, 굴복, 요구사항의 철회 등의 전술을 사용하는 전략이다.
② 협력전략(Cooperative Strategy) : 협상 참여자들이 협동과 통합으로 문제를 해결하고자 하는 Win-Win전략
③ 회피전략(Avoiding Strategy) : 협상을 피하거나 잠정적으로 중단하거나 철수하는 전략
④ 강압전략(Forcing Strategy) : 자신이 상대방보다 힘에 있어서 우위를 점하고 있을 때 자신의 이익을 극대화하기 위한 공격적 전략

24 ⑤

고객서비스는 다양한 고객의 요구를 파악하고 대응법을 마련하여 고객에게 양질의 서비스를 제공하는 것이다. 고객의 불만표현 유형을 파악하고 이에 대한 적절한 대응 방안을 미리 알아 둘 필요가 있다. '의심형 고객'은 분명한 증거나 근거를 제시하여 스스로 확신을 갖도록 유도하고, 때로 책임자가 직접 응대하는 것도 필요하다.

25 ③

자신에게 서비스를 제공한 기업을 상대로 불만을 표현하고 해결을 요구하는 고객이 있을 때 불만고객 응대 매뉴얼에 따라 고객 불만을 처리해야 하는데 이때 사용되는 것이 고객 불만 처리 8단계 프로세스이다. 이 내용은 NCS 대인관계능력 시험에서 빈번하게 출제되므로 꼭 숙지해 둘 필요가 있다.

유형 공략 문제

01	④	02	⑤	03	②	04	①	05	①
06	②	07	⑤	08	③	09	③	10	①
11	②	12	③	13	①	14	①	15	②
16	⑤	17	④	18	③	19	⑤	20	①
21	①	22	③	23	④	24	⑤	25	②

01 ④

그림자 효과는 표의 속성에서는 지정할 수 없다.

02 ⑤

창 배열을 통하여 하나의 화면을 여러 개로 나누면 여러 개의 파일을 동시에 불러올 수 있다.

03 ②

네트워크 프린터도 인쇄 시 기본 프린터로 설정을 누르면 설정이 가능하다.

04 ①

정렬할 필드를 블록처리하여야 정렬을 할 수 있다.

05 ①

(가) 자료는 객관적 실제의 반영이며, 기호화한 것이다.
(나) 정보는 자료를 특정한 목적과 문제 해결에 도움이 되도록 가공한 것으로 차종과 횟수 등이 해당된다.
(다) 지식은 정보를 집적하고 체계화하여 장래의 일반적인 사항에 대비해 보편성을 갖도록 한 것이며 4~50대의 취향과 4~50대를 타깃으로 한 마케팅이 이에 해당된다.

06 ②

2016년 2월 : 1602

중국 제2공장 : 2E

땅콩잼 : 03002

1602/2E/03002/15283(제품 개수)

07 ⑤

2015년 7월 : 1507

캐나다 제1공장 : 4H

연어통조림 : 02002

1507/4H/02002/20586(제품 개수)

08 ③

다른 나라에서 생산된 제품을 구분하기 위해서는 생산 공장에서 제품 코드를 확인하면 된다.

제품년도 4자리 바로 뒤가 ③만 2로 시작하기 때문에 ③만 중국에서 생산되고 나머지는 미국에서 생산되었다.

09 ③

1608(2016년 8월 생산) / 3G (일본 2공장) / 02001(생선–참치)

58477(58477번째 통조림)

이 제품은 일본 제2공장에서 만들어진 제품이다.

10 ①

'72'를 누르면 김예지, 박윤진, 우민희 3명이 뜬다.

② 'ㅅ'을 누르면 3명이 뜬다.

③ '3707'을 누르면 2명이 뜬다.

④ '3'을 누르면 2명을 제외한 모든 사람이 나온다.

⑤ 알 수 없다.

11 ②

기억력이 감퇴하는 중, 장년층이라 할지라도 개인 정보 보호를 위해 뻔한 비밀번호를 쓰지 않는 것이 중요하다.

12 ③

*나 &는 두 단어가 모두 포함된 문서를 검색한다.

① 해외!중형차 : !는 기호 다음에 오는 단어를 포함하지 않는 문서를 검색한다.

②, ⑤ 해외~중형차 : ~나 near은 앞뒤의 단어가 가깝게 인접해 있는 문서를 검색한다.

④ 해외 | 중형차 : | 은 두 단어가 모두 포함되거나, 두 단어 중에서 하나만 포함된 문서를 검색한다.

---

13 ①

이미지를 파일을 '그림판'에서 열어본 후 파일 형식과 이름을 다르게 저장해 본다.

→ 이미지 파일을 [그림판]에서 열고, 동일한 파일 형식의 다른 이름으로 저장하여야 한다.

---

14 ①

Count 함수는 지정한 범위 내에서 숫자 셀의 개수를 구할 때 사용하는 함수이다.

실적별로 정리할 때는 Rank 함수를 이용하면 된다.

---

15 ②

Ctrl+D는 즐겨찾기에 추가할 때 사용하는 바로가기 키이다.

표 전체를 선택해서(Ctrl+A) 복사(Ctrl+C)하거나 선택 영역 잘라내기(Ctrl+X)를 하여 다른 문서에 붙이기(Ctrl+V) 하면 된다.

---

16 ⑤

조직의 계층 정보 또는 보고 관계를 표시할 수 있는 타입은 '계층 구조형'이다.

행렬형 : 사분면에서 전체에 대한 구성 요소 관계를 표시해 준다.

수식형 : 계획 또는 결과를 나타내는 순차적 단계를 표시해 준다.

프로세스형 : 작업, 프로세스 진행, 방향이나 순차적인 단계를 표시해 준다.

주기형 : 단계나 작업의 이어지는 순서를 원형 순서도에 표시해 준다.

---

17 ④

길고 자세한 설명은 파일을 찾을 때 쉽게 보인다고 생각할 수 있다. 그러나 파일 이름이 길면 직접 클릭해야 파일명이 표시된다. 또한 클릭했을 때 파일명의 글씨가 다른 파일명과 겹치는 일이 발생할 수 있으므로 파일명은 너무 길지 않게 한눈에 알아볼 수 있게 명명하는 것이 좋다.

---

18 ③

① 파일 또는 폴더를 검색할 수 있다. (window+F)

② 작업을 하다 바탕화면 보기로 전환할 수 있다. (window+D)

③ 활성화되어 있는 인터넷에서 주소창이 선택된다. (Alt+D)

④ 프로그램 탐색기가 실행된다. (window+E)

⑤ 작업 표시줄의 프로그램이 차례대로 선택된다. (window+T)

19 ⑤

방화벽의 사용을 하지 않고 바이러스의 공격을 받았다는 것을 인지했을 때는 이미 정보가 유출되었거나 시스템이 파괴되었을 확률이 높기 때문에 안전한 컴퓨터 사용을 위해 백신과는 별개로 방화벽을 설치하고 PC 클리닉 또한 사용하는 것이 좋다.

20 ①

- 웜 : 컴퓨터의 취약점을 찾아내서 스스로 감염시킨다.
- 스파이웨어 : 사용자의 동의 없이 설치되어 사용자의 정보를 빼낸다.
- 하이재커 : 사용자가 원하지 않은 사이트로 이동시켜 알림창을 띄운다.
- 랜섬웨어 : 컴퓨터 내에 파일을 암호화하여 접근을 막고 암호화를 해제하고 싶으면 돈을 지불하라고 한다.

21 ①

① 외장하드에 저장되어 있는 자료를 삭제해도 휴지통에 남는다.

  → 외장하드에 있던 자료를 내 컴퓨터로 다시 저장해서 삭제해야 휴지통에 남는다.

③ 자료를 휴지통을 거치지 않고 삭제할 수 있다.

  → 휴지통 설정에 가서 "파일을 휴지통에 버리지 않고 삭제 명령 즉시 제거"를 체크한다.

④ 휴지통은 한 번 삭제되면 복구할 수 있다.

  → 새 폴더를 만들어 값을 입력하면 새로 만들 수 있다.

⑤ 휴지통 아이콘을 오른쪽 마우스로 클릭한 뒤 [속성]–[사용자 지정 크기]에서 조절이 가능하다.

22 ③

- 디스크 포맷 : 하드디스크 모두 삭제 초기화
- 디스크 검사 : 오류 검사
- 디스크 정리 : 불필요한 파일 삭제
- 디스크 조각 모음 : 띄엄띄엄 저장되어 있는 파일을 모아줌.

불필요한 파일을 삭제하거나 파일을 정리하려면 디스크 정리와 조각모음을 실행하는 것이 좋다. 디스크 포맷은 모두 삭제되어 초기화되기 때문에 내가 저장하고 있던 모든 파일이 소실된다.

23 ④

원격지원이 가능한 메뉴는 [시작 – 도움말 및 지원] 메뉴이다.

① [제어판] – 프로그램 추가 / 제거 이용

② [제어판] – 성능 및 유지관리 이용

③ [제어판] – 프린터 및 기타 하드웨어 이용

⑤ [제어판] – 사운드 음성 및 오디오 장치

24 ⑤

나에게 맞는 옵션 메뉴가 아니라 [시스템 도구–시스템 복원] 메뉴이다.

25 ②

슬라이드 인쇄 버튼을 클릭하면 4가지 옵션이 나오는데 옵션을 이용하면 범위를 지정한 인쇄가 가능하다.

유형 공략 문제

01	⑤	02	④	03	②	04	⑤	05	①
06	⑤	07	④	08	①	09	②	10	④
11	②	12	⑤	13	⑤	14	①	15	③
16	④	17	②	18	⑤	19	③	20	⑤
21	②	22	④	23	②	24	③	25	②

01 ⑤

콘센트에 연결하기 전에는 off 상태로 해야 하지만 콘센트 연결 후에는 on 버튼을 눌러 작동하는 것이 옳다.

02 ④

④는 명시된 주의 사항 중 어느 것에도 포함되지 않기 때문에 제품의 수리는 무상으로 이루어져야 한다.

03 ②

사용 시 주의 사항에 대해 보기와 하나씩 대조해 보며 푸는 문제이다.
나무나 일반 플라스틱 혹은 유리는 간단히 데울 때에는 사용이 가능하다고 명시하고 있다.
① '제품에 커버를 씌우지 마세요'를 참고한다.
③ '설치는 전문기사에게 의뢰하세요.'를 참고한다.
④ 고기 해동작업은 간단히 데우는 작업이 아니므로 고장의 원인이 될 수 있다.
⑤ '동작 중에 전원 플러그를 빼지 마세요.'를 참고한다.

04 ⑤

제품 주의사항에서 설명하는 내용으로 플러그의 퓨즈 상태를 확인하거나 전원플러그의 전압을 확인하라는 내용은 있으나 플러그를 뽑는 빈도에 관한 내용은 없다.

05 ①

설명서에서 알 수 있듯이, 사용 가능한 세제는 주방용 중성 세제뿐이다. 락스와 같은 강한 산성 세제를 사용하면 오히려 고장 혹은 플라스틱의 변형, 변색을 일으킬 수 있다.

06 ⑤

청소기 사용 2년이면 제품 보유 기간인 3년 이내이기 때문에 수리가 가능해야 하지만 수리점에서 부품이 없어 수리를 하지 못하는 경우 교환 또는 환불이 가능하다.

07 ④

가로축 : W
세로축 : L
가로축은 4까지 있으므로 W4, 세로축은 5까지 있으므로 L5

모양	좌표	색칠 유/무
별(S)	3, 3	B3 / B1
네모(T)	2, 5	정보 없음. / A4
하트(U)	1, 4	A3 / 정보 없음.

별 모양의 좌표를 정리하면, S(3, 3) : B3
→ 좌표를 비교했을 때 색칠되어 있지 않은 별은 B1이고 색칠이 되어 있는 별은 B3이다.
　네모 모양의 좌표를 정리하면, T(2, 5) : A5
→ 색칠이 안 되어 있는 것이 A4이므로 색칠이 되어 있는 것은 A4가 아닌 A5임을 유추할 수 있다.
　하트 모양의 좌표를 정리하면, U(1, 4) : A3
→ 색칠되어 있지 않은 하트는 정보가 없지만 보기에서 B3이 색칠되어 있지 않은 하트 모양이라고 유추할 수 있다.
좌표를 모두 합하면 [W4 / L5, S(3. 3) : B3 / T(2. 5) : A5 / U(1. 4) : A3]가 나온다.

08 ①

기술 능력이 뛰어난 사람의 특징에 관한 문제이다. 기술 능력이 뛰어난 사람은 기본적으로 인식된 문제를 해결하기 위해 다양한 방법을 개발하는 특성이 있다. 질레트의 경우도 역시 마찬가지이다.

09 ②

발명한 사람이 자기가 발명한 기술 및 제품을 독점적으로 사용할 수 있는 권리를 특허권이라고 하며 질레트는 특허권을 신청하였다.

실용신안권은 실용적인 창작을 보호하는 권리이며, 의장권은 심미성을 가진 발명을 보호하는 권리이다. 상표권은 자사제품의 신용을 유지하기 위해 제품이나 포장 등에 표시하는 상호 등을 보호하는 권리이다.

---

10 ④

기술 적용 시 고려해야 할 사항은
① 기술 적용에 따른 비용은 많이 드는가?
② 잠재적인 응용 가능성은 있는가?
③ 기술의 전략적 중요도는 어떻게 되는가? 등이 해당된다.
매뉴얼 유무는 반드시 고려되어야 할 사항은 아니다.

---

11 ②

냉수와 온수 호스 중 한 개만 연결이 되었다면 온수 호스를 연결해 주는 것이 옳다.
냉수 호스와 온수 호스의 연결에 대해 언급하는 부분은 호스가 서로 잘못 연결되었을 때 시정할 수 있는 방법이다. 한 개만 연결되어 있다면 두 개의 호스를 모두 연결하라는 조치가 나와야 한다.

---

12 ⑤

세탁물을 정리하거나 엉켜진 세탁물을 정리해야 할 경우는 탈수 과정에서 문제가 있을 때 취할 수 있는 조치이다. 나머지 ①~④는 배수구에 이상이 있을 때 점검해 보아야 사항들이다.

---

13 ⑤

'EE' 신호는 탈수에 문제가 생겼을 때 표시되는 신호이다.
제품이 평평한 곳에 놓여있지 못하거나 빨랫감들의 균형이 안 맞게 배치되어 있을 때 나타나는 신호이므로 ⑤와 같은 사항을 점검해 보아야 한다.

---

14 ①

벽에서 적어도 20cm 이상 거리를 두어야 한다고 명시하고 있다. 창문 가까이에 두면 환기가 잘 된다고 해도 창문에서도 20cm 이상 거리를 두어야 안전하다.

---

15 ③

고온에서의 보관은 피하라고 주의사항에 권고하고 있다. 야외에서는 차 안 등에서 햇빛에 의해 고온 현상이 발생할 수 있으므로 가급적 사용을 금하는 것이 좋다.

---

16 ④

고객을 자리로 이동 안내할 때는 고객보다 두, 세 걸음 앞쪽에서 비스듬히 걸어가야 하며, 이때 가끔 뒤를 돌아보며 고객과 보조를 잘 맞추고 있는지 확인하여야 한다.

17 ②

자신의 업무가 아니라면 찾아온 고객에게 담당 직원이 대강 언제 돌아올 것인지 알려주고 자리를 안내해서 담당 직원을 기다리게 하는 것이 옳다.

18 ⑤

미래 세대를 고려해야 하기 때문에 단기적인 성과보다는 중장기적인 성장 혹은 성과를 이루려고 노력한다.

19 ③

산업 기술을 보호하기 위해 공용구역, 일반구역, 특수구역 등으로 시설을 구분하여 관리하는 것이 좋다.

20 ⑤

OJT는 현장 감독자 및 직속 상사가 작업 현장에서 작업을 통해 개별지도 교육하는 것을 말한다. 계획성 없는 지도자의 교육은 자칫 인력과 시간의 낭비로 이어질 수 있기 때문에 각별한 유의가 필요하다.

21 ②

벤치마킹은 경쟁사나 선진 기업과 자사의 제품을 비교하는데 이때 타사의 장점뿐만 아니라 단점도 파악하여 그들의 취약점을 보완하여 자사의 제품을 업그레이드하는 방법을 말한다.

22 ④

융합 기술은 단순 컴퓨터나 인터넷의 발전 등과는 다르게 이미 가지고 있는 기술과 다른 기술을 결합함으로써 갖고 있던 단점을 보완하여 더 높은 기술력을 제공하는 것을 의미하는데 이는 결국 인간 중심형 기술 변화로써 불치병이나 기아문제와 같은 세계가 갖고 있는 문제를 해결하기 위한 방법이다.

23 ②

UNPD : UN이 발행하는 인간개발보고서
HDI(인간 개발 지수) : 국민소득, 고용, 교육, 건강, 환경 등의 개념을 취합한 지표
GNP(국민 총생산) : 일정 기간 국민경제 내에서 생산해 낸 최종 생산물을 화폐단위로 나타낸 것
FDI : 국내 기업과의 지속적인 경제관계 수립을 목적으로 하는 외국인 직접투자

24 ③

조직을 전체로 보고 자신의 계획과 생각을 조직에 적용할 줄 아는 개념적 기술은 최고 경영자에게 가장
필요로 하는 관리 기술로서 전반적인 조직의 패턴을 이해할 줄 알아야 한다.

25 ②

업무 매뉴얼은 정형화된 일에도 매우 효율적이지만 성과에 따라 달라지는 업무에 있어서도 최소한의
성과는 보증해 줄 수 있다.

Chapter 09 조직이해 능력 정답 및 해설

유형 공략 문제

01	④	02	④	03	③	04	②	05	①
06	④	07	④	08	④	09	②	10	②
11	④	12	⑤	13	③	14	①	15	⑤
16	①	17	⑤	18	⑤	19	③	20	②
21	③	22	②	23	①	24	③	25	③
26	①	27	③	28	②	29	④	30	③

01 ④

창업 전 타 업체에서 근무하며 경험을 쌓은 것은 '약점'에만 해당하므로 올바르지 않은 전략이다.

02 ④

WT(약점 – 위협)전략이므로, 기존 영어학원과 차별화할 수 있는 교육 프로그램을 준비하는 것은 적절한 전략이다.

① '영어에 대한 사회적 상승' – '브랜드 홍보'는 '약점'에 해당하는 내용이다.

② '브랜드 홍보를 강화하고 다양한 프로그램 준비' – '기회'에 해당하는 내용이 없다.

③ '사회 전반적인 경기 침체를 극복' – '강점'에 대한 내용이 없다.

03 ③

ST(강점 – 위협)전략이므로 편리한 교통 조건을 활용하여 이웃 생태 체험 마을보다 편리한 접근성을 강조하는 것은 적절한 전략이다.

① '편리한 접근성과 다양한 프로그램을 강조' – 다양한 프로그램이 아직 미비하므로 올바른 답이 아니다.

② '인터넷이나 매체 등에 홍보를 강화하는 전략' – 본문에서 찾을 수 없는 내용이다.

④ '자연 그대로의 환경을 유지하기 위한 주민참여 촉구' – 위협 요인에 대한 내용이 없다.

04 ②

WO(약점 – 기회)전략이므로 주변이 회사 밀집 지역인 것을 고려해 브랜드에 대한 홍보를 하는 것은 적절한 전략이 될 수 있다.

① '고유 브랜드임을 강조하는 고가 전략' – 커피에 대한 인식이 대중화되어 있으므로 고가전략이 무조건 맞는 것이 아니다.

③ '대형매장을 임대하여 브랜드 인지도를 높임.' – 주변에 대형 프랜차이즈 전문점이 있으므로 자금력으로 경쟁하는 것은 적절하지 않다.

④ '커피에 대한 인식 변화를 고려한 저가 전략' – 커피에 대한 인식 변화는 '기회'에 해당된다.

05 ①

업무분장표에 대한 문제는 자주 출제되니, 꼼꼼하게 읽을 필요가 있다. 출장 업무를 담당하는 것은 김상태 주임이지만, 사내 업무 총괄은 한상현 팀장이므로 이 두 사람에 해당되는 업무 분야라고 할 수 있다.

06 ④

시설물 사용 허가 신청서에 보면, 배드민턴장과 수영장을 이용하려고 한다. 이는 업무분장표의 최선명 주임과 홍정원 주임이 담당하는 분야이다. 또한 한상현 팀장이 대관 업무 총괄 담당이므로 총 세 사람이 담당자가 된다.

07 ④

해외 출장비가 50만 원 이상이기 때문에 이사 전결사항이며, 접대비는 30만 원 이하이기 때문에 본부장 전결사항이다.

접대비는 본부장 전결로 지출 결의서, 접대비 지출 품의서 – 본부장으로 연결된 ㄱ과 ㄹ이 올바른 답이다.

해외 출장비는 이사 전결 사항이므로 출장비 신청서를 이사에게 제출해야 한다는 ㄷ도 맞다.

즉, ㄱ, ㄷ, ㄹ의 ④가 답이 되며 ㄴ의 출장 계획서는 이사에게 제출해야 하므로 오답이다.

08 ④

팀장과 본부장의 결재가 필요하지 않은 이사 전결 사항에 대한 결재서류이다.

이에 해당하는 경우는 30만 원 이상의 접대와 해외 출장비에 대한 사항 둘이다.

해외 출장에 대한 출장 계획서와 출장비 신청서 모두 이사 전결 사항이므로 가장 적절한 답은 ④이다.

09 ②

완전히 다른 문화환경이나 새로운 사회환경을 접했을 때 감정의 불안을 느끼거나 무엇을 어떻게 해야 하는지 모르는 판단 부재의 상태에 놓이는 것을 '문화 충격'이라 한다.

① 문화 지체 현상 : 물질문화의 급속한 변동에 비해 비물질문화의 완만한 변화가 상대적으로 뒤처지는 현상

③ 아노미 현상 : 급격한 사회변동 과정에서 종래의 규범이 약화 내지 쓸모없게 되고 아직 새로운 규범의 체계가 확립되지 않은 혼란한 상태

④ 문화 격차 현상 : 같은 사회 내에서 경제, 지역, 언어 등의 요소에 의해 접근 기회가 제한되는 경우 나타나는 문화 차이

⑤ 님비 현상 : 위험시설 등이 자신들이 살고 있는 지역에 들어오는 것을 반대하는 행동

---

10 ②

최고 결재권자가 이사인 경우에 대해 묻는 문제이다.

②의 접대비 30만 원 이하나 초과에 대한 접대비 지출 품의서와 지출결의서는 모두 본부장 전결 사항이므로 ②만 본부장이 최고 결재권자이다.

---

11 ④

④ 기타 소모품과는 다르게 사무용품은 금액에 상관없이 팀장의 결재가 필요

⑧ 법인 카드 신청서는 50만 원 이하의 금액에서는 본부장의 결재가 필요

ⓒ 50만 원 이하의 교통비에 대한 출장비 신청서는 이사의 결재가 필요

ⓓ 20만 원 이하의 접대비 지출 품의서와 지출결의서는 팀장의 결재가 필요

---

12 ⑤

아웃소싱이란 기업 내부의 프로젝트는 활동을 외부 제3자에게 위탁해 처리하는 방식으로 업무의 효율성을 높이기 위한 방법이긴 하나 설명과는 맞지 않다.

---

13 ③

'비공식 조직'에 관한 설명이다.

③은 실용적이고 가시적인 조직인 공식 조직에 대한 설명이다. 비공식 조직은 피라미드 구조의 수직적 구조로, 전체를 하나로 인식하고 통합하는 조직이 아니라 공식 조직 일부에서 자생적으로 자라나는 조직을 말한다.

14 ①

②, ③, ④, ⑤에 대한 결재 서류들의 최종 결재권자는 본부장이다.

① 제주도 출장비 20만 원은 교통비에 속하며, 30만 원 이하의 교통비의 경우 출장 계획서는 팀장이, 출
장비 신청서는 본부장이 결재한다.

---

15 ⑤

박지성 : 총 14개의 실이 있으므로 잘못된 표현이다.

황선홍 : 어느 본부에도 소속되지 않는 곳은 모두 3군데(CDS인증원, 신재생에너지 센터, 감사실)이다.

---

16 ①

원유에 대한 지속적인 필요는 맞으나 달러화의 강세는 현물 즉 원유에 대한 투자보다는 달러 그 자체
로의 투자로의 움직임이 활발하다는 것을 의미한다. 즉, 달러의 강세는 원유 투자에 대한 심리를 위축
시킬 수 있다. 현재는 원유에 대한 수요보다는 공급이 많은 상태이므로 달러의 강세가 국제 유가 상승
에 기여한다고는 볼 수 없다.

---

17 ⑤

2005년 미얀마 군사정부가 수도를 양곤에서 만달레이주에 있는 네피도로 옮겼다.

---

18 ⑤

글로벌 국제화 시대를 맞이하여 국제매너에 대한 상식은 필수로 알아두어야 한다.

서양요리는 몸의 바깥쪽에 있는 포크와 나이프부터 사용하는 것이 예의이다.

---

19 ③

이슬람권 국가는 돼지를 불결한 동물로 여기기 때문에 먹지 않는다. 다만 할랄 육류(이슬람식 알라의
이름으로 도살된 고기)는 먹을 수 있으므로, '고기를 전혀 먹지 않는다'는 것은 잘못된 표현이다.

---

20 ②

회사 각 부서의 업무 부서와 부서에서 하는 업무가 적절한지 확인하는 문제이다.

'시장조사, 제품의 애프터서비스'는 영업부의 주요 업무라 할 수 있다.

①, ③, ④, ⑤는 총무부의 주요 업무이다

---

21 ③

경영참가제도는 경영자의 고유 권한인 경영권을 약화시키거나 경영능력이 부족한 근로자가 경영에 참

여할 경우 신속하고 합리적인 의사결정이 어려울 수 있다.

22 ②

Star – 시장성장성과 상대적 시장 점유율이 모두 높아 계속 투자가 필요한 성공사업

Cash cow – 투자비용을 전부 회수하고 많은 이익을 내는 수익창출원으로 시장점유율은 높으나 성장성은 낮은 사업

Question mark – 성장성은 높지만 시장 점유율이 낮아 시장 확대를 위한 전략적 투자가 필요한 사업

Dog – 성장성과 수익성이 모두 낮아 철수가 필요한 사양산업

23 ①

중앙은행의 통화량 조절정책 중 통화량 감소 효과를 얻으려면, 지급준비율 인상, 국공채 매각, 기준금리 인상, 총액한도대출 자금 축소 등의 방법을 사용하게 된다.
- 지급준비율 : 금융기관의 총예금금액에 대한 현금준비 비율
- 국공채 : 중앙은행이 시장에 참여하여 보유하고 있던 유가증권
- 기준금리 : 중앙은행의 금융통화위원회가 매달 회의를 통해 결정하는 금리
- 총액한도대출 : 중앙은행이 시중은행별로 정해 놓은 한도 내에서 돈을 대출해주는 제도

24 ③

다른 문화권에 대한 이해는 국제화 시대를 맞이하여 필수적인 조건이 되었다. 다른 문화를 이해하려면 개방적 태도를 지향하고, 자신이 속한 문화를 기준으로 정체성을 유지하며 새로운 문화를 받아들여야 한다. 그리고 문화적 상대성이 있으므로 타국 문화에 대한 평가는 자제하는 것이 좋다.

25 ③

세계화의 진행으로 업무에서도 다양한 문화의 사람들과 커뮤니케이션이 증가하는 추세이다. 따라서 조직 구성원들도 국제 감각과 국제 매너 등을 알아둘 필요가 있으므로 이런 유형의 문제도 출제되는 경향이 있다. 서양요리로 식사할 때 스테이크는 처음에 다 잘라놓기보다는 잘라가며 먹도록 하고, 빵은 손으로 떼어 먹는 것이 기본 예절이다.

26 ①

상사가 부재중일때 무조건 '전결'로 하는 것이 아니다. 상사가 전결권자인 경우 부재중이면 전결권자 란에는 '전결', 대결하는 자의 란에는 '대결'이라 표시한다.
② 두문 2 – 다 항목에서 확인할 수 있다.
③ 결문 3에서 확인 가능하다.

④ 본문 – 나 항목에서 확인할 수 있다.
⑤ 기안문의 결재에서 확인 가능하다.

27 ③

본문 – 가와 나 항목에 보면 문서에 다른 서식 등이 첨부되는 경우 본문의 내용이 끝난 줄 다음에 '붙임(첨부)' 표시를 해야 하며, 마지막 글자에서 한 글자 띄우고 '끝' 표시를 해야 한다는 것을 알 수 있다.

28 ②

권위적 조직 문화에서 벗어나 자율적이고 수평적인 기업문화를 위한 노력의 한 방법으로 제시되고 있는 기업 규범 시스템에 관한 내용이다. 이는 각 직급별 권한을 조화롭게 분배하는 역할을 하기 위한 노력으로 특정 개인의 성향이나 기질의 영향을 받지 않는 system이다. 개인의 성향이나 기질의 영향을 받지 않기 때문에 리더가 바뀌어도 내부 규범은 변하지 않는다는 장점이 있다.

29 ④

BCG매트릭스에 대한 설명으로, Star(계속적인 투자가 필요한 성공 사업), Cash cow(시장점유율은 높으나 성장성은 낮은 사업), Question mark(성장성은 높지만 시장점유율이 낮은 사업), Dog(성장성과 수익성이 모두 낮은 사업)로 표현된다.
① SWOT분석 : 기업 내부의 강점과 약점, 기업 외부의 기회와 위협을 규정하고 기업의 경영 전략을 수립하는 기법
② STP전략 : 소비자의 패턴에 따라 시장을 세분화하고 타깃을 설정한 뒤 목표 시장에 적절하게 제품을 포지셔닝하는 마케팅 전략
③ 양적 완화 : 중앙은행이 통화를 시중에 직접 공급해 신용 경색을 해소하고, 경기를 부양시키는 통화 정책
⑤ 출구 전략 : 경기 부양을 위해 각종 완화정책을 취했다가 경기가 서서히 회복되기 시작하면 거두어들이는 전략

30 ③

브레인스토밍은 자유로운 발상으로 아이디어의 한계를 극복하고 그 속에서 좋은 아이디어를 찾는 과정이므로 비판은 하지 않는 것이 좋다. 비판은 사람들을 움츠러들게 하여 자유로운 발상을 제한할 수 있기 때문이다.

Chapter 10 / 직업윤리 정답 및 해설

유형 공략 문제

01	③	02	②	03	②	04	③	05	⑤
06	②	07	④	08	④	09	⑤	10	②
11	⑤	12	②	13	⑤	14	②	15	④
16	⑤	17	③	18	②	19	④	20	⑤
21	④	22	②	23	⑤	24	①	25	③

01 ③

- 'SERVICE'의 7가지 의미
  - S(Smile & Speed) : 서비스는 미소와 함께 신속하게 하는 것
  - E(Emotion) : 서비스는 감동을 주는 것
  - R(Respect) : 서비스는 고객을 존중하는 것
  - V(Value) : 서비스는 고객에게 가치를 제공하는 것
  - I(Image) : 서비스는 고객에게 좋은 이미지를 심어 주는 것
  - C(Courtesy) : 서비스는 예의를 갖추고 정중하게 하는 것
  - E(Excellence) : 서비스는 고객에게 탁월하게 제공되어야 하는 것

02 ②

서비스는 고객의 소리를 경청하고 요구사항을 파악하는 것으로 이는 좋은 서비스를 제공하는 시발점이 된다. 고객 서비스 시 개인적인 용무의 전화 통화를 한다거나, 고객을 방치하는 것은 적절하지 않다. 또한 고객이 있는데 화장을 하거나 고치는 행위 역시 적절하지 않다. 고객의 불평불만에는 성심껏 대답하는 것이 적절하다.

03 ②

- 진실의 순간(MOT:moments of truth)
  고객이 회사나 제품에 대해 이미지를 결정하게 되는 15초 내외의 짧은 순간을 일컫는 마케팅 용어

이다. 종업원과 접촉하거나 광고를 볼 때 등 고객이 어떤 특정 시점에 갖게 되는 느낌이 기업의 이미지나 생존을 결정짓는다는 뜻으로 스웨덴 경제학자 리처드 노먼이 최초로 사용하였다. 결정적 순간이라고 하기도 한다.

---

04 ③

MOT는 고객이 직원 또는 특정자원과 접촉하는 순간으로 이를 잘 관리하면 고객만족도를 높일 수 있고, 반대로 MOT에서 고객의 기대를 충족시키지 못하면 다른 고객 가치 요소가 아무리 훌륭하더라도 고객은 그 가치를 느끼지 못한다.

---

05 ⑤

성희롱에는 지위를 이용하거나 업무 등과 관련하여 성적 언동 등으로 상대방에게 성적 굴욕감 및 혐오감을 느끼게 하는 행위가 해당한다. 신체적, 육체적 행위가 없더라도 언어적 행위나 시각적 행위도 성희롱에 해당할 수 있다. ②, ③, ④의 경우 성차별 행위에는 해당하지만, 직장 내 성희롱에는 해당하지 않는다.

---

06 ②

(ㄴ) 악수는 적당한 악력으로 손을 잡고 흔들되, 너무 세게 쥐거나 흔드는 것은 적절하지 않다.

(ㄹ) 인사를 할 때는 주머니에 있는 손을 빼고 하는 것이 예의에 어긋나지 않는다.

(ㄱ) 윗사람에게 먼저 목례를 하는 것은 적절하지만, 악수는 윗사람이 먼저 청해야 한다.

(ㄷ) 복도에서 통화 중에 상사를 마주치면, 가볍게 목례를 하는 것이 예의에 어긋나지 않는다.

---

07 ④

인사는 예절의 기본이며, 가장 기본이 되는 자기 표현이다. 입사 동기인 경우, 자신보다 연장자라면 직급이나 이름 뒤에 '님'을 붙이고, 동갑이나 연하일 때는 '씨'을 붙이는 것이 적절하다. 인사는 사람에 따라 인사법이 다르면 안 된다. 복도에서 상사를 마주쳤을 때는 3보 정도 앞에 멈춰 서서 인사하며, 말 인사를 먼저 건넨 후 허리를 숙여 인사하는 것이 적절하다. 이후 자주 마주칠 때는 가볍게 목례 정도만 해도 괜찮다.

---

08 ④

사회생활을 하다 보면 다양한 경조사를 치르게 되고 경조사별 격식에 맞는 매너가 필수적으로 요구된다. 장례식 옷차림은 정장이 원칙이며, 검은색, 회색 등 무채색을 기본으로 한다. 영전에 조문을 먼저 하고 상주에게 위로의 말을 건넨 후 조의금을 전달하는 것 좋으며, 분향을 할 때에는 입으로 불을 끄지 않고 손으로 흔들어 불을 끄도록 한다. '안녕하세요'라는 말은 조문 인사말로 적절하지 않으며 상주나 유가족에게 계속 말을 걸거나 악수를 청하는 것은 실례가 될 수 있다.

09 ⑤

- 고객서비스 시 금지 행위
  - 개인 용무의 전화 통화를 하는 행위
  - 큰소리를 내는 행위
  - 고객을 방치한 채 업무자끼리 대화하는 행위
  - 고객 앞에서 음식물을 먹는 행위
  - 요란한 구두 소리를 내며 걷는 행위
  - 고객이 있는데 화장을 하거나 고치는 행위
  - 옷을 벗거나 부채질을 하는 행위
  - 고객 앞에서 서류 정리를 하는 행위
  - 고객이 보이는 곳에서 흡연을 하는 행위

10 ②

악수를 할 때 남성은 장갑을 벗어야 하지만, 여성의 경우에는 장갑을 벗지 않아도 된다. 악수는 오른손으로 청하는 것이 원칙이며, 악수를 청할 때 남성은 반드시 일어서야 하지만, 여성은 앉아서 해도 무방하다. 하지만 상대의 나이나 직급을 고려해 행동한다. 악수는 우정의 표시인 만큼 적당한 악력으로 손을 잡고 적당한 높이로 흔든다.

11 ⑤

직장 내 성희롱은 일반적으로 남자가 여자에게 하는 행위가 대부분이지만 경우에 따라서 여자가 남자에게, 여자가 여자에게, 남자가 남자에게 하는 행위도 있을 수 있다. 예를 들어 여자 상사가 남자 부하직원에게 원하지 않는 성적 행위를 통해서 괴롭히는 경우도 직장 내 성희롱이 될 수 있다.

12 ②

'성희롱'이란 업무 · 고용 그 밖의 관계에서 국가기관 등 종사자 · 사용자 또는 근로자가 상대방에게 성적 굴욕감 및 혐오감을 느끼게 하는 행위로, ①, ③, ④, ⑤와 같은 육체적인 행위뿐 아니라 ②와 같은 언어적 행위도 성희롱에 해당한다.

13 ⑤

장례식장에 가서 유족들에게 돌아가신 연유를 상세히 묻는 것은 예의에 어긋나는 행동이다.

14 ②

커피 심부름은 직장 예의에 어긋나는 여성 비하적 행동으로 볼 수는 있으나 성적 언동이 아니기 때문에 직장 내 성희롱에 해당하지 않는다.

15 ④

단 1회의 성적 언동이라도 성희롱으로 느껴지는 경우에는 성희롱으로 성립된다. 조건형 성희롱의 경우, 행위자의 한 번의 성적 언동에 대하여 피해자가 거부하거나 불쾌감을 표시하여 인사상의 불이익을 받은 경우 직장 내 성희롱으로 성립되며, 경미한 성적 언동이라도 상대방이 원하지 않는 행위가 반복되어 굴욕감을 유발하여 업무 능률을 저해시켰다면 이 경우에는 즉각 조치를 취해야 한다.

16 ⑤

개인윤리를 바탕으로 각자가 직업에 종사하는 과정에서 요구되는 특수한 윤리규범이 직업윤리이다. 직업윤리는 일반 윤리와 배치되는 경우도 있다.

17 ③

ⓐ 직업적 활동은 개인적 차원에서 머무르는 것이 아니므로, 업무의 공공성을 바탕으로 공사구분을 명확히 하고, 모든 것을 숨김없이 투명하게 처리할 수 있어야 한다.
ⓒ 일반윤리의 덕목에는 타인에 대한 물리적 행사(폭력)가 금지되어 있지만, 경찰관이나 군인 등 특수직은 필요한 상황에서 그것이 허용된다.
ⓔ 직업윤리의 경우 업무상 개인의 판단과 행동이 사회에 큰 영향력을 줄 수 있으며 다수의 이해관계자와 관련되게 된다. 따라서 이를 고려하여 업무를 수행할 수 있어야 한다.
ⓓ 수많은 사람이 관련되어 고도화된 공동의 협력을 요구하므로 자신이 맡은 역할에 대한 책임 완수와 다른 사람을 배려하며 공동의 이익을 추구하는 자세가 바람직하다.

18 ②

개인윤리가 보통 상황에서의 일반적 원리규범이라고 한다면, 직업윤리는 좀 더 구체적인 상황에서의 실천규범이라고 할 수 있다.

19 ④

기업에서 규모가 큰 공동의 재산, 정보 등을 개인의 권한하에 위임·관리하는 경우 공공성을 바탕으로 숨김없이 투명하게 일을 처리해야 한다.

20 ⑤

직장이라는 특수한 상황에서 갖는 집단적 인간관계는 가족 관계, 개인적 선호에 의한 친분 관계와는 다른 측면의 배려가 요구된다.

---

21 ④

'여성에게는 가사나 내조, 양육'을 강조하는 행위는 직장 예의에 어긋나는 여성 비하적 행동으로 볼 수는 있으나 성적 언동이 아니기 때문에 직장 내 성희롱에 해당하지 않는다. 그러나 외모에 관한 성적 비유나 평가, 회식 자리 등에서 술을 따르도록 강요하는 행위 등은 성희롱에 해당한다.

---

22 ②

과거 여성들은 여성의 특징을 살린 한정된 업무만을 담당하였다. 그러나 현대에는 양성평등에 따라 여성과 남성을 대등한 동반자로 보고 동등한 역할과 능력을 발휘한다는 인식이 확대되고 있다. 따라서 양성 평등을 위한 성예절의 문화에는 속할 수 있지만 성희롱 예방과는 거리가 있다.

---

23 ⑤

거래처 관계자나 계열사 직원에 의한 성희롱은 직장 내 성희롱으로 인정하기가 어렵다. 다만, 사업주, 직장 내 상사 또는 동료가 거래처나 계열사 직원에 의한 성희롱이 일어날 수 있는 상황을 유도하거나 감수하도록 피해자에게 요구한 경우에는 직장 내 성희롱으로 성립되어 사업주에게 책임을 물을 수 있다. 따라서 이런 경우에는 P에게 주의를 주어야 한다. 또한 정식으로 채용되기 전이라고 하더라도 채용을 위한 면접 과정에 있는 피면접인은 잠정직 피고용인의 지위를 가지므로 면접자가 피면접인에게 성적 굴욕감을 느끼게 하거나 성적 행위 등을 요구하는 성적 언동은 성희롱으로 성립될 수 있다. 따라서 이를 제지해야 한다.

---

24 ①

남성의 역할이나 힘을 강조하는 것은 양성평등에 어긋나긴 하지만 성희롱과는 거리가 있다.

---

25 ③

모든 사회의 구성원이 공정하게 대우받는 정의로운 공동체를 만들기 위해서는 부패를 방지하고 청렴의식을 강조해야 한다. 사적 일보다는 공적 일을 중시하고, 바른 마음과 정성을 가지며, 공직자들은 청빈한 생활 태도를 유지하고 국가의 일에 충심을 다하려는 정신을 지니는 것이 필요하다.

한국농어촌공사 NCS 직업기초능력평가

Korea Rural Community Corporation

The Real

실전모의고사 정답 및 해설

THE REAL

K
R
C

취업의 합격 신화 에듀크라운

01	⑤	02	④	03	④	04	③	05	④	06	③	07	④
08	③	09	④	10	①	11	②	12	①	13	①	14	②
15	①	16	⑤	17	⑤	18	④	19	④	20	④	21	⑤
22	⑤	23	①	24	①	25	⑤	26	②	27	③	28	③
29	②	30	⑤	31	③	32	②	33	②	34	④	35	①
36	①	37	⑤	38	②	39	②	40	③	41	④	42	③
43	⑤	44	③	45	③	46	⑤	47	⑤	48	①	49	①
50	④	51	①	52	③	53	⑤	54	⑤	55	③	56	③
57	③	58	④	59	①	60	②	61	④	62	⑤	63	③
64	②	65	④	66	④	67	①	68	③	69	②	70	③
71	⑤	72	①	73	③	74	⑤	75	⑤	76	⑤	77	③
78	③	79	①	80	③	81	⑤	82	④	83	③	84	②
85	③	86	①	87	⑤	88	④	89	④	90	①	91	④
92	①	93	②	94	③	95	④						

01 ⑤

'고루하다'는 낡은 관념이나 습관에 젖어 고집이 세고 새로운 것을 잘 받아들이지 못함을 의미한다.

02 ④

'성글다'는 '간격이 벌어져 듬성듬성하다'의 뜻으로 '조밀하다'가 반의어이다.
① 시나브로 : 모르는 사이에 조금씩 조금씩
② 고즈넉한 : 고요하고 쓸쓸한
③ 곰비임비 : 자꾸 앞뒤 계속하여
⑤ 괴란쩍은 : 얼굴이 붉어지도록 부끄러운 느낌이 있는

03 ④

물, 땅, 공기로 오염이라는 단어를 연상할 수 있다.

04 ③

유의관계 문제이다. '구속'은 '행동이나 의사의 자유를 제한하거나 속박함'의 뜻으로 '속박'이 유의어이다. '납득'은 '다른 사람의 말이나 행동, 형편 따위를 잘 이해함'의 뜻으로 유의어는 '요해'이다. ④의 '고무'는 '남을 격려하여 힘을 내게 함', ⑤의 '체득'은 '몸소 체험하여 알게 됨'의 뜻이다.

05 ④

국립 국어원의 우리말 다듬기 순화어에 해당하는 내용이다. '유비쿼터스'는 두루누리로 순화되었다. '웰빙'은 '참살이', '와이파이'는 '근거리 무선망', 'USB'는 '정보막대'로 순화시켰다. 시나브로는 '모르는 사이에 조금씩'의 뜻으로 고유어이다.

06 ③

① 숫탉 → 수탉, ② 수강아지 → 수캉아지, ④ 수돼지 → 수퇘지, ⑤ 숫평아리 → 수평아리

07 ④

첫째 단락에서 인간의 합리성을, 둘째 단락에서 동물 근성과 인간 감정 문제를, 셋째 단락에서 가치 판단을 언급하고 있다. ④는 언급되지 않았다.

08 ③

3문단에 보면 경제문제는 인간의 가치 판단과 긴밀한 관계가 있다고 되어 있으므로 틀린 답이다.
①은 1문단 처음 부분에, ②는 2문단 처음 부분에, ④는 1문단 끝 부분에, ⑤는 마지막 부분에 나와 있다. 독해 문제를 풀 때는 중심 문장을 표시하고, 접속사, 지시어 등을 유념해서 읽어야 한다. 평소에 독해 지문을 읽을 때, 각 단락별 요약문을 작성해 보는 연습이 필요하다.

09 ④

산업 기술 유출 방지법은 국가 기간 산업의 첨단 기술이 유출되는 것을 방지해 주는 제도로, 산업 기술 종사자들의 도덕성 함양과는 직접적인 관련성이 없다. NCS시험에서는 실제 직장 생활에서 필요한 사항을 물어보는 경우가 많다. 각종 문서의 작성도 그중의 하나로 필요한 내용과 불필요한 내용의 구분은 가장 기본적인 사항이다.

10 ①

농업사회에서 산업사회로의 변화는 산업 구조의 전세계적인 추세일 뿐, 그 자체가 왜곡된 현상이라고는 할 수 없다.
② '2'는 고령화 사회의 정의이므로 첫 부분에 들어가는 것이 맞다.

③ '3'은 본론의 둘째 문단인 '원인' 부분에 들어가는 것이 적당하므로 맞는 표현이다.

④ '4'는 결론의 '대책' 부분에 들어가기 적당한 내용이므로 맞는 표현이다.

⑤ '5'는 본론의 셋째 문단에서 활용하는 것이 적절하다.

11 ②

'대우조선해양 손실액 2,400억 원은 특정 기간(2013년 1월 1일부터 2016년 3월 31일)의 장부상 평가액 변화 등을 나타내는 것으로, 실제 발생한 손해액과는 차이가 있음'이라는 표현이 있으므로 설현의 이야기는 잘못된 표현이다.

12 ①

(가)는 노사 화합의 중요성을 원칙 수준에서 강조한 데 비해, (나)는 노동자와 사용자의 입장을 명확히 드러냄과 동시에 노사와 정부의 역할을 강조하고 있다. 따라서 책임 주체의 입장이나 역할에 초점을 맞춘 것으로 보아야 한다.

13 ①

상대방이 "나는 아직 제대로 준비하지 못했어."라고 대답하는 것으로 보아 공부에 대한 대화내용이 계속되고 있다는 것을 알 수 있다.

14 ②

지문의 주제는 '생활력이 약한 사람들의 권익을 보호해 줄 수 있는 제도의 확립이 필요하다'인데, '생활력이 약한' 사람들은 '근로자'이고 제도 확립을 할 수 있는 주체는 '정부'이므로 ②가 정답이 된다.

15 ①

올바른 의사소통을 위해서는 동등한 입장에서 메시지를 곡해하지 않도록 노력하면서 말하는 이에게 집중하고 무조건적인 비판과 질책은 삼가는 것이 좋다.

16 ⑤

⑤의 고친 문장은 '홍보'와 '보여주다'의 호응이 이루어지지 않고 있으며, '노력'도 '보여주다'와 어울리지 않는다. '주차 금지 구역에 대해 적극적으로 홍보하고 불법 주차 문제를 해결하기 위해 노력해 주시기 바랍니다.' 정도로 고치는 것이 좋다.

ⓓ 이중피동형은 비문법이므로 고쳐야 한다.

17 ⑤

효과적인 경청의 방법으로는 들을 것에 대해 미리 준비하고 말하는 사람의 모든 것에 집중하여 적극적으로 들으며, 나의 삶과 관련지어 생각하고 질문하고 요약하며 반응하는 것이라고 할 수 있다. 주의를 기울이고 개방적인 질문을 하되 무조건적인 '왜?'라는 질문은 삼가야 한다.

18 ④

(A) 앞의 문장은 '인간의 욕망이 어떻게 달성되는가'에 대한 설명이고, 뒷 문장은 불교에서의 분류를 설명하기 때문에 전환관계의 접속사가 적당하다.
(B) 앞의 문장과 뒤의 문장의 흐름상 '일반적인 기준이나 예상, 기대와는 전혀 반대가 되거나 다르게 됨'을 연결하는 말이 필요하다.

19 ④

공문서는 회사 외부로 전달되는 문서로 '6하원칙'에 의해서 ①~③의 방법을 사용하는 것이 적당하다. 표나 그래프는 기획서나 보고서에 사용하는 것이 좋다.

20 ④

화자와 청자가 의미의 교섭과 협상을 하며 서로 번갈아 청자와 화자가 되어 의미를 확장하는 것에 중점을 둔 화법이 아닌 것을 고른다. 무조건적인 의미의 수용은 밑줄 친 화법의 설명에 부합하지 않는 보기라고 할 수 있다.

21 ⑤

$$2 \rightarrow 3 \rightarrow 6 \rightarrow (\quad) \rightarrow 18 \rightarrow 27 \rightarrow 38$$
$$+1 \quad +3 \quad +5 \quad +7 \quad +9 \quad +11$$

22 ⑤

$$23 \rightarrow 21 \rightarrow 25 \rightarrow 19 \rightarrow 27 \rightarrow (\quad) \rightarrow 29$$
$$-2 \quad +4 \quad -6 \quad +8 \quad -10 \quad +12$$

23 ①

직원 수를 x라 하면
$3x-20=2x+16$
$\therefore x=36$
볼펜의 수는

$2 \times 36 + 16 = 88$(자루)

24 ①

b=15a+12이며, b=18(a−1)+9

따라서 a=7, b=117   ∴ a+b=124

25 ⑤

지난해 여자 직원 수를 x명

지난해 남자 직원 수를 (2,100−x)명이라 두면,

올해 남자 직원 수는 1.05(2,100-x)

올해 여자 직원 수는 0.97x

0.05(2100-x)−0.03x=41

∴ x=800

따라서 올해 여자 직원 수는 0.97×800=776(명)이다.

26 ②

x : 기차의 길이

$$\frac{1}{2} \times \frac{2{,}300+x}{100} = \frac{800+x}{80}$$

$184{,}000 + 80x = 160{,}000 + 200x$

$120x = 24{,}000$

$x = 200$

27 ③

김대리가 뛴 거리+박주임이 뛴 거리=16km이며, 거리=시간×속력이므로, 두 사람이 만난 시간을 x시라 하면

$12x + 8x = 16$

$$x = \frac{4}{5}$$

두 사람이 만나는 지점=박주임이 뛴 거리=$8 \times \dfrac{4}{5} = \dfrac{32}{5}$ km

28 ③

물건의 원가를 a원, 이익을 x%라고 하면 정가=$a(1+\dfrac{x}{100})$원이다.

따라서 $a(1+\dfrac{x}{100})(1-\dfrac{20}{100})=a(1+\dfrac{12}{100})$이고 식을 풀면 $x=40$이다.

---

29 ②

A와 B의 이동시간을 t로 두면

$1,200=80t+120t$

$\qquad \therefore\ t=6$

따라서 A가 걸은 거리는 $6\times80=480(\text{m})$이다.

---

30 ⑤

A, B용기의 소금물의 양은 동일하므로 농도가 같으면 두 용기의 소금의 양도 같다.

$$8\times\dfrac{300-x}{100}+12\times\dfrac{x}{100}=12\times\dfrac{300-x}{100}+8\times\dfrac{x}{100}$$

$$2,400-8x+12x=3,600-12x+8x$$

$$8x=1,200$$

$$x=150$$

---

31 ③

독서 이유 중 두 번째로 높은 것의 종이책 독자는 229명이고, 독서/도서 정보원에서 두 번째로 낮은 종이책 독자는 72명이기 때문에 약 3.1배 높다고 볼 수 있다.

---

32 ④

③ 2004년 대비 2014년 총 여가시간은 57분(평일 : −4분, 토요일 : +4분, 일요일 : −57분) 줄었다.

④ 2004년 대비 2014년 의무 생활시간에서 증가를 보인 요일은 일요일(26분)이 있다.

---

33 ②

2015년의 법인병원 사업자의 총 수는 2,193건이고, 5년 전에는 1,244건이었기 때문에 5년 전보다 약 1.8배 증가하였다.

---

34 ④

② 연도별 사망자 수 비율은 4.56, 4.21, 3.87, 3.82, 3.71, 3.49, 2.89, 2.69, 2.64, 2.27이므로 가장 높은 것은 2002년이다.

④ 사망자 수가 네 번째로 많은 해의 사고 발생 건수는 부상자 수가 네 번째로 적은 해의 사고 발생건수보다 18건 더 많다.

---

35 ①

② 2014년과 2015의 콘텐츠 증가율은 영국 1.032이고, 이탈리아 1.029이므로 이탈리아가 더 낮다.

③ 아시아권 세계 미디어 콘텐츠의 증가율은 일본 1.007, 중국 1.121, 한국 1.047, 인도 1.126이므로 가장 큰 증가율을 보인 나라는 인도다.

④ 2014년의 전체에 대한 러시아 점유율은 2.0%이고, 2015년의 전체에 대한 캐나다 점유율은 3.2%이기 때문에 러시아 점유율이 약 1.2% 낮다.

---

36 ①

아메리카노 : $(3,000-300) \times 8 = 21,600$

카페라떼 : $(3,900-500) \times 4 = 13,600$

바닐라라떼 : $(4,100-600) \times 3 = 10,500$

카라멜 마끼야또 : $(5,000-850) \times 4 = 16,600$

지금까지의 순이익은 62,300이므로 65,000원의 수익을 맞추기 위해서는 2,700원이 필요하다. 따라서 마지막으로 판매한 메뉴는 아메리카노이다.

---

37 ⑤

① 2012년 81%, 2013년 82%, 2014년 85%, 2015년 84%를 차지하므로 항상 80% 이상을 차지한다.

⑤ 우라늄은 매년 수입액이 증가하지만 석유는 2015년에 수입액이 감소한다.

---

38 ②

2회 이하 당선인원은 1회 당선 인원이 292명, 2회 당선 인원이 234명이므로 총 526명이다. 지역별 출신 비율은 198/795이므로 대략 25%이다.

따라서 526명의 25%이므로 약 130명이다.

---

39 ②

가정의 소득이 줄어들 것 같다는 문항에 대답한 사람은 총 150명이고 그중 그렇다고 말한 사람은 53명이다.

가정의 소비가 늘어날 것이라는 문항에 대답한 사람은 총 150명이고 그중에 그렇다고 말한 사람은 121명이다.

$$\frac{121-53}{150} \times 100 ≒ 45.3\%$$

---

40 ③

① 2006년 대비 2016년의 쌀재배 면적은 $\frac{779}{955} ≒ 0.816$이므로 18.4% 줄었다고 볼 수 있다.

② 2012년 이후 매년 늘다 2016년에 감소하였다.

③ 직전 연도보다 생산량이 늘어난 해는 2008년, 2009년, 2013년, 2014년, 2015년 총 5번이다.

④ 직전 연도보다 재배면적이 가장 많이 줄어든 해는 2011년(38천 ha)이다.

41 ④

주어진 조건을 p, q, r로 놓으면

p : 축구를 좋아한다.

q : 야구를 좋아한다.

r : 농구를 좋아하다.

$\sim p \rightarrow q, p \rightarrow \sim r$에서 $\sim q \rightarrow p, r \rightarrow \sim p$ (대우)

삼단논법에 의하여 $r \rightarrow \sim p \rightarrow q$ 이므로 $r \rightarrow q$

따라서 "농구를 좋아하는 사람은 야구를 좋아한다"는 참이다.

42 ③

주어진 조건을 p, q, r, s로 놓으면

p : 수학을 잘한다. q : 영어를 잘한다.

r : 국어를 잘한다. s : 국어를 잘한다.

이므로 조건을 이용하여 나타내면

$q \rightarrow \sim p, \sim r \rightarrow \sim s$

이때 대우명제도 참이므로 $p \rightarrow \sim q, s \rightarrow r$ 이다.

그런데 "수학을 잘하면 국어도 잘한다." 즉 $p \rightarrow r$가 참이 되게 해야 하므로 $p \rightarrow \sim q$와 $s \rightarrow r$을 연결해 주는 문장이 필요하다. 따라서 $\sim q \rightarrow s$ 또는 $\sim s \rightarrow q$ 가 필요하므로

③ 영어를 잘하지 못하면 역사를 잘한다.

43 ⑤

범인을 가정해 보고 그에 따른 진술을 표로 만들어 보면

범인	A	B	C	D
옳은 진술	C, D	A, C, D	D	B, C

따라서 옳은 진술을 한 사람은 D, 범인은 C이다.

44 ③

이 여자의 아버지가 내 아버지이므로 이 여자는 자기 자신이 된다고 볼 수 있다.

45 ③

A팀은 5승을 하였으므로 이긴 세트의 수는 5×4＝20인데 총 23세트를 이겼으므로 그 차이인 3세트는 한 번의 진 경기에서 이긴 세트의 수이다. 따라서 한 번 진 경기에서 3 : 4로 졌음을 알 수 있다. 또한 진 세트의 수가 5인데 한 번 지면 4세트를 지므로 그 차이인 1세트는 어떤 이긴 경기에서 진 세트의 수이다. 따라서 A팀은 4 : 1로 이긴 적이 꼭 한 번 있고, 나머지 4경기에서는 모두 4 : 0으로 이겼음을 알 수 있다. 그러므로 4 : 3으로 이긴 적은 한 번도 없다.

46 ⑤

소비자 불만을 종합해 봤을 때 배송 관련 서비스의 부족과 상품 품질에 대한 실망으로 교환과 환불을 요청한 것이 대부분이다. 색상의 배송이 잘못된 것 또한 서비스 부족의 한 부분으로 볼 수 있다.

47 ⑤

확실히 가야 하는 요일이 정해진 부분부터 체크하여 표를 만들며 확인한다. 수요일에 창덕궁에 가기로 하였으니 금요일에는 명동, 월요일엔 남산타워를 관광한다는 것을 알 수 있다. 롯데월드는 소풍이 많은 목요일을 피해 관광하는 것이 적절하므로 화요일에 롯데월드, 목요일에 경복궁을 관광하는 것으로 정리하여 문제를 해결할 수 있다.

월요일 – 남산타워
화요일 – 롯데월드
수요일 – 창덕궁
목요일 – 경복궁
금요일 – 명동

48 ①

긴급하고 중요한 일부터 우선순위를 부여하여 업무를 배열한다.

49 ①

평가 점수에 중요도를 곱하여 비교하면서 문제를 해결한다.

A : (4×0.5)+(5×0.3)+(5×0.2)＝4.5
B : (6×0.5)+(4×0.3)+(3×0.2)＝4.8
C : (6×0.5)+(6×0.3)+(1×0.2)＝5
D : (5×0.5)+(7×0.3)+(3×0.2)＝5.2

따라서 제일 먼저 제외할 수 있는 곳은 A가 된다.

50 ④

49 해설을 참고하면 C펜션(총 5점)을 최종 선택한다고 했을 때, D펜션(총 5.2점)을 선택하는 것보다 아쉬운 선택이 된다고 볼 수 있다.

---

51 ①

'조하리의 창(Johari's window)'은 자신과 다른 사람의 두 가지 관점을 통해 파악해 보려는 자기 인식 모델이다.

	자신이 아는 부분	자신이 모르는 부분
다른 사람이 아는 부분	공개된 자아 (Open area)	눈먼 자아 (Blind area)
다른 사람이 모르는 부분	숨겨진 자아 (Hidden area)	미지의 자아 (Unknown area)

타인은 알지만 내가 모르는 '나'의 모습은 '눈먼 자아'에 속한다.

▶ 조하리의 창(Johari's window)
- 공개된 자아(Open area) : 자신도 알고, 타인도 아는 열린 자아. 완전히 개방된 영역
- 눈먼 자아(Blind area) : 자신은 모르지만, 타인이 알고 있는 부분
- 숨겨진 자아(Hidden area) : 자신은 알고 있으나, 타인에게 공개하지 않은 영역
- 미지의 자아(Unknown area) : 자신도 모르고, 타인도 알지 못하는 미지의 영역. 공개 여부를 떠나 아예 인지가 되지 못하는 부분

---

52 ③

제시된 기사에서는 캥거루족이 증가하고 있는 사실에 대해서만 서술하고 있을 뿐 그 원인에 대한 언급은 찾아볼 수 없다.

---

53 ⑤

거절의 의사표현은 빠를수록 좋다. 오래 지체될수록 상대방은 긍정의 대답을 기대하게 되고, 의사 결정 자는 더욱 거절하기 어려워지기 때문이다.

---

54 ⑤

현대 사회의 지식 정보는 매우 빠른 속도로 변화하고 있기 때문에 조직과 일에 영향을 미친다. 본문의 ⑤는 경력 개발에 있어 조직의 요구에 따라 경력 개발의 필요성을 느낀 경우이다. 나머지는 환경의 변화와 같은 외적 요소에 의해 경력 개발의 필요성을 느끼는 경우이다.

---

55 ③

• 합리적인 의사결정 과정
  − 문제의 특성이나 유형을 파악한다.
  - 의사결정에 필요한 정보를 수집한다.
  - 가능한 모든 대안을 탐색한다.
  - 각 대안을 분석 및 평가한다.
  - 가장 최적안을 선택하거나 결정한다.
  − 의사결정 결과를 분석, 평가하고 피드백한다.

56 ③

1박 2일로 회사 밖에서 진행되는 행사인 만큼 숙식이 가장 중요한 부분이라고 볼 수 있다. 그렇기 때문에 가장 우선적으로 예산을 잡고 나머지 예산으로 행사준비나 예비비 등을 잡는 게 맞다.

57 ③

18일 금요일은 야간 근무이다. 그러면 18일 전후 2일 동안에 야간근무한 직원은 야간근무를 다시 할 수 없기 때문에 20일에 있는 김호준사원이 대체근무를 할 수 없다.

58 ④

26일 기준으로 앞뒤 2일 동안의 야간 근무자들은 올 수 없기 때문에 박수호, 김동진, 유경진, 마동탁, 조성덕과 팀장만이 올 수 있다.

59 ①

원단 종류	원단 질감	금액
A	중	$10,000 \times 15 + 60,000 = 210,000$
B	상	$12,000 \times 15 + 40,000 = 220,000$
C	중	$13,000 \times 15 + 35,000 = 230,000$
D	상	$15,000 \times 15 + 15,000 = 240,000$

60 ②

① 17일 오후 4시 : 선릉역에 친구와 점심 약속이 있으므로 참석할 수 없다.
③ 21일 오후 1시 : 1시부터 4시까지 교육을 듣는 것이기 때문에 참석할 수 없다.
④ 22일 오후 5시 : 5시에 할머니 댁 방문해야 하므로 때문에 참석할 수 없다.

61 ④

팀의 발전과정상 처음보다 시간이 지날수록 팀워크가 잘 형성되는 경향이 있다. 성취기(Performing)에는 팀에 대한 충성심이 높고 가장 생산적인 팀의 모습으로 비친다.

62 ⑤

효과적인 팀이 만들어지기 위해서는 의견의 불일치 등이 생길 경우 개방적인 자세로 팀원 간의 양보와 협조를 통해 문제를 해결하는 것이 바람직하다. 물론 상사의 중재가 필요한 경우도 있겠지만, 팀원 간의 믿음과 협동이 우선시되어야 한다.

63 ③

리더와 관리자의 차이는 '리더십 능력' 부분에서 중요한 부분을 차지하므로, 꼭 정리해 둘 필요가 있다. 리더는 '무엇을 할까'에 초점을 맞추고, 관리자는 '어떻게 할까'에 초점을 맞춘다.

64 ②

임파워먼트(Empowerment)의 장애 요인 중 대인 차원에는 '다른 사람과의 성실성 결여, 약속 불이행, 성과를 제한하는 조직의 규범, 승패의 태도' 등이 포함된다. '비전의 효과적 전달 능력 결여, 경험 부족'은 관리 차원의 장애 요인이다.

65 ④

조직 생활에서 갈등은 필연적으로 발생할 수밖에 없고, 갈등의 원인이나 해결 방안을 찾아내는 것은 가장 중요한 문제가 될 수 있다. 갈등의 유형 중 해결할 수 있는 갈등은 '목표와 가치, 문제를 바라보는 시각과 이해하는 시각이 다른 경우'가 해당된다.
①, ②, ③, ⑤는 불필요한 갈등에 대한 설명이다.

66 ②

스프레드시트는 계산프로그램으로 워드프로세서 기능 이외에도 수치나 공식을 입력하여 그 값을 계산하고 계산 결과를 표나 차트로 나타낼 수 있는 프로그램이다. 대표적으로 Excel이 해당된다.

67 ①

같은 공장에서 근무하기 위해서는 제품 생산년도 4자리 바로 뒤의 두 자리가 같은 번호와 알파벳으로 일치하여야 한다.
이하나 – 김은희가 2C로 숫자와 알파벳이 일치한다.

68 ⑤

2016년 4월에 경기도에서 만들어진 비스킷의 코드를 찾아보면

16043A02002

16043B02002

이 두 가지인데 표를 참고해 보면 16053A020025241가 있다. 5,241번째의 생산품이 만들어졌으므로 최소한 5,241개의 제품이 만들어졌음을 알 수 있다.

---

69 ②

2016년 4월 이후면 1605/1607/1609/1610

전라남도는 2A / 2B / 2C

쿠키는 02001의 코드를 가져야 한다.

이를 통합하였을 때 16102A02001832가 가장 알맞다.

---

70 ③

막대 사탕은 생산년도 4자리 / 지역+공장 2자리 뒤에 01001의 코드를 가져야 한다.

01001의 코드를 가진 사람은 최태현(16033C010011321), 이하나(16052C010013367), 강힘찬(16074A010019987)으로 총 세 명이다.

---

71 ⑤

이 고급 필터 문제는 식비가 8,000원 이상이 들었던 경우를 나타내 주는 'and' 조건을 이용했다. 'or' 조건을 이용하려면 금액에 대한 수식을 식비 한 칸 아래에 적었어야 한다.

---

72 ①

피벗 테이블은 행과 열 모두 다분화 기능이 아니라 그룹화 기능을 갖고 있다.

그룹화가 되면 데이터들이 자동으로 요약된 정보를 보여주게 된다.

---

73 ③

이름 붙여넣기 대화상자를 띄운다. 이름을 정의할 때 사용하므로 이름이 정의가 되어있을 때만 사용 가능하다.

---

74 ⑤

[페이지 설정]–[시트] 탭에서 [메모] 항목을 클릭해서 원하는 대로 조정하면 메모를 한꺼번에 모아서 인쇄할 수 있다.

75 ⑤

⑤의 설명은 [파일]–[개요보기] 탭을 이용해 미리 구상해 놓은 전체적인 내용을 슬라이드로 옮겨놓는 작업을 말한다. 큰 제목과 그에 따른 소분류가 가능하며 디자인이나 테마를 한 번에 조정할 수 있어 시간을 절약할 수 있다.

76 ⑤

문자	의미하는 것	알파벳 뒤의 수
W	가로좌표	
L	세로좌표	
F	원형	
G	사각형	
H	별	
C	도형의 색 (유)	좌표의 숫자 중 작은 것
D	도형의 색 (무)	

적용하면, W5/L4 F(5, 2) : C2 / G(2, 3) : D2 / H(3, 4) : D3가 답이다.

77 ③

올바른 명령어는 W4/L5 F(3, 5) : C3 / G(4, 4) : C4 / H(2, 3) : D2로 알파벳 뒤에 좌표 두 수 중 작은 수를 입력하라고 하였기 때문이다.
따라서 H(2, 3) : D3 → H(2, 3) : D2로 수정한 답이 정답이다.

78 ③

고무 패킹을 청소할 때 표백제를 물에 희석하여 사용하지 않으면 고장의 원인이 될 수 있다고 명시하고 있다.

79 ①

고무 패킹을 세척할 때는 고무 장갑을 필시 끼고 하라고 설명서에 명시하고 있다.

80 ③

가장 먼저 해야 할 일은 외부 환경에 대한 분석이다. 외부 환경 분석은 제품의 수요 및 경쟁자의 변화와 기술 변화 등을 분석하는 과정이다.
①은 기업의 비전이나 중장기 매출 목표를 설정하는 '중장기 사업목표 설정' 과정이다.

②는 제품의 기술, 생산 능력 및 영업 능력을 분석하는 '내부 역량 분석' 과정이다.

④는 사업 영역을 결정하고 타사와의 경쟁에서 우위를 확보하기 위한 방안을 수립하는 '사업 전략 수립 과정'이다.

⑤는 중장기 사업 목표를 설정할 때 가장 마지막 단계인 기술 전략 수립 단계이다.

---

81 ⑤

'조직기구의 개편 및 조정'과 '교육체계 수립 및 관리'는 인사부의 주요 업무이며, '보험 가입 및 보상 업무'는 회계부의 주요 업무이다.

---

82 ④

경영의 4요소 설명 중 A는 전략, B는 경영목적, C는 자금, D는 인적자원에 대한 설명이므로 ④가 맞는 답이다.

---

83 ③

ST(강점 – 위협)전략 : 경쟁사가 새로 자동차 시장에 참여하려는 귀사에 대해 공격적 전략을 취할 것이 분명하므로, 타사와 대비되는 강점을 활용할 필요가 있다.

① '자동차 시장의 대중화에 따른 브랜드 홍보' – 브랜드 홍보 강화 전략은 약점에 해당하므로 맞는 답이 아니다.

② '저가 전략을 통해 기존 시장에 접근' – 약점에 해당하는 내용이 없다.

④ '고가 전략을 통한 브랜드 이미지 개선' – 약점과 위협 모두에 해당되는 내용이 없다.

---

84 ②

WO(약점 – 기회)전략이므로 낮은 브랜드 이미지를 높이기 위한 홍보 전략이 필요하다. 특히 유동 인구가 많은 지하철 입구 등은 홍보가 수월한 지역이라 할 수 있다.

① '절감된 자금을 다양한 메뉴 개발에 투자' – 기회에 해당되는 내용이 없다.

③ '커피 수요층을 자극할 수 있는 다양한 메뉴 개발' – 강점에 해당되는 내용이 없다.

④ '주변 상가들과 연대해 같이 홍보' – 해당되는 내용이 없다.

---

85 ③

40만 원 이하의 출장계획서는 대표이사 또는 전결을 위임받은 본부장의 결재를 필요로 하며, 40만 원 이하의 청구서는 대표이사의 결재를 받아야 한다. 그러므로 이 출장계획서의 최종 결재는 본부장이 전결받은 것으로 표시하고, 최종결재란에 본부장의 서명까지 넣어야 옳은 내용이다.

① 출장비의 서류는 기안서가 아니다.

② 출장계획서는 본부장이 최종결재자이다.

④ 청구서의 최종결재자는 팀장이 아니라 대표이사이다.

---

86 ①

회당 2만 원씩 총 40회 교육이므로 총 80만 원의 외부교육비를 기안서를 통해 신청해야 한다. 70만 원 초과 시 최종결재권자는 대표이사이므로 ①이 맞는 내용이다.

② 외부교육비는 청구서가 아니라 기안서를 사용해야 한다.

③ 총 80만 원이므로 최종결재자는 팀장이 아니다.

④ 최종결재란에 전결이라 표시한 것은 잘못된 것이다.

---

87 ⑤

본문 ⑤항의 2번 내용을 보면, 본문의 내용이 표 형식으로 끝나고 표의 중간까지만 작성된 경우에는 "끝" 표시를 하지 않고 마지막으로 작성된 칸의 다음 칸에 "이하 빈칸"으로 표시한다고 되어있음을 확인할 수 있다.

① ②항에서 확인할 수 있다.

② ②항의 '가'에서 확인할 수 있다.

③ ⑥항의 마지막 부분에서 확인 가능하다.

④ ③항과 ④항에서 확인할 수 있다.

---

88 ④

결문에는 우편번호 · 주소 · 홈페이지 주소 · 전화번호 · 팩스 번호, 공무원의 전자우편주소와 공개 구분 등을 넣어야 한다. ④ 예문에 우편번호와 공개 여부에 대한 내용이 없다.

---

89 ④

앞서 말한 ①~③은 문제 탐색 및 환경 요인적인 문제인지를 평가하는 탐색에 대한 단계이다. 문제 탐색 단계에서는 문제가 무엇인지, 문제가 발생한 원인이 무엇인지, 그리고 문제가 어떤 영향을 미치는 지에 대해 생각해 보는 단계이다.

④의 설계단계에서는 문제를 해결할 수 있는 대안을 개발하는 단계로 우선 이 문제에 대한 대안으로 생산 중단과 물품 전량 회수라는 방법을 제시하고 있다.

---

90 ①

순응형 팔로어는 리더에 의존적으로 비판적인 사고는 부족하나 자신의 역할은 열심히 수행하는 팔로어들을 지칭한다. 리더에 명령과 판단에 의존하여 항상 "Yes"를 외치는 타입이다.

② 독립적이고 비판적인 의견을 내지만 일의 수행에 있어서는 소극적인 타입이다. 리더의 노력과 행동을 비판하며 혼자서 불평하는 경우가 많다.

③ 조직의 활동이나 업무 활동에 적극적이지 않으면서 리더에게 의존하는 유형으로 지시 없이는 자신의 업무를 수행하지 않으려는 팔로어이다.

④ 독립심과 조직에 대한 헌신이 강하며 좋은 비판으로 리더에게 힘을 실어 주는 팔로어이다. 자신의 재능을 잘 찾아 조직을 위해 쓸 수 있는 능력을 가진 팔로어를 말한다.

---

91 ④

근면에는 두 가지 종류가 있다. 삶을 유지하기 위해 필요에 의해서 외부로부터 강요당한 근면과 능동적이며 적극적인 태도가 우선시되고 시간의 흐름에 따라 자아를 확립시켜가는 스스로 자진해서 하는 근면이다. ①, ②, ③, ⑤는 스스로 자진해서 하는 근면이고, ④는 외부로부터 강요당한 근면이다.

---

92 ①

① 외부로부터 강요된 근면에 의한 사례는 근면의 중요성을 알려주기에 적합하지 않다.

---

93 ②

② 모든 업무를 마친 후라도 기본적으로 업무 시간에는 개인적인 일을 하지 않는 것이 원칙이다.

① 사무실 내에서는 메신저 등을 통해 사적인 대화를 나누지 않는 것이 적절하다.

③ 외부로부터 강요된 근면이므로 적절한 태도로 볼 수 없다.

④ 친목 도모를 위한 자발적인 행동이므로 적절하다.

⑤ 술자리를 적당히 하여 다음 생활에 지장이 없도록 해야 한다.

---

94 ③

주어진 시간 내에 최선을 다하도록 하며 오늘 할 일을 내일로 미루지 않는다. 하지만 근무 시간에 야근을 포함하여 일을 배분하는 것은 적절하지 않다.

---

95 ④

근무 중에는 개인적인 업무는 가급적 하지 않아야 하며 주어진 시간 내에는 최선을 다한다.

K
R
C

KRC 한국농어촌공사
NCS 직업기초능력평가

발 행 일 2019년 1월 5일 개정판 1쇄 인쇄
2019년 1월 10일 개정판 1쇄 발행

저   자 정승현 외

발 행 처 크라운출판사
http://www.crownbook.com

발 행 인 이상원
신고번호 제 300-2007-143호
주   소 서울시 종로구 율곡로13길 21
대표전화 02) 745-0311~3
팩   스 02) 766-3000
홈페이지 www.crownbook.com
I S B N 978-89-406-3643-5 / 13320

특별판매정가 22,000원

이 도서의 문의를 편집부(02-6430-7027)로 연락주시면
친절하게 응답해 드립니다.

K
R
C

취업시험 합격의 신화 **에듀크라운**

K
R
C
취업시험 합격의 신화 | 에듀크라운

K
R
C

취업시험 합격의 신화 **에듀크라운**